NOVA 35 MAGAZIN FÜR SPEKULATIVE LITERATUR

NOVA 35
Magazin für spekulative Literatur

Bibliografische Information der Deutschen Nationalbibliothek
Die Deutsche Nationalbibliothek verzeichnet diese Publikation in der Deutschen Nationalbibliografie; detaillierte bibliografische Daten sind im Internet über http://dnb.d-nb.de abrufbar.

Titelbild: Gabriele Behrend
Illustrationen: Gabriele Behrend (104, 146), Gaby Hylla (66, 92, 120, 132), Marianne Labisch (94, 114), Jaana Redflower (154, 164, 172, 178), Christine Schlicht (8), Meike Schultchen (74), Si-yü Steuber (84)
Layout & Umschlaggestaltung: global:epropaganda
Redaktion NOVAstorys: Marianne Labisch
Redaktion NOVAsekundär: Dominik Irtenkauf
Redaktion Grafik: Christian Steinbacher
Korrektorat: Michael Haitel
Herstellung: Schaltungsdienst Lange oHG, Berlin

Verlag: *p.*machinery Michael Haitel
Norderweg 31, 25887 Winnert
www.*p*machinery.de
www.nova-sf.de
www.facebook.com/novamagazin
www.twitter.com/novamagazin

ISSN: 1864 2829
ISBN: 978 3 95765 435 9

NOVA MAGAZIN FÜR SPEKULATIVE LITERATUR

NOVAstorys

NOVAsekundär

Marianne Labisch

Editorial

Ein freundliches Hallo in die Runde …

Für die aktuelle NOVA-Ausgabe haben wir nur Autorinnen eingeladen, uns Geschichten zu schreiben, und ihnen die Aufgabe gestellt, sich mit dem Themenkomplex Mutter, Geburt, Erziehung und Gleichberechtigung zu beschäftigen. Zu überlegen, ob es in Zukunft dabei bleiben wird, dass ausschließlich Frauen Kinder zur Welt bringen, oder ob neue Wege beschritten werden, ob Männer vielleicht auch dazu befähigt sein werden, ob der Nachwuchs vielleicht wie bei Huxley aus Flaschen kommen wird oder ob 3-D-Bio-Drucker womöglich auch Kinder liefern können. Sich den weiteren Verlauf ebenso vorzustellen und zu überlegen, ob Frauen die Kinder direkt an Androiden übergeben, um nahtlos weiter arbeiten zu können oder ob es vielleicht eine Trendwende geben wird, die heute schon zu denken gibt und Frauen zurück zu Heim und Herd kehren.

Es war ein Experiment, um Frauen für die SF zu begeistern und sich zu wagen, bei NOVA Texte einzureichen. Wir in der Redaktion finden, dass es sich gelohnt hat, einmal neue Wege zu beschreiten und ausschließlich mit eingeladenen Autorinnen zu arbeiten, aber keine Bange, das wird nicht so bleiben. Ab der nächsten Ausgabe werden Sie wieder Geschichten lesen, die uns auf dem herkömmlichen Weg erreicht haben.

Wir schließen allerdings nicht aus, dass es vielleicht auch noch mal eine Ausgabe geben wird, in der wir den Männern die Möglichkeit bieten, sich mit den Themen Vater, Geburt, Erziehung und Gleichberechtigung zu beschäftigen. ;-)

Wir wünschen Ihnen gute Unterhaltung.

Marianne Labisch und das Team NOVA

NOVA STORYS
GB 07

Susann Obando Amendt

Mond im schwarzen Spiegel

Mein Schutzengel war dieses Licht. Ein sanftes rotes Kinderlicht, das mich Nacht für Nacht behütete und die Ängste vertrieb. Auch jetzt umgab es mich wie ein Wall der Sicherheit, doch als ich die Augen öffnete und den Kopf vom Kissen hob, stimmte etwas nicht. Verschlafen schaute ich auf die Digitalanzeige des Weckers: 4:38 Uhr.

Noch so viel Zeit bis zum Aufstehen.

Warum war ich aufgewacht?

Verwirrt reckte ich den Kopf und vernahm ein elektronisches Zirpen. Ich fuhr im Bett hoch. Durch das Nachtlicht erkannte ich jeden Gegenstand, der sich in meinem Zimmer befand, den Schrank, die Regale mit Büchern und Modellen aus dem Physikunterricht, den Schreibtisch mit den Monitoren und der phosphoreszierend umrandeten Wandbuchse für den Computerzugang. Alles sah aus wie immer, nirgends blinkte ein Warnlicht oder ertönte ein Knistern.

Hatte ich mich verhört?

Ich stieg aus dem Bett und spähte in alle Richtungen. Alles war still, trotzdem durchschritt ich mein Zimmer und lauschte. Nichts. Nur mein Herz wummerte im wilden Takt – fast wie bei der Aufnahmeprüfung für die einzige Förderklasse hier an der Iain-Campbell-Schule.

Wie von selbst huschte mein Blick zu der Aufnahmeurkunde, die gerahmt an der Wand hing. Das Wort AUSGEZEICHNET sprang sofort in die Augen. Dass ich mich deswegen gar nicht stolz fühlte, machte mich ein wenig traurig. Doch wie hätte ich es auch sein sollen, die Bewerbung um den Platz an der Campbell-Schule war Mas Idee gewesen, nicht meine, nur für sie hatte ich mich ins Zeug gelegt. Ich wollte sie stolz machen. Nichts trieb mich so an wie das Strahlen ihrer Augen, wenn sie mich ansah, und die Gewissheit, dass sie immer für mich da sein würde.

Ich hatte immer bei ihr bleiben dürfen, nie hatte sie mich in ein Internat geschickt, ganz gleich, wie herausfordernd Mas tägliche Arbeit als Ärztin auch gewesen war.

Gerade schaute sie mich aus dem digitalen Fotorahmen heraus an – und ich blickte zu ihr in unsere Vergangenheit.

Dort saßen wir auf der großen Treppe des Ubald-Klinikums für Kinder-und Jugendmedizin, nachdem Ma eine Stelle als Fachärztin bekommen hatte, kurz nach dem Ausbruch dieser Poliomyelitis-Epidemie, hervorgerufen 2038 durch ein mutiertes Wildvirus. Vier Jahre hatte sie wie eine Löwin für ihre kleinen Patienten gekämpft. Doch dann hatte sie sich hierher versetzen lassen. An die Medizinische Gesamt-Fakultät für Humanmedizin in der ehrwürdigen Altstadt von Werrn. Ma hatte in der Forschung mitarbeiten wollen, um Menschen und Zukunft einander näher zu bringen.

Unser Willkommensgeschenk war eine Luftaufnahme von Werrn gewesen, Ma hatte sie über meinen Schreibtisch gehängt. Jeden Tag sah ich dieses Foto an und jedes Mal bekam ich eine Gänsehaut.

Ma hatte recht. Diese Stadt mit ihrem angegliederten modernen Forschungsbezirk schenkte so viel Hoffnung und so viele Chancen. Von oben gesehen wirkte die Fakultät wie eine Stadt neben einer Stadt. Hier wurde ein gewaltiges Areal von Kindertagesstätten, Schulen und Universitäten mit vielen Hörsälen geboten, dazu Kliniken und Ambulanzen. Wer die Welt verändern wollte, wurde hier von klein auf zu einem ganz schlauen Kopf ausgebildet. In Werrn forschten sie sogar an dem Undenkbaren, wie Ma sich auszudrücken pflegte. Ob in Bereichen der Human- und Molekularbiologie, Biotech, Pharma oder Robotik, überall wurden Dinge neu gedacht und weiter entwickelt, für die Gesundheit, für uns Menschen.

Es war beeindruckend. Und beklemmend zugleich. Gebäude reihte sich an Gebäude, ein Komplex an den nächsten. In ihnen gab es fast mehr Forschungslabors als Familien und Ma selbst verbrachte viel Zeit im Labor. Dies war ihre Welt. Hier war sie die Ärztin, die sie immer hatte sein wollen. Eine, die nicht nur behandelte, sie wollte etwas zum Besseren verändern, wirksamere Heilmittel, gesündere Kinder, das trieb sie an. Nur ich vermisste etwas. Unbeschwertheit, unseren Garten von früher und die Pforte, die zum See hinab führte, den Geruch von Buntstiften und Zeichenpapier. Hier in diesem medizinischen Schmelztiegel gab es keine Orte für Rückzug und Stille. Alles war bestimmt von Lernen und Arbeiten, nie schien der Moment wichtig, immer nur die Zukunft. Diese Maxime hatte Ma so sehr in sich aufgenommen, dass sie nicht nur Schicht um Schicht arbeitete, sondern zunehmend darauf achtete, ob ich mit ähnlichem Eifer meine Aufgaben anging. Schwer fiel mir das nicht, nur … Mas Erwartungen, die Schule, dieses ganze Forschungsgelände mit seinen Zugangs-Codekarten und den je nach

Sicherheitsstufe abgegrenzten pharmazeutischen Bereichen, all das ließ mich eine Enge fühlen, die mit jedem schulischen Erfolg drückender wurde.

Nachdenklich trat ich an meinen Schreibtisch. Dieses Luftbild zeigte die Foschungsstadt, geprägt durch Linien, gezogen durch Dächer, Straßen und Mauern, alles schien so streng, ganz im Gegensatz zur Stadt daneben, in der sich Straßen, Häuser und Plätze viel lückenhafter, grüner und freiwilliger zu einer Einheit zusammenfügten. Die alte Stadt wirkte unendlich freundlicher, obwohl dort viele Menschen mit Lebenserfahrungen aus bewegten Jahrzehnten einen mühsamen Lebensabend verbrachten. Viele lebten von der Hand in den Mund, und doch freier, unbeobachteter, im Gegensatz zu mir, der man keinen Müßiggang zugestand.

Ich schauderte.

Wenn Ma wüsste, welchen Schatz ich zusammengetragen hatte, um all das zu ertragen. Ich hatte ihn gut versteckt, ganz in der Nähe, damit ich danach greifen konnte, wenn ich Mut brauchte oder Trost. Jetzt war so ein Moment. Sehnsüchtig suchte ich in meinem Schreibtisch nach meinem Skizzenbuch, versteckt zwischen Schulmaterial aus den letzten drei Jahren. Ich schlug es auf und blätterte durch die Seiten. Betrachtete meine Zeichnungen, Menschen aus der Stadt mit verwitterten Gesichtern, eine einsame Mohnblume, deren rote Blätter ich auf dem Papier erahnen musste, meine Ma mit ihrer Teetasse, seitenweise Porträts von Aidan mit seinen geheimnisvollen Augen, bei dessen Anblick sich meine Wangen anfühlten wie nach einem überlangen Sonnenbad. Schnell blätterte ich weiter. Zu Staren mit gepunktetem Gefieder, und Meisen, hoch in der Luft, wo sie die Stadt und alle Menschen unter sich ließen und nichts ihren Flug durch den Himmel behinderte. Ich blätterte und blätterte, bis ich auf die Schatten stieß, Bleistiftschatten, die das ganze Blatt einnahmen, ohne wirkliche Klarheit. Manchmal malte ich sie, meine Hand schuf sie wie von selbst, weil mein inneres Auge nach manchen Träumen genau das sah.

Schatten. Umrisse. Schemen eines Gesichtes, das mir irgendwie vertraut vorkam.

Sssssd.

Ich zuckte zusammen, schlug das Buch zu und bedeckte es im Schreibtischfach mit allem, was ich greifen konnte.

Sssssd.

Da war es wieder, dieses sonderbare Zirpen.

Hektisch sah ich mich um.

Die Fotorahmen flimmerten, das Nachtlicht flackerte und erlosch. Alles wurde dunkel und der Schreck darüber quetschte mir die Luft aus den Lungen. Ich stand auf, streckte die Arme aus und begann zu tasten. Fühlte bald den Rahmen des Fensters, die Lamellen der Jalousie, die ich beiseite zerrte, doch auch draußen war es zu dunkel, um wirklich die Häuser und Fußwege zu erkennen.

Ich riss den Fensterflügel auf und guckte hinaus. Nachtluft strich über mein Gesicht, über mir entdeckte ich Sterne in einer Wolkenlücke, doch unten auf den Straßen brannte nicht eine Laterne. Merkwürdig.

Ein Stromausfall? Das war unmöglich, das gesamte Forschungsareal produzierte und speicherte Tag und Nacht seinen eigenen Strom, damit die Labors, Kühl- und Sicherheitsbereiche versorgt blieben. Alle verfügbaren Energiequellen waren Teil dieses Sicherungssystems. Solar, Windturbinen, Wasserstoff-Brennstoffzellen, sogar Wasserkraft, gespeist über ein eigenes Pumpspeicherkraftwerk im nahe gelegenen Mittelgebirge. Darüber hatte ich eine Hausarbeit schreiben müssen, kaum dass ich in den Physik-Zusatzkurs ›Energiestabilität & -sicherheit‹ gekommen war. Ich hatte mit Ma die Windturbinen der Stadt besichtigt, die Solardächer und das Kraftwerk ein paar Kilometer weiter. Dieses vielschichtig angelegte Stromnetz konnte nicht zum Erliegen kommen, es sei denn … das hier hatte jemand bewusst herbeigeführt.

In den dunklen Straßenschluchten jaulten Sirenen. Scheinwerfer flammten auf, enttarnten unbeleuchtete Fahrzeuge vor dem Zugang zu unserem Haus und dunkle Gestalten. Etwas knallte, scharf und laut, Menschen, die sich bisher in die Schatten gedrückt hatten, brachen hervor und flüchteten zu den wartenden Wagen.

Jäh wich ich vom Fenster zurück.

Wieder ein Knall, ein ohrenbetäubender Donner. Etwas Grelles blitzte auf und fiel prasselnd in sich zusammen. Ich drückte mich gegen die Wand und wollte gar nicht wissen, was es gewesen war.

Der Schrecken auf der Straße. Der Pulsschlag in meinen Ohren. Und diese Finsternis ringsum, wann ging das verdammte Licht wieder an?

Hinter der Wand polterte es, als wäre etwas Großes dagegen geschlagen, jemand riss meine Zimmertür auf und ein dünner Lichtstrahl bohrte sich in meine Augen.

»Alix, Alix, bist du hier?«

»Ma? Bist du das?«

»Gott sei Dank!«

Sie schlang ihre Arme um mich, als wollten sie mir die Luft abdrücken. Dabei verschwand der Lichtstrahl hinter meinem Rücken, vermutlich eine Taschenlampe. Zwischen uns raschelte ihr Laboranzug, nicht einmal die Haarhaube hatte sie abgenommen.

Ich klammerte mich an Ma fest, sie hatte die Dunkelheit vertrieben. Wenn sie mir jetzt noch die Angst nehmen könnte!

Ich kniff die Augen zusammen.

»Was ist passiert?«, fragte ich verstört. »Der Strom hätte nie ausfallen dürfen und draußen auf der Straße waren plötzlich diese schwarz gekleideten Personen. Wer sind die, was wollen die?«

»Das weiß ich nicht.« Ma umarmte mich noch fester. »Aber im Labor sind Unbefugte eingedrungen, wir fürchten, dass sie Proben oder Daten stehlen wollten. Wir haben alles gesichert, die Zugänge neu codiert und die Security verständigt. Doch dann hieß es, die Night Hunter seien in diese Wohnbereiche eingedrungen. Ich hatte solche Angst.«

»Was sind Night Hunter?« Verwundert sah ich sie an, da dämmerte es mir. »Meinst du wirklich ›Jäger‹? Oder Diebe, so wie Robin Hood? Nehmen, wo etwas zu holen ist? Aber hier ist doch nichts zu holen.« Für einen Moment war mir nach Lachen, dann erstarrte ich vor Schreck. »Mo-Moment, du hast gefragt, ob ich da bin. Ma, wawarum hast du gefragt, ob ich da bin?«

Ma zog mich wieder in ihre Arme, ihre Wange presste sich an meine.

»Weil auf dem Weg hierher mehrere Appartementtüren offen standen, unsere auch, und weil alles so still gewesen ist. Alix, außer dem stillen Alarm im Labor hat es keinen anderen gegeben. Was auch immer da geschehen ist, es muss verdammt geschickt eingefädelt gewesen sein.«

Ich wand mich aus Mas Umarmung. »Unsere Appartementtür stand offen? Heißt das, jemand war hier, in unserer Wohnung?« Meine Stimme wurde immer lauter. »Ich bin vorhin aufgewacht. Und aufgestanden. Ich weiß nicht genau, was mich geweckt hat, nur dass ich etwas gehört habe, einen elektrisch klingenden Ton.«

»Türöffner«, stammelte Ma. »Sie müssen mit Infrarot-Sensoren gemerkt haben, dass du wach warst oder dass sie am falschen Ort waren. Oder sie sind von draußen gestört worden.«

»A-aber Ma, wir haben doch nichts Wertvolles, nichts, was diese Leute hätten haben wollen, oder?«

Ma umfasste mein Gesicht. Sie wollte etwas sagen, da flammten im Flur die Deckenlampen auf und in meinem Zimmer das rote

Nachtlicht. Ma ließ mich los, trat an die Steckdose und zog die Nachtlampe ab.

»Ich dachte, du schaffst es inzwischen ohne«, murmelte sie. »Alix, das ist doch nicht normal. Du gehörst zu den Schlauesten aus drei Jahrgängen, da passt so ein, nun ja, Verhalten einfach nicht. Willst du das an der Uni später weiter machen? Jede Nacht das Licht einschalten wie für ein Kleinkind?«

»Ich hab Angst im Dunkeln.«

»Ich weiß!« Ma fuhr sich mit der Hand über die Augen. »Wenn ich jetzt fragen würde: noch mal therapeutische Hilfe?«

»Nein, Ma!« Ich schrie fast. »Ich will das nicht noch mal. Ich habe Angst, verstehst du nicht? Ich brauche einfach nur – ein bisschen Licht.«

Sie senkte den Kopf.

»Ma, es tut mir leid.«

»Nein, Schatz, alles gut. Ich habe verstanden, okay? Ich habe – verstanden.«

Ma schob das Nachtlicht wieder in die Steckdose.

»Na los, ins Bett. Wenigstens für ein paar Minuten. Ich verstehe, dass das gerade ein riesiger Schreck war, doch in vier Stunden hat euer Kurs Theorieprüfung und diese Prüfung ist wichtig für dich, für uns. Ich hörte von Uni-Niveau. Hast du gelernt?«

»Scheiße!« Ich schlug mir die Hand an die Stirn. »Wie wäre es«, fragte ich, »statt mit einer extra Stunde Schlaf mit einer Tasse extra starkem Kaffee?«

Ma schmunzelte. Ohne ein Wort ging sie aus dem Zimmer. Kurz darauf hörte ich das Mahlwerk des Kaffeevollautomaten in der Küche.

Hurtig zog ich das Skizzenbuch unter dem Schulstapel hervor und betrachtete noch einmal Aidans Porträt. Dann versteckte ich das Buch unter meiner Matratze.

Ich fühlte mich, als wären mir Flügel gewachsen. Meine Erinnerungsfähigkeit war in ungeahnte Höhen geschnellt, ich konnte mich an alles erinnern, was ich für die Zwischenprüfung zusammengetragen hatte, und das so deutlich, als würde ich es sehen, jedes Wort der Lehrtexte, jeden Merksatz, jede einzelne Grafik.

Ich trank den letzten Schluck Kaffee und wollte die Tasse in die Küche bringen, doch auf der Schwelle zum Wohnbereich blieb ich stehen.

Ma hatte die Nachrichten eingeschaltet. Auf dem großen Wandbildschirm flimmerte ein gutes Dutzend Nachrichtenkanäle nebeneinander, hausinterne, regionale, globale. Sprecherinnen und Sprecher berichteten wild nebeneinander über alles, was sich in den letzten Stunden ereignet hatte, und sie sparten nicht mit Bildmaterial.

Eine Verfolgungsjagd mehrerer Autos bei Nacht neben offenen Wohnungstüren vor dunklen Fluren. Verdorrte Felder und Rinnsale ehemaliger Flüsse neben startenden Kampfdrohnen. Und Menschen, Mengen von Menschen. Alte und noch Ältere. Einige in Anzug, andere bekümmert und unrasiert, Schlange stehend vor den Billigmärkten. Oder zusammen sitzend auf den Bänken in der Sonne.

Ich musste wegsehen, ich hielt dieses Bild- und Tonfeuerwerk nicht aus. Ma hingegen verfolgte jeden Beitrag, betrachtete alle Fotos, Reportagen und Bildsequenzen, die nebeneinander liefen, nicht ein Wort schien ihr zu entgehen. Sie sah besorgt aus.

»Ma, alles in Ordnung?«

Sie schaute zu mir und ihre Augen strahlten wieder voller Energie.

»Hier, bei uns? Ja«, erwiderte sie. »Sonst eher weniger.«

»Was meinst du?«

Ma nahm die Fernbedienung vom Tisch und zoomte den hausinternen Nachrichtenkanal in den Vordergrund. Die Verfolgungsszene wiederholte sich. Ich sah dunkle Fahrzeuge durch fast unbeleuchtete Straßen rasen, dass sie vor diesem Haus hielten, dass vermummte Personen junge Menschen in Nachtwäsche auf die Straße zerrten und mit Gewalt in die Fahrzeuge verfrachteten. Junge Leute wie mich. Dann wieder der dunkle Vorplatz, als wäre nichts passiert.

»Erschreckende Bilder, die von den solarversorgten Überwachungssystemen eingefangen wurden«, sickerte die Stimme des Nachrichtensprechers in mein Ohr. »Innerhalb von Minuten gelang es vermummten Personen, in die Wohnebenen der Internatsblöcke 17 bis 21 vorzudringen und, offenbar gezielt, einigen der dort untergebrachten Studenten habhaft zu werden.« Und wie um mein Blut gefrieren zu lassen, wurden Aufnahmen einer Bodycam der hinzugerufenen Security eingeblendet, die verwüstete Wohnräume zeigten und eine von Fingern verwischte Blutspur an der Wand. »Angaben zu den Opfern dieser Entführung machte der Sicherheitsdienst bisher nicht, betonte jedoch, dass keine Lösegeldforderungen eingegangen seien.«

Lösegeld? Ich öffnete den Mund und, obwohl ich reden wollte, bekam ich vor Schreck die störrischen Silben auf meiner nicht Zunge zu fassen.

Ma sah mich an.

»Entführt?« Ich konnte nur noch flüstern. »Diese Hunter letzte Nacht haben Studenten entführt? Wen? Ich meine, Aidan wohnt auch in Block 18.«

Ma seufzte. »Oh Alix, bitte, du hast doch nicht wirklich ein Auge auf diesen Jungen geworfen? Er musste eine Klasse wiederholen, du hast eine übersprungen und viel beeindruckendere Fähigkeiten als er, ihr seid überhaupt nicht geschaffen füreinander.«

»Abeli aus meiner Klasse wohnt auch in Block 18, was ist mit ihr? Von ihr hältst du doch eine Menge.«

»Weil ihr viel gemeinsam habt und du dir noch so einiges bei ihr abgucken könntest.«

»Ma, es geht gerade nicht darum, wer hier der Beste in der Schule ist! Es geht um die Nachrichten. Dass Studenten entführt worden sind. Wer um Gottes willen entführt Menschen?«

Ma holte tief Luft.

»Die, die Nachwuchs nötig haben.«

»Ist so was schon einmal vorgekommen, dass – Studenten entführt wurden?«

»Nicht bei uns. Vor einiger Zeit soll es an Universitäten in Ulm, Rom und Bordeaux Entführungen von Studenten gegeben haben. Deshalb wurden auch hier Vorsichtsmaßnahmen für die Internatsblöcke umgesetzt, du weißt schon, das vom Stromnetz unabhängiges Kamerasystem, Sicherheitsschlösser, Security. Unsere Wohnanlagen galten bisher als sicher vor Eindringlichen. Man vermutete hinter all dem nämlich professionelle Night Hunter, Menschenhändler. Na ja, bei der weltweiten Nachfrage an ausgebildeten Arbeitskräften wundert mich das eigentlich nicht. Manchen ist nichts heilig.«

Ein drängender Piepton erklang. In der obersten Ecke vom Nachrichtenbildschirm blinkte das rote Chatzeichen. Ma zoomte es heran, öffnete den Call und sah sich Doktor Albaas gegenüber, dem freundlichsten Mitarbeiter ihrer ganzen Abteilung.

»Doktor Mamaska, Alix, es freut mich, Sie beide wohlbehalten zu sehen. Nun scheue ich mich nicht mehr, Doktor Mamaska noch einmal ins Labor zu bitten. Ich weiß, wir hatten eine aufregende Nacht, aber es gibt noch einiges zu tun.«

»Bin gleich auf dem Weg«, erwiderte Ma und schloss den Call.

»Geh nicht«, bat ich, »ich könnte ein wenig Gesellschaft brauchen.«

Ma lächelte. »Wir schaffen das schon. Viel Glück für deine Prüfung, pass auf dich auf, ja?«

Sie gab mir einen Kuss auf die Stirn und verließ die Wohnung. Verstört schaute ich ihr nach, sah, wie die Tür hinter ihr zu glitt, nahm wahr, dass ich das Türblatt anstarrte und Sorge in mir aufstieg.

Was, wenn Aidan entführt worden war?

Unruhig sah ich zur Uhr, lief durch alle Räume, stand wieder vor der Tür und berührte den Türöffner, trat auf die Schwelle und sah mich vorsichtig um. Im Korridor vernahm ich leise die Stimmen mehrerer Männer. Ein Wachmann in schwarzer Uniform stand in der Nähe, das Funkgerät halb gehoben. Er musste das Aufgleiten der Tür gehört haben und sah mir erwartungsvoll entgegen, dann machte er eine Geste, als wollte er mich zurückscheuchen. Ich nickte automatisch, zögerte jedoch. Der Wachmann drehte den Kopf und inspizierte die andere Seite des Korridors, da hastete ich los, so, wie ich war, huschte barfuß zum nächsten Treppenhaus und war gerade einen Absatz hinaufgesaust, als ich mit jemandem zusammenstieß. Erschrocken prallten wir zurück.

Aidan stand vor mir, vor Schreck erstarrt, dann schaute er mich so erleichtert aus schimmernden Augen an, dass ich seinen Blick einfach nur festhalten wollte.

»He, Leute, kommt schon, jeder huscht fix in sein Körbchen!«

Hinter Aidan war ein Wachmann aufgetaucht und zog ihn von mir fort. Aidan stemmte sich gegen seinen Griff, ohne mich aus den Augen zu lassen. Auch hinter mir musste jemand vom Wachschutz stehen, denn mir wurde eine Uniformjacke umgelegt. Das plötzliche Gefühl von Schwere auf meinen Schultern ließ mich zusammenfahren, der Blickkontakt zu Aidan riss ab.

»Kommt, Leute, jeder in sein Quartier.«

Ein Arm legte sich um mich, ich wurde mit sanftem Druck fortgeführt, dabei wollte ich nicht, ich drückte meinen Rücken durch und fuhr herum, um mich aus dieser ungewollten Umarmung zu drehen.

Der Mann in Schwarz überragte mich um mindestens eine Kopflänge und war breit wie ein Schrank. Über seine Schulter hinweg sah ich, wie Aidan, der noch immer nach mir Ausschau hielt, die Treppe hinaufgezogen wurde. Dann entschwand er meinem Blick und ich, ich fühlte mich, wie aus einem Traum erwacht.

»Komm, gehen wir zurück.«

Die ruhige tiefe Stimme des Wachmanns ließ mich zusammenzucken, verwirrt sah ich dem Mann ins Gesicht, musterte das grau melierte Haar und diese ruhige unerschrockene Miene. Mit leichtem Kopfnicken deutete er hinter uns, ich folgte seiner Aufforderung und lief widerspruchslos zu meiner Wohnung zurück. Dort reichte ich ihm seine Jacke, schloss augenblicklich die Eingangstür und verharrte einen Moment.

Aidan hatte mich gesucht.

Ich seufzte, sank an der Tür hinab zu Boden und schlang meine Arme um die angezogenen Knie.

»Kommen Sie herein«, ein Physikreferendar winkte uns in den Prüfungsraum, »suchen Sie sich einen Platz und bitte, lassen Sie sich von den anwesenden *Men in Black* nicht verunsichern, sie sind hier, um für Ihre Sicherheit zu sorgen, auch wenn die Direktion felsenfest davon überzeugt ist, dass für Schülerinnen und Schüler wie Sie zu keinem Zeitpunkt Gefahr gedroht hat. Nichtsdestotrotz sind wir wachsamer als sonst und nun, willkommen bei der Grundlagenprüfung für Industriebots.«

Einige kicherten, mir war nicht danach. Nervös musterte ich die anwesenden Wachleute auf dem Flur, dann die im Prüfungsraum und vor allem diese schrecklichen kleinen separaten Tische mit den unbequemen Stühlen dahinter. Da streifte etwas meinen Arm. Aidan schob sich gerade zwischen mir und einem der Tische hindurch. Eigentlich wäre zwischen uns genug Platz gewesen, um ohne jede Berührung vorbeizukommen, und als hätte er meinen Gedanken erraten, trat er dicht zu mir heran.

»Geht es dir gut, Alix?«, er flüsterte und mit jedem Wort wurden seine Wangen rosiger. »Ich wollte dich gestern Nacht nicht erschrecken, ich wollte dich nur sehen, sehen, dass dir nichts passiert ist.«

»Ging mir auch so«, erwiderte ich überrascht und sah, wie seine Miene erstrahlte. Gern hätte ich noch etwas gesagt, nur damit er mich länger anschaute. Da drängte uns der Referendar auseinander, ich las Maxim auf seinem Namensschild, er wies Aidan von mir weg.

»Bitte, finden Sie Ihre Plätze, die Zeit, die Zeit!«, sprach er förmlich und deutete auf einen Tisch, fast am anderen Ende des Saals. Aidan lief hinüber, Maxim sah mich über die Schulter an, sein Blick war kurz und herablassend. Schnell nahm ich am erstbesten Tisch Platz und sortierte umständlich meine Sachen. Jemand kicherte hinter meinem Rücken, dem Klang nach ein Mädchen, und ich, ich fühlte mich wie in einem Käfig ohne Gitter, weggesperrt. Kontakt zu niemandem. Am liebsten hätte ich die Prüfung sausen lassen.

»Wollen wir?«, fragte Maxim süffisant, trat an das Dozentenpult und gab die Aktivierungsdaten für das Prüfungsprogramm in das Lehrerterminal ein. Die Tablets für uns Prüflinge, eingelassen in die Tischplatte, leuchteten auf, die Aufgaben auf Uniniveau waren frei gegeben. Unsicher schaute ich durch den Raum und fand Aidans Blick. Er sah mich an, weiter nichts, und doch war da eine Bewegung in seinem Gesicht, ein Lächeln, das mir Mut machte und mich Maxim und das Kichern hinter mir vergessen ließ.

Ich konnte nicht erklären, wie, aber ich flog mit Hochgeschwindigkeit durch die Prüfungsaufgaben. Ich markierte Lösungen, tippte Rechenaufgaben und Antworten in digitale Prüfungsblätter, werte-te Diagramme und Graphen aus, korrigierte eine vorgegebene Programmierungssequenz, schrieb eine weitere um und kürzte sie dabei um mehr als die Hälfte. Ganz verwundert schaute ich mich nach dem letzten Aufgabenbereich nach einem weiteren Arbeitsblatt um, fand aber keins. Um mich herum rechneten, schrieben und grübelten meine Kommilitonen über digitalen Folien und Graphen. Einige musterten mich pikiert, doch nur für einen Moment, denn die Prüfungszeit floss unbarmherzig von der Uhr.

Gern wäre ich aufgestanden und hätte mir in der Cafeteria einen Kaffee gekauft, doch in einer Prüfung aufstehen und gehen war nicht erlaubt, Mitschüler durften nicht gestört werden. Gelangweilt prüfte ich meine Ergebnisse, fand aber weder Fehler noch eine übersehene Aufgabe. Verdrossen sah ich aus dem Fenster in den Himmel, bis ein Vogel mit rotem Kopf und schwarzgefiederter Augenbinde draußen auf dem Sims landete. Ich rührte mich nicht, um das putzige Wesen nicht zu erschrecken, das mit schräg gelegtem Kopf zu uns herein sah. Vorsichtig sah ich mich um, niemand beobachtete mich und ich könnte tun, als ob ich noch arbeitete. Ganz behutsam langte ich nach dem Bleistift, nahm ein Blatt Notizpapier und begann den Vogel zu skizzieren. Stirn, Scheitel, Nacken, den Schwanz. Immer deutlicher verwoben sich zarte, verwischte und kräftige Striche zu einem so klaren Bild, von man meinen konnte, das Tier säße auf der Tischplatte.

»Mm krrrmm.« Das Räuspern neben mir ließ mich zusammenzucken. Ich hatte nicht gemerkt, dass Maxim näher getreten war und mir über die Schulter sah. Er musterte mich, dann streckte er seine Hand aus, seine Finger krallten sich wie die Beine einer Spinne todbringend um meinen Papiervogel.

»Würden wir freie kreative Kunst wünschen, stünde Kunstunterricht auf dem Lehrplan«, fügte er scharf hinzu und sperrte den Zugang zu den Prüfungseingaben. »Doch wenn ich mich recht entsinne, ist dieses Fach dort nicht zu finden. Folgen Sie mir.«

Geschockt sah ich hoch. Noch nie hatte ein Lehrer während einer Prüfung einen Schüler heraus beordert. Ringsum hoben die Prüflinge die Köpfe, einige neugierig, manche erschrocken, andere musterten mich zornig, weil ich Unruhe brachte, während sie Aufgaben bearbeiten sollten, die über das Vorankommen an dieser Schule entschieden. Vor Scham hätte ich sterben können. Nach dem heutigen Tag würde ich kaum noch jemandem in die Augen sehen können.

Schamesrot folgte ich dem Referendar aus dem Prüfungssaal und durch die Gänge zum Wartebereich für die Schüler gegenüber des Zugangs zum Professorenflügel.

»Setzen Sie sich.«

Maxim wies auf die freien Stühle. Kaum hatte ich mich gesetzt, hörte ich eilige Schritte von den Treppen her, Ma kam so schnell auf mich zu, als befürchtete sie, mir sei etwas Übles zugestoßen. Ich stand auf und sie riss mich in ihre Arme, doch bevor ich ein Wort sagen konnte, öffnete sich die Flügeltür und Ma wurde in den Professorensaal gerufen. Ehe ich wusste, wie mir geschah, starrte ich auf die wieder geschlossenen Türen. Ratlos nahm ich Platz. Ich sah nicht aus dem Fenster, ich hob auch nicht den Kopf, wenn Stimmen an mir vorüberzogen. Erst als die große Tür erneut geöffnet wurde und Ma heraus trat, sah ich auf. Im gleichen Moment starb die Hoffnung, dass meine Vogelzeichnung nur eine Lappalie wäre.

Ma war blass und dieses Mal loderte in ihren Augen so etwas wie Zorn. Sie entfaltete meine Skizze und hielt sie mir so dicht unter die Nase, dass ich unwillkürlich zurückwich.

»Musste das sein? In der wichtigsten Prüfung des Semesters?«

»Ma, ich war fertig und außerdem – es ist nur ein Vogel.«

»Alix, es war mitten in der Prüfung!« Mas Unterkiefer zitterte. »Die Prüfung, mit der du dich gegen die Besten der aktuellen Jahrgänge im Kampf um die raren Kursplätze für Nano-Ro-bo-tik behaupten solltest. Stattdessen zeichnest du in der wichtigsten Prüfungsstunde des Semesters einen Rotkopfwürger. Du tanzt nicht, du malst dich eigensinnig aus der Reihe.«

»Sorry, Ma«, sagte ich kleinlaut. »Es ist nur, dass ich nicht so ganz verstehe, wieso du so wütend auf mich bist. Ich dachte, du weißt noch, wie das ist. Dieses Malen müssen. Du hast früher doch auch gemalt, Menschen, Schmetterlinge, bei dir sah immer alles wie echt aus. Diese Liebe habe ich von dir geerbt. Ich hätte nie gedacht, dass es schlecht sein würde, das zu lieben, was du liebst.«

Ma rutschte die Contenance aus dem Gesicht.

»Siehst du mich malen? Habe ich jemals Stift anstatt der Pinzette in die Hand genommen so wie du heute? Weißt du, Alix, der Unterschied zwischen uns beiden ist, dass ich hier Verantwortung trage, damit es Menschen wie dir künftig gut geht. Diese Fähigkeiten wurden mir mitgegeben, und wenn du mir ähnlich sein willst, dann werde deinen wirklich wichtigen Fähigkeiten gerecht, anstatt deine Zeit mit diesen nutzlosen Kritzeleien zu verplempern. Dir wurde so ein unglaubliches Talent in die Wiege gelegt, und du missbrauchst es für das hier.«

Sie schüttelte meine Zeichnung vor meinem Gesicht. Ich schluckte. Schluckte noch einmal. Wollte fragen, was sie mir eigentlich sagen wollte. Tief in meiner Brust zog sich etwas zusammen und stellte sich einem plötzlichen Gedanken in den Weg wie ein Polizist, der jemanden nicht passieren lässt.

»Alix, sieh mich an!«

Verschreckt sah ich ihr in die Augen.

»Überlege dir gut, ob du nach Fähigkeiten oder nach Fertigkeiten beurteilt werden willst. Ich muss jetzt zurück und du hast, so wie ich gehört habe, für einige Stunden im Selbststudium zu tun. Wir sehen uns heute Abend.«

Sie hauchte mir einen Kuss auf die Wange und ging und ich, ich sah ihr nicht hinterher. Ich bewegte mich erst, als ich sie nicht mehr hören konnte, und lief durch die Flure, ohne aufzusehen. Einmal schrammte ich haarscharf an dem Security-Mitarbeiter vorbei, der mich zu meiner Wohnung zurückgeleitet hatte, und irgendwie brauchte ich länger zur Bibliothek als sonst. Dort verbarg ich mich hinter einem der letzten Computerterminals im Raum. Las, machte Notizen für meine Semesterarbeit und vergaß doch gleich wieder, was ich geschrieben hatte. Meine Stunde für den frei gewählten Zusatzkurs »Umgang mit älteren Menschen« brachte ich hinter dem Tresen in dem kleinen Café nahe des Unigeländes zu, allerdings waren mir mein Lächeln und meine Sinne so eingefroren, dass ich erst wahrnahm, wie mitleidig mich die alten Damen ansahen, als mir eine die Hand auf den Arm legte.

Wieder daheim schloss ich mich in meinem Zimmer ein. Schniefend blätterte ich mich durch mein Skizzenbuch, bis es an der Tür rüttelte. Dann noch einmal. Ma rief leise meinen Namen, fragte, ob alles in Ordnung sei, doch ich stellte mich schlafend, bis ich tatsächlich einschlief.

Mas zaghaftes Klopfen weckte mich – und ihre Stimme, die von Frühstück sprach und ob ich nicht in die Küche kommen wolle. Ich wollte nicht, musste aber, schlurfte in die Küche, ohne mehr zu sehen, als Mas Hände auf dem Küchentisch. Ich starrte auf meinen Teller, auf Toast, Blaubeer-Pancake und Kaffee.

»Alix, es tut mir leid.«

Stumm griff ich nach der Kaffeetasse, nahm einen Schluck und bekam ihn fast nicht hinunter.

»Alix, bitte, höre mir zu. Ich war gestern so wütend, so überfordert. Es gab so viel zu tun, und dann kam ausgerechnet Doktor Albaas mit der Nachricht, du hättest statt die Prüfung zu machen einen Vogel gezeichnet. Und irgendjemand rief, dass du mehr als nur einen Vogel hättest, wie sinnlos du dein Talent verschwendest, dann machten sich manche über das Nachtlicht lustig und Kollegen, mit denen ich mich sonst so gut verstehe, die haben mir lachend den Rücken zugedreht. Ich kam mir so allein vor, Alix. Ist es wirklich zu viel verlangt, dich deinen naturwissenschaftlichen Fähigkeiten zu widmen, um die dich so viele beneiden? Begreif doch endlich! Du bist von den Engeln geküsst.«

Ich starrte sie an. Dann schoss mir das Wasser nur so aus den Augen.

»Du hast es denen erzählt? Du hast erzählt, dass ich ein Nachtlicht brauche? Und jetzt bedauerst du, dass du dich allein fühlst?!« Ich sprang vom Tisch auf.

»Alix, versteh doch, hast du dich noch nie mit Freunden über das unterhalten, was dich bedrückt?«

»Ich hab keine Freunde, Ma! Mir gehen immer alle aus dem Weg. Also erzähle mir bloß nichts übers Alleinsein, nur weil du einmal alleine warst.«

Ich rannte in mein Zimmer und hatte das Gefühl, ich müsste schreien. Voller Zorn warf ich das Nachthemd auf mein Bett, beschränkte mich im Bad auf eine kleine Wäsche und stand wenige Augenblicke später in Schuluniform und mit Rucksack an der Wohnungstür.

»Alix!«

Es kostete mich alle Kraft, zurückzublicken. Ma sagte kein Wort, doch ihre Augen baten mich um Verzeihung. An jedem anderen Tag hätte mich ihr Blick glücklich gemacht, heute war es nicht genug. Ich wollte gehen, da hielt sie mir eine Tüte entgegen, mein Frühstück. Fast hätte ich sie damit stehen lassen. Dann riss ich ihr die Tüte aus der Hand und stürmte wütend in meinen neuen Tag.

Mas Worte hallten in mir nach wie Worte aus einer fremden Sprache, deren Bedeutung ich nicht verstand, aber zu fühlen begann. Zu fühlen, wie ihre Botschaft irgendwo in meinem Kopf gegen eine mentale Tür bummerte, die ich wiederum versuchte, geschlossen zu halten. Doch so sehr ich mich auch dagegen stemmte, die Erkenntnis sickerte durch Ritzen und kämpfte mit dem sonderbaren Polizisten auf meiner Gedankenstraße.

Nie zuvor hatte Ma von mir verlangt, meine Selbstbestimmung aufzugeben. Sie hat mich immer träumen lassen und sich gefreut, als ich eines Tages zu zeichnen anfing, wie sie. Nie hatte sie mich fühlen lassen, dass sie sich schämte, weil ich anders war. Eigensinniger oder eigenfühliger als die Schüler und Studenten, die taten, was von ihnen verlangt wurde, die lernten, was verlangt wurde, die arbeiteten, was verlangt wurde. Bis heute. Auf einmal schien ich ihr nicht mehr genug, auf einmal sollte ich mein Innerstes ablegen und mich fremdbestimmen lassen.

Reduziert auf eine Funktion im System.

Fast wäre ich gegen die nächste Ecke gelaufen.

Wie konnte Ma das sagen? Sie selbst liebte das Malen doch so sehr, hatte Bilderbücher erschaffen, Comics und die Werke von Picasso, Franz Marc und Böcklin vergöttert. Hatte sie mir nicht vor langer Zeit gesagt, Malen sei Freiheit, die sie niemals aufgeben würde? Die ich niemals aufgeben dürfe? Weil wir damit unsere Welten erschaffen könnten und dieser hier entkommen, wann immer mir wollten?

Und heute, heute hatte mich Ma mit einem Blick angesehen, mit einem Gesichtsausdruck, den ich nicht kannte. Als hätte ich einer fremden Frau gegenübergestanden.

»Frau Anderson, wo wollen Sie hin?«

Eine Hand legte sich um meinen Oberarm, sodass ich stehen blieb und Frau Doktor Simoni erschrocken ins Gesicht sah.

»Wollen Sie Ihre Ethikaufgaben genauso leichtfertig angehen wie die Robotik-Prüfung?«, fragte sie.

»Mit den Prüfungsfragen war ich fertig«, erwiderte ich hilflos.

Doktor Simoni ließ mich los und ich begriff, dass wir nicht allein waren. Wieder standen um uns herum Sicherheitskräfte, unter ihnen auch der mir schon bekannte Wachmann mit den grau melierten Haaren. Er beobachtete mich ohne jede Regung, ebenso die Lehrer, die darauf achteten, dass die Schüler und Schülerinnen in dem grundsätzlich erbetenen Abstand voneinander auf den Beginn der Ethik-Exkursion warteten. Ich entdeckte Aidan, Abeli und Alja aus meinem Jahrgang und noch weitere Schüler, dazu Studenten aus der Universität für Sozialpädagogik ein paar Straßen weiter. Abeli maß mich mit spöttischem Blick, Aidan hingegen rührte sich nicht, er wirkte so abwesend, als sähe er niemanden um sich herum.

»Hier sind Ihre Tablets und die gestatteten Fragen für die Interviews innerhalb der Ihnen zugewiesenen städtischen Altersgruppe«, klärte Doktor Simoni uns auf. »Arbeiten Sie alle Umfragen vollständig und umfassend ab, Ihre Semesterarbeit wird maßgeblich darauf aufbauen. Fragen?«

Sie blickte streng in die Runde.

»Ich muss mal in den Raum um die Ecke«, bemerkte ich verlegen.

»Machen Sie es kurz«, erwiderte Doktor Simoni und ich lief begleitet von unterdrücktem Kichern in den Nebenflur zu den Toilettenräumen. Dort schaufelte ich mir kaltes Wasser ins Gesicht, um damit die beißenden Worte abzuwaschen. Du schaffst das, spornte ich mich an, holte tief Luft und verließ mit zitternden Knien den Toilettenraum. Draußen griff jemand meine Hand, es war Aidan.

»Alix, ist alles in Ordnung mit dir?«

Ich schüttelte den Kopf.

»Nimm dir das nicht zu Herzen, okay?«, flüsterte er. »Das wollen die doch nur. Die haben doch keine Ahnung!«

»Ahnung wovon?«, fragte ich.

»Dass du etwas Besonderes bist«, antwortete er und wurde so rot, dass er sein Gesicht kurz abwandte. »Jetzt verschwinde ich mal um die Ecke«, bemerkte er und ging an mir vorbei, sein Handrücken strich über meinen. Ich wünschte mir, der Moment möge noch ein bisschen anhalten, da schlossen sich seine Finger wieder sachte um meine und gaben sie nur zögernd frei.

Noch ganz in Gedanken erreichte ich unsere Ethikgruppe.

Doktor Simoni empfing mich mit einem demonstrativen Blick auf die Uhr, ich schaute nach einem Platz, an dem ich nah, doch mit dem erwünschten Abstand zu den nächsten Schülern stehen konnte. Als ich an Abeli vorüberkam, wisperte sie kaum hörbar: »Hat Mami ihrem Wunderkind Frühstück eingepackt?«

Unbehaglich betrachtete ich die Tüte, mir war völlig entfallen, dass ich sie trug. Ich wollte die Hände frei haben, also kniete ich nieder und stopfte die Tüte in meinen Rucksack. Dabei bemerkte ich, dass Abeli einen Schritt näher trat, obwohl uns Small Talk nicht erlaubt war.

»Ich hab läuten hören, dass du verkackt hast bei der Prüfung. Sieht so aus, als stündest du nicht mehr auf der Liste der Besten.«

»Abstand, die Damen!«, kommandierte Doktor Simoni und warf Abeli einen scharfen Blick zu. »Ich bitte um Ihre Aufmerksamkeit. Da wir nun vollständig sind«, fuhr sie fort und winkte energisch einen verspäteten Studenten heran, »nehmen Sie bitte folgenden Ablauf zur Kenntnis:

Auf Ihren personalisierten Tablets finden Sie neben den Interviewfragen die Ihnen vorgeschriebenen Routen. Abweichungen hiervon sind nicht vorgesehen, wie Sie gleich verstehen werden, denn Sie starten nacheinander Ihre Exkursion, jeweils mit dem Abstand von fünf Minuten und jeder in eine andere Richtung. Sie müssen Ihr Thema eigenständig bewältigen, da Ihre Arbeit ein Prüfungsbestandteil ist und zu späterem Zeitpunkt bewertet wird. Sie werden Marktplätze, Essensausgaben, Parks und/oder Geschäfte passieren und müssen in den Ihnen zur Verfügung stehenden vier Stunden umfangreiches Material für die weiterführende Semesterarbeit einsammeln. Setzen Sie sich zielorientiert mit der Thematik ›Gesellschaftliches Entwicklungspotenzial der alternden Gesellschaft‹ auseinander, der Schwerpunkt liegt auf einem möglichen gesellschaftlichen Mehrwert für die jüngeren Altersgruppen in der Bevölkerung. Ihren Analysen sehe ich mit Spannung entgegen. Derweil bleiben vorhandene Stifte und Zeichenblöcke genau dort, wo sie jetzt gerade sind«, schloss sie ihre Ansprache und streifte mich dabei mit einem erneuten Blick. »Es sei denn, sie sind für Ihre persönliche Ausarbeitung von Relevanz.«

Doktor Simoni startete mit einem digitalen Code das Exkursionsprogramm. Auf ihr Kommando hin verließen drei Studenten das Gebäude und verschwanden aus unserem Sichtfeld. Fünf Minuten später starteten die nächsten ihre vorgesehenen Routen, und ehe ich mich versah, schickte sie mich vorbei an der Security und den Überwachungskameras Richtung Nordost, über Straßen ohne Transportverkehr in eine mir unbekannte Gegend der Altstadt von Werrn.

Ich schaute auf mein Tablet. Der leuchtend rote Strich die Route wies geradeaus, dennoch sah ich in die Querstraßen und Gassen und blickte in die architektonische Vergangenheit. Ich konnte nicht widerstehen, ich musste einer leicht gebogenen Gasse folgen. Hier gab es Pflastersteine auf den Wegen und Häuser aus Fachwerk mit geschmiedeten Zäunen, dunklen Fenstern und wild wuchernden Vorgärten. Vögel zwitscherten, als gehörten die Gärten ihnen und vielleicht hatten sie damit recht, denn ich hörte und sah niemanden. Bezaubert von diesen Eindrücken lief ich zurück bis zur Gassenecke, folgte wieder der vorgegebenen Straße, sah nach rechts, sah nach links. Ich entdeckte Häuser, deren Stuckfassaden bröckelten und der Putz von den Balkonen abgeplatzt war bis auf das raue Mauerwerk darunter, auf der anderen Seite eine Gasse im Zwielicht, der First des höchsten Hauses ließ einfach kein Licht hinein. Einen kurzen Sprint weiter entdeckte ich eine Wohnanlage mit Häusern aus groben Betonplatten, mit rostigen Schaukeln und Klettergerüsten im Innenhof und alten Menschen. In der Ferne vernahm ich endlich das vertraute Raunen von Werrn. Straßenverkehr. Ich erkannte die wechselnden Lichtsignale der Ampeln und kehrte in meine kulturelle Zeit zurück, in die Welt der gläsernen Geschäftshäuser, der Einkaufsmalls an überwachten Kreuzungen, der Magnetbahntrasse und autonom agierenden Fahrzeugen. Der surrende Sound übertünchte das Gefühl von Unbehagen, das mir aus der schummrigen Nebenstraße entgegengedrungen war. Nicht wegen der Häuser, die verfielen, oder weil die Fenster erblindet waren und die Haustüren offen gähnten. Ich hatte die altersschwachen Bewohner gesehen, mit dünnen Armen, über Abfallkörbe gebeugt. Dieser Anblick war mir in den Magen gefahren, hatte mich laufen und das Licht der freien Straße suchen lassen, in dem ich mich wohler fühlte.

Erneut schaute ich auf mein Tablet.

Auf dem Monitor war ein Warnhinweis aufgeploppt. Ich wäre vom Weg abgewichen und hätte die erste Unterrichtsstunde uneffektiv verstreichen lassen. Ich schritt schneller aus, ich hatte sechs Interviews zu führen, ein Zusatzgespräch galt als empfohlen. Vor mir lag *Der Markt zwischen den Brücken*, mein zugewiesener Einsatzort, da ging ein Regenguss mit solcher Wucht nieder, dass das Wasser vom Straßenbeton hochspritzte. Wind frischte auf und trieb Schleier aus Wasser vor sich her. Ich drängte unter das Vordach einer Apotheke, als der mir bekannte Security-Wachmann aus der Schule neben mich trat. Kurz zuvor hatte ich ihn noch im Vorraum unserer Schule gesehen. Er musterte mich, nickte knapp und schaute in den dünner werdenden Regen. Wie überrascht war ich, als ich einige ältere Menschen auf die verregnete Straße laufen sah, sie lachten und fingen die Regentropfen mit ihren Händen, zwei ältere Damen tanzten miteinander im Kreis. Mir stand der Mund offen, bis mir jemand auf die Schulter tippte. Der Wachmann deutete auf den klarer werdenden Himmel, dann auf die Uhr.

Ich nickte und lief los, überquerte eine der Bogenbrücken und betrat den regenfrischen Marktplatz.

Überall wurde Wasser von Markisen gedrückt, Auslagen zurechtgerückt, es näherten sich Leute von allen Seiten. Innerhalb kürzester Zeit tauchte ich ein in das Marktgewühl aus fremden Menschen. Ich sah in alte, mit Farbe betonte Augen, dann in hungrige, in freundliche wie bedrückte Gesichter, sah einfache Röcke und Hosen und gut geschnittene Anzüge. Einige Menschen lächelten, winkten, griffen meine Hände wie zur Begrüßung. Manch alte Dame betrachtete mich ergriffen aus nassen Augen, als könnten sie nicht glauben, dass ein junger Mensch ihren Weg kreuzte.

Überall musterte ich Gesichter, Hände und Finger, Körperhaltung und Lebensgeschichten, die ich in alten Augen las. Ein Herr hinter einem Marktstand mit Kräuterampeln bot mir Tee und Gebäck, eine andere Dame sammelte ganz in meiner Nähe Zigarettenkippen vom Boden auf, wieder eine andere strickte an einem Kleidungsstück und unterhielt sich mit Marktbesuchern, die gestützt auf Krücken und rollbaren Gehhilfen vorübergingen. Einen elektronischen Androiden hatte niemand, dazu fehlte den Menschen einfach das Geld.

Ein älterer Herr erzählte, er sei beim Sicherheitsdienst im Einkaufszentrum *Grey Mall*, ein anderer, dass er sich an seinen Platz in der Jobvermittlungsbörse klammere, obwohl sein Gehör nachließ und er verzweifelt jeden Tag auf ein bezahlbares Angebot für Hörgeräte hoffe.

»Ich sehne mich so nach einer Aufgabe«, vertraute mir eine andere Dame an. »Ich bin mir sicher, dass ich mehr leisten kann, als Zuhören oder Müll auflesen. Begleitdienste könnte ich machen oder Zuarbeiten im Büro. Es ist zwar schön, mit Menschen auf dem Markt zu reden, und mit dem Geld, das ich hier verdiene, kann ich auch mein Zimmer bezahlen und mein Brot, aber das alles stillt nicht den Hunger nach Leben.«

»Ich würde so gern wieder Hunde ausführen«, schilderte mir eine andere Dame. »So viele haben Hunde, aber zu kranke Beine, um mit ihnen Gassi zu gehen. Wären da nicht meine Hände, ich kann kaum die Leinen halten. Ich müsste meine Sehnen behandeln lassen, für mehr Griff. Wenn die Operation nicht so teuer wäre.«

»Ich hätte gern etwas gegen meine Ängste«, gestand mir die hagere Frau, mit der ich meine Pancakes vom Frühstück teilte. »Am besten dieses Elixier aus den Trinkfläschchen, für die es überall Werbung gibt, die sollen so gut verträglich sein. Jeden Tag träume ich davon. Dass es meiner Psyche besser geht und ich entspannter sein kann, in meiner grauen Wohnung, besonders nachts, wenn alle Lichter ausgehen und das Grauen sich wie eine Kette um die Brust legt.«

»Ich nutze ein Nachtlicht«, flüsterte ich und biss in meinen Pancake, damit ich kauen und nicht noch mehr zugeben musste.

»Würde ich auch gern«, flüsterte die Dame. »Nur hab ich in meiner Wohnung keinen Strom. Ist alles kaputt, seit Monaten schon.«

»Wird es nicht repariert?«

»Für das alte Stromnetz gibt es keine Handwerker mehr, und für die paar Seelen, die noch in dem Block wohnen, lohnt die Modernisierung nicht. Wenn meine Angst nicht wäre, oh, wie vieles wäre dann leichter.«

Die Alte seufzte. Ihre Hände zitterten. Ich folgte ihrem Blick zu dem Wohnblock gegenüber und fragte mich, was hinter diesen zerbrochenen Fenstern des Nachts wohl alles stattfinden mochte, dass es diese Frau so in Angst versetzte.

Wieder holte ich das Tablet hervor, markierte die absolvierten Interviews, stellte Fragen, die ich vergessen hatte, machte Notizen und schaute mich wieder um.

So vieles hatte ich erzählt bekommen, doch konnte ich das Leben, das Wesen, die Wünsche dieser Menschen mit ihren Worten allein nicht einfangen. Außerdem hatte ich noch Zeit und von Doktor Simoni sogar die Erlaubnis, Skizzen zu machen, wenn sie für meine Arbeit relevant wären. Ich zog einen Block hervor und die Bleistifte und füllte die leeren Seiten mit Marktplatzleben.

Mit dem schmalen Gesicht eines Hungrigen und seinen tief liegenden Augen. Mit einer alten Dame, die Müll auflas für ein Frühstücksbrot, und einer auf einer Bank, das Gesicht der Sonne zugewandt, um das schattige Haus in ihrem Rücken nicht sehen zu müssen. Eine, die mit Hunden spazieren ging, zwei Männern, die sich bei Keks und Kaffee unterhielten, zuletzt zeichnete ich wie besessen an etwas, dass ich mal in einem Buch gesehen hatte: zwei Händen mit ausgestreckten Zeigefingern, die einander fast berührten.

»Du kannst es nicht lassen!« Abeli stand so plötzlich neben mir, dass ich wie gelähmt zu ihr hochguckte. »Wir sollen Interviews machen, Daten protokollieren und wissenschaftliches Material sammeln. Wie nennst du das?«

Ich packte die Stifte zurück in die Box und ließ sie laut zuklappen.

»Meine Interviews sind fertig«, gab ich trotzig zurück. »Auch das Zusätzliche. Jede Frage ist abgehakt, die Antworten dokumentiert, das Wohnumfeld und die sichtbare Bevölkerungsstruktur habe ich auch beschrieben!« Demonstrativ hielt ich ihr mein Tablet mit entsperrtem Bildschirm unter die Nase.

»Die Stifte sollten aber in der Box bleiben«, ereiferte sie sich.

»Nicht, wenn die Skizzen für die Semesterarbeit Relevanz haben!«

»Diese Fingerkrakelei soll Relevanz haben?« Sie wies auf meine letzte Skizze. Verärgert stopfte ich Stifte und Block in meine Tasche zurück.

»Diese Krakelei, wie du sie nennst, hat mehr als nur Relevanz. Sie wäre die Lösung für diese Menschen, würde sich nur irgendjemand herablassen, mal auf andere zuzugehen.«

»Du bist so dämlich!«

»Und du ein Kotzbrocken!«

Ich sprang auf, griff meinen Rucksack und wollte Abeli stehen lassen. Da packte sie mich am Oberarm und zerrte mich vom Marktplatz fort zu einer der Kanalbrücken. Verdutzt bemerkte ich dort eine Treppe, die zum Kai runter führte und ehe ich wusste, wie mir geschah, schob sie mich die Stufen so schnell hinab, dass ich ausglitt und meinen Rucksack verlor. Ich sprang auf die Füße, Abeli stieß mir grob vor die Brust.

»Glaubst du, ich habe Angst vor dir, du dämliche Schnepfe? Jetzt hör mal zu, du hältst dich ab sofort von Aidan fern. Ansonsten komme ich auf die Idee, den Profs zu stecken, was du gemalt hast.«

Ich kochte innerlich so vor Zorn, dass meine Stimme ungewöhnlich leise klang, als ich endlich sprach. »Ich – habe nach eigenem Ermessen – die Aufgaben bearbeitet, Bildmaterial angefertigt, die Quintessenz ermittelt, damit ich meine spätere Analyse drauf ausrichten kann. Ich habe nur noch nicht herausgefunden, wie du erklären willst, warum du deine Route verlassen hast. Kann mir nicht vorstellen, dass Doktor Simoni Eifersucht als Begründung geltend lässt.«

»Ich?« Abeli grinste. »Ich bin gar nicht hier. Sondern in einem Café gegenüber des Hilton. Wo mein Tablet unter der Tischplatte liegt. Was sagst du jetzt?« Etwas Fieses grub sich in ihre Züge.

»Clever. Aber nicht clever genug. Wir sind nicht alleine hier, die haben uns Security hinterhergeschickt, jeder von uns hat einen dieser Kerle als Schatten. Nicht bemerkt?«

Abeli wurde weiß, hastig sah sie sich um.

»Jetzt darf ich wohl sagen, dass ich keine Angst vor dir habe«, sagte ich. »Und Aidan lässt sich gewiss nicht von berechnenden Zimtziegen bezaubern. Schon gar nicht von dir.«

Ich lief die Treppe bis zum Kai hinab, weil dort mein Rucksack liegen geblieben war. Ich wollte ihn aufheben, da wurde ich an den Haaren gepackt, meinen Kopf ruckte nach hinten, fast hätte ich das Gleichgewicht verloren. Etwas schoss auf mich zu und traf mit voller Wucht mein Jochbein. Ich fiel hintenüber, brackiges schwarzes Wasser schlug über mir zusammen und meine Füße fanden keinen Grund.

Panisch ruderte ich mit Armen und Beinen, riss die Augen auf, erkannte perlendes Wasser um mich herum, es war wie im Film. Nur meine Beine, Arme, Lungen – sie fühlten sich schwer an, fremd, wollten mir nicht mehr gehorchen. Über mir eine matte Helligkeit.

Beugte sich da jemand über das Ufer?

Panisch trat ich Wasser, um nach oben zu gelangen, drehte mich aber um mich selbst. Unter mir lag Schwärze – ein Schatten, ich sank meinem Albtraum entgegen, obwohl ich mich so dagegen wehrte. Hinein in Umrisse, wie die in meinen Bildern, Umrisse, die deutlicher wurden, und plötzlich aussahen wie die eines Gesichts. Das von Ma.

Die Augen geschlossen, ihr Gesicht bleich, das Haar tanzte um sie herum, als würde der Wind damit spielen. Nur gab es hier keinen Wind. Die Arme trieben leicht neben ihrem Körper, nicht eine Regung verriet, dass sie um Atem kämpfte.

Verzweifelt versuchte ich, ihre Hand zu fassen, da sah ich etwas aufblitzen. Eine Kette um ihren Hals, der Anhänger daran lag auf ihrer Brust. Er zeigte eine weiße Mondsichel auf schwarzem Grund, wie in einem schwarzen Spiegel.

Ein Ruck ging durch meine Lungen, Wasserblasen sprudelten vor mir auf, jemand packte meinen Uniformkragen und zerrte mich nach oben. Ma entschwand meinem Blick, ich spürte noch einen Ruck, der mich durchschüttelte, Wind auf meiner Haut. Atmete Wasser und Luft gleichzeitig, ich hustete bis kurz vorm Erbrechen.

Da waren Laute, Worte, die meinen Kopf umschwirrten. Dass diese Worte mein ständig wiederholter Name war, begriff ich erst, als der Wachmann ihn mir ins Gesicht schrie. Offenbar hatte mein Schattenmann mich aus dem Wasser gefischt.

»Kannst du mich hören?«

Nur langsam begriff ich, was ich – sah. Abeli, auf der Treppe, die Augen aufgerissen. Aidan, der die Treppe hinabgestürmt kam und sich neben mir auf die Knie fallen ließ. Der gewaltige Arm, der meine Brust umspannte, mich unter den Achseln hielt. Das schwarze Security-Uniformhemd klebte auf der Haut, und es war verrutscht, gab ein Tattoo frei, einen sichelförmigen Mond an einer Kette.

»Ma.« Ich schnaufte das Wort mehr, als ich es sprach.

Mit einem Ruck wandte ich den Kopf, ich lag auf der betonierten Kante des Kanals, mein Gesicht spiegelte sich im Wasser, doch sah ich unter der Oberfläche nichts.

»Ma!« Ich wand mich im Griff des Wachmanns. »Sie ist im Wasser, da unten, ich hab sie gesehen.« Ich zappelte, peitschte mit meiner freien Hand das Wasser auf, als wollte ich mich zum Grund hinabschaufeln.

»Hör auf!« Ich wurde noch ein Stück vom Ufer fortgezogen, dann lockerte sich der Griff des Arms, aber nur, um gleich wieder zuzufassen. Der Wachmann hob mich so schnell vom Boden hoch, dass ich glaubte, ich würde fallen. Erschrocken umklammerte ich seinen Hals, da setzte er mich schon auf die Grasnarbe neben den Treppenstufen. Ich wollte ihn loslassen, aber es ging nicht. Ich konnte nicht schlucken, nicht zwinkern, nicht atmen. Mit brennenden Augen starrte ich ihn an – und sah ihn doch nicht.

»Hör zu!« Er rüttelte an meinen Schultern und aus dem Nichts vor meinen Augen formte sich ein nasses Gesicht. Wasser strömte aus seinen Haaren nach, über die Stirn.

»Mädchen!« Er fasste mein Kinn, lenkte meinen Kopf, meinen Blick, bis ich ihm endlich in die Augen sah. »Da unten ist niemand. Hörst du, niemand!«

»Aber ich hab sie gesehen.«

»Alix«, Aidans Stimme drang in meinen Kopf. »Wovon redest du? Deine Ma ist zu Hause. In der Klinik, auf Station. Bis ich aufgebrochen bin, habe ich ständig Ansagen aus der Klinik gehört. Dass sie sich in irgendwelchen Zimmern einfinden soll. Auf Station 21 muss die Hölle los sein.«

Ich versuchte, zu begreifen.

Vor mir der Wachmann, Wasser perlte ihm noch immer über das Gesicht, sogar mehr als zuvor. Noch einmal betrachtete ich das Tattoo auf seinem Arm, diesen Mond, diese Sichel. Der Mann zog den Hemdsärmel herab.

»Was ist denn überhaupt passiert?«, fragte Aidan verstört.

»Es war ein Unfall«, rief Abeli mit weinerlicher Stimme. »Alix hat ihre Tasche verloren und die Stufen waren glatt, ich schwöre, das hab ich nicht gewollt.«

Der Wachmann tippte Aidan an. »Ihr Rucksack, komm, nimm ihn.«

Aidan gehorchte, der Wachmann deutete mit einem Kopfnicken auf die Treppe. Oben sah ich einen Security-Wagen halten, mit blitzender Leuchte auf dem Dach. Ich wollte fragen, was das bedeutete, da fühlte ich mich wieder hochgehoben und getragen. Vage nahm ich Aidan wahr, der uns nicht aus den Augen ließ und Abeli unten am Wasser. Wieder musste ich an dieses Gesicht denken, dieses leblose, vertraute Gesicht, das mir so real erschienen war wie die blitzende Warnleuchte der Security, deren Schein sich im schwarzen Wasser brach.

Ich kauerte in meinem Zimmer, eingehüllt in eine Decke, und starrte an die Wand. Eigentlich hatte ich mir vorgenommen, ein Stück Schokolade zu essen und mich zu freuen, weil alles mit mir in Ordnung war, so die Diagnose mehrerer Ärzte auf der Medizinischen Station. Sie hatten nichts feststellen können, keine veränderte Farbwahrnehmung, keine Gesichtsfeldausfälle, keine Kontrastunschärfe. Eine allzu freundliche Schwester hatte gemeint, ich hätte die Augen eines Adlers, doch hatte mich ihr Scherz nicht zum Lachen gebracht. Ich wurde das Gefühl nicht los, dass nichts so war, wie es sein müsste.

Kaum, dass ich ins Untersuchungszimmer gebracht worden war, kam Ma hereingelaufen, nahm mein Gesicht zwischen die Hände und sah mich erschrocken an, als sie hörte, ich hätte wirr gesprochen. Und ich, ich hatte sie die ganze Zeit nur ansehen können, ihre Augen, ihre Hände, ihre Sorge um mich gefühlt, während meine innere Stimme unbeirrt rief, irgendetwas stimme nicht.

Ich begriff das alles nicht.

Ich begriff gar nichts mehr.

Dieses Gesicht im Wasser, es ließ mich nicht los, und je mehr ich versuchte, es aus meinem Kopf zu bekommen, umso fester ankerte es darin fest.

Ich presste mir die Hände vor die Augen und grub in meinem Kopf nach allem, was ich mal über die Verarbeitung optischer Reize gelesen oder gelernt hatte. Die Physiologie des Auges, das visuelle System, dass Wahrnehmung ein psychischer Prozess ist. Ein psychischer, bei dem sichtbaren Reize aus der Umwelt aufgenommen, relevante Informationen extrahiert und interpretiert werden. Ja, so hatte es gelautet. Interpretation durch Abgleich mit persönlichen Erinnerungen.

Plötzlich saß ich kerzengerade.

Wenn der visuelle Automatismus aus Aufnehmen, Verarbeiten und Erkennen der Situation bestand, musste mein Gehirn im Wasser eine Erinnerung wachgerufen haben, an etwas, dass ich gesehen hatte. Eine Erinnerung an meine Ma, leblos im Wasser, mit ihrer Lieblingskette um den Hals.

Das war doch verrückt.

Ich sprang auf und irrte im Zimmer umher.

Nichts hatte Ma so sehr geliebt, wie Malen, Zeichnen, Welten erschaffen. Das war ihr so sehr Freiheit und Selbstverwirklichung gewesen, nie hatte sie das aufgeben wollen. Und von den Dingen, die sie besaß, war ihr nichts so wichtig gewesen wie die Mondkette, war sie doch ein Geschenk gewesen, von einem, wie sie gesagt hatte, ihr sehr wichtigen Menschen. Ob sie damit meinen Vater meinte, hatte ich nie herausgefunden, doch ich erinnerte mich, dass sie ihre Kette nie abgelegt hatte, nicht mal unter der Dusche.

Wann hatte ich Ma zuletzt zeichnen gesehen? Oder, dass sie ihre Kette trug? Ich konnte mich nicht erinnern. Egal, wie weit ich zurückdachte, ich sah sie vor meinem geistigen Auge immer nur mit hochgesteckten Haaren und schmuckfreiem Hals.

Ma trug ihre Kette nicht mehr, wieso war mir das nie aufgefallen? Wo hatte sie die hingetan? Und wo waren ihre Bilder, Skizzen und Comics?

Ich öffnete meine Zimmertür und trat in die Stille, offenbar war Ma noch nicht von Station zurück. Ich ging in ihr Zimmer.

Zum ersten Mal fiel mir bewusst auf, wie aufgeräumt das Zimmer vor mir lag. Die Sofakissen waren zurechtgezupft, die wenigen Bücher, die Ma besaß, standen strichgerade im Regal. Dazu gab es nur zwei Fotografien von Ma und mir. Wir vor dieser Schule, einmal mit dem Ergebnis meiner Aufnahmeprüfung, mit der ich mich für diese Schule qualifiziert hatte, dann mit der Zulassung für die Begabtenförderung. Sonst keine.

Ich zog sachte die Schubfächer auf. Darin lag erstaunlich wenig für eine Frau, die so viele Lebensjahre hinter sich hatte. Ein Tablet mit dem Touchscreen, ein paar externe Festplatten, das Wallet mit Geld, aber keine Bilder, Skizzenbücher oder Comics, überhaupt keine persönlichen Erinnerungen aus unserem Leben vor Ubold und Werrn. Nicht von dem Haus mit Garten und der Baumschaukel, nicht von den Wiesen. Ma hatte früher Blüten gesammelt, getrocknet und zu Collagen arrangiert, doch konnte ich die Mappe mit den Collagen auch nicht finden, keine Kopfschmerztabletten oder Taschentücher, schon gar keine Mondkette.

Verwundert schob ich die Schubfächer wieder zu und ging ins Schlafzimmer, welches penibel aufgeräumt vor mir lag, das Bett sorgsam glatt gestrichen, und im Kleiderschrank fand ich so wenig Wäsche, dass er den Namen nicht verdiente. Und noch etwas fiel mir auf. Es roch hier sonderbar sauber. Nicht nach Deodorant oder Weichspüler, nicht einmal nach Mensch, im Gegensatz zu meinem Zimmer, das jeden Morgen ziemlich deutlich nach mir roch.

Ich trat zurück ans Bett, hob die Decke an und schnupperte. Nichts. Nur Sauberkeit und glatte Wäsche, die bei näherem Betrachten wie nie benutzt wirkte.

Verlor ich den Verstand?

Ich ließ die Bettdecke los und tastete mich in den Flur zurück, während meine innere Stimme die Beobachtungen aufzählte: Meine Vision unter Wasser. Die verschwundene Mondkette, Bilder und Buntstifte. Das unbenutzte Bett und kein Geruch nach Mensch.

»Alix?«

Ich erschrak. Da war sie und ich hatte sie nicht kommen hören, Ma stand im Flur wie aus dem Boden gewachsen, hinter ihr schloss sich leise die Automatiktür. Als sie mich in den Arm nehmen wollte, wich ich zurück.

»Alix, was ist denn?«

Ich wollte etwas erwidern, über meine Ängste reden, die Ungewissheit besiegen, doch ich konnte nicht. Da fiel mir etwas ein. Ich lief in mein Zimmer, riss einen Schreibblock aus der Schublade und grapschte eine Handvoll Stifte aus dem Köcher. Dann hastete ich in den Flur zurück, zerrte Ma ins Wohnzimmer und packte Block und Stifte auf den Tisch, dass es knallte.

»Zeichne meinen Schmetterling.«

»Was?«

»Du hast mir mal eine Geschichte geschenkt mit vielen bunten Bildern. Über einen kleinen Schmetterling, der sich aufmacht, in einer gefährlichen Welt Freunde zu finden. Male den!«

Meine Stimme klang unerwartet laut.

»Alix, ich weiß nicht ...«

»MALE MEINEN SCHMETTERLING!«

Ma rührte sich nicht. Sie sah mich an, nicht den Schreibblock, nicht die Stifte, nur mich.

»Wo ist deine Kette mit dem Mond? Die, die dir einmal dieser wichtige Mensch geschenkt hat? Du hast sie immer getragen, du wolltest sie für immer tragen. Wo ist diese Kette?«

Ma schwieg, sie schien auch nicht zu grübeln, als suche sie eine Antwort. Sie schaute mich an, als wäre alles offensichtlich.

Ich trat einen Schritt zurück, dann noch einen.

Meine Kehle war wie zugeschnürt.

»Du kannst nicht malen, hab ich recht?« Ich wisperte nur noch. »Und du bist auch nicht meine Mutter. Oder muss ich jetzt sagen – Sie?«

Die Frau sah aus, als hätte sie mit sich gerungen und eine Entscheidung getroffen.

»Wenn du Antworten willst.« Sie machte eine einladende Geste zum Sofa hin und nahm darauf Platz. Langsam, mit einem Wummern hinter dem Kehlkopf, zog ich einen der Stühle heran und setzte mich der Frau misstrauisch gegenüber. Ich ließ sie nicht aus den Augen. Sie machte keine Anstalten, mich zu beschwichtigen, zu beschwören, dass sie meine Mutter sei und ich nur wieder einem Angstzustand verfallen wäre. Im Gegenteil, sie sah aus, als wollte sie reinen Tisch machen.

»Ich bin 17AHC aus der Serie 3«, sprach sie plötzlich ohne jede Sprachmelodie, »ein Humanoid, artifizielles Gewebe, entwickelt in den Laboren dieser Fakultät für Human-Medizin. Ausdrücklich bestimmt zur Übernahme fachärztlicher Aufgaben in der Humanmedizin, spezialisiert auf Obhut und Fürsorge für elternlose Kinder. Befähigt, vorgegebene Pflegeprogramme durch autarke Datensammlungen weiterzuentwickeln. Für die rentable Ausbildung junger Menschen und Heranführung an die Grundsätze des Fortschritts und der allgemeingültigen Vernunft.«

»Du bist eine Maschine.«

»Der Begriff Maschine ist in vielerlei Hinsicht dehnbar, aber korrekt.«

»Und entwickelt wurdest du zu welchem Zweck?«

»In der Hauptsache zur Fürsorge und Inobhutnahme elternloser Kinder.«

»Aber ich war nicht elternlos, ich«, ich brach ab und versuchte, meine Gedanken zu sammeln. »Ich erinnere mich an meine Mutter, an Geräusche, Bilder, Einzelheiten. Wo ist sie?«

»Das kann ich nicht sagen.«

»Und ich glaube dir kein Wort.«

Sie schien zu überlegen. »Ursprünglich warst du für eine Unterkunft in einem Heim für Elternlose vorgesehen. Doch du warst verhaltensauffällig. Verweigerung der Nahrungsaufnahme, stark ausgeprägte Achluophobie. Ich wurde hinzugezogen und diagnostizierte eine akute Belastungsreaktion. Während der Untersuchung hast du dich an mich geklammert und mich angefleht, ich solle nicht wieder weggehen. Da wurde ich dir zum Zweck der Fürsorge zur Seite gestellt. Ursprünglich war ich für ein anderes Kind vorgesehen.«

»Aber meine Mutter, hat sie mich verlassen? Ist sie fortgegangen?«

»Auch das kann ich nicht sagen, nur vermuten. Sicherlich hast du wie ich Werrns Altstadt gesehen und kannst nachvollziehen, wie es sein muss, dort ein Kind aufzuziehen. Nahrung ist knapp, Wärme teuer, Arzt, Impfungen, Schulbildung im Grunde unbezahlbar. Ein Kind hier unter seinesgleichen aufwachsen zu lassen, ist nahezu unmöglich, beinahe alle Elternpaare sind mit ihren Kindern fortgezogen in Städte mit einer für sie günstigeren Bevölkerungsstruktur. Mütter, die sich unglücklich reproduziert haben, ließen ihre Kinder oftmals einfach vor den Toren dieser Institution zurück, damit die Kinder hier aufwachsen und es eines Tages besser haben. Das Problem war, dass es zu wenig menschliche Mütter gab zur Übernahme der Fürsorge. Zu diesem Zweck wurde die Serie 3 konstruiert und perfektioniert. Du hast erst nach zehn Jahren erkannt, wer ich nicht bin.«

Ich kämpfte mit den Tränen. Sie legte mir die Hand auf den Arm, doch ich wehrte sie ab, wütend, weil sie nicht die war, an die ich geglaubt hatte.

»Sei ihr nicht böse«, flüsterte sie. »Sie hatte sicher Gründe für das, was sie getan hat. Verzeih ihr, bitte. Verzeihen ist der Schlüssel. Zu allem.«

Ich nickte benommen, unsicher, ob ich wirklich verstanden hatte, was sie mir eigentlich sagen wollte. Vom Flachbildschirm her klang wieder der drängende Piepton, der einen Call von Station 21 anzeigte. Meine Obhutsfrau wurde schon wieder zum Dienst gerufen, dabei war sie erst ein paar Minuten hier. Künstliche Geschöpfe brauchten wohl keinen Schlaf. Das erklärte vieles.

»Wie wäre es«, fragte sie, »wenn du ins Bett gehst und wir morgen überlegen, ob du vielleicht weiterhin hier leben willst. Einverstanden?«

Ich nickte matt und zwang mich auf die Beine. Erschöpft wankte ich in mein Zimmer hinüber. Im Hintergrund hörte ich, wie meine Obhutsfrau den Call annahm, nur klang sie irgendwie leiser, unterdrückter als sonst. Ich schlich zurück und fand die Wohnzimmertür angelehnt, als sollte ich diese Unterhaltung tatsächlich nicht mithören.

Ich ging in mein Zimmer und fühlte mich wie elektrisiert auf einem ganz anderen Wachlevel als sonst. Ich hörte Rauschen in meinen Ohren, spürte meinen Herzschlag, ja, mir schien sogar, als könnte ich die Erschütterungen unter meinen Fußsohlen spüren, weil die Obhutsfrau im Wohnzimmer auf und ab ging.

Mit gespannten Nerven setzte ich mich auf mein Bett und stutzte, denn ich fühlte etwas Hartes. Rasch tastete ich danach und holte mein Skizzenbuch hervor. Als ich aufsah, sah ich meine Fürsorgerin in der Tür stehen. Sie stellte mir ein Glas Wasser auf den Nachttisch und wirkte, als fände sie in ihrer Datenbank keinen Satz, was in dieser Situation am besten zu sagen sei.

»Wenn du nicht meine Mutter bist«, fragte ich, »wie nenne ich dich dann?«

Sie lächelte und wirkte tatsächlich wehmütig dabei.

»Bei uns im Labor sind wir alle gleich, egal ob Mensch oder Maschinen, wir nennen uns bei einem Namen. Namen sind wohl die lebendigsten Codes, die sich Menschen je ausgedacht haben. Mein humanoider Name erscheint mir freundlicher als das Konstrukt aus Buchstaben und Zahlen, das mir nach meiner Erschaffung zugeteilt worden ist. Er lautet Aljena.«

»Okay.«

»Übrigens habe ich von deinem Prüfungsergebnis gehört. Zu den industriellen Cobots. Volle Punktzahl mit Zusatzplus, alle Aufgaben mit Bravour gelöst in einer ausnahmslos kurzen Zeit. Du hast einige wichtige Personen auf dich aufmerksam gemacht.«

Sie verstummte und schaute mich an, als erwartete sie etwas, ich rührte mich nicht.

»Gute Nacht, Aljena«, sagte ich schließlich und nahm das Glas vom Nachttisch. Sie ließ ihren Blick über mich gleiten und löschte das Deckenlicht, dann nahm sie das Nachtlicht von seinem Platz und steckte es in die Steckdose. Meine Zimmertür fiel ins Schloss.

In Flur verhallten die Schritte, die Wohnungstür schloss sich. Aljena ging ins Labor und ich starrte auf die Tür. Mein Zimmer lag in dem roten Schimmer, ohne störenden Ton. Nur meine innere Stimme wisperte in einem fort, vielleicht wegen ihrer Bitte, mit ihr zu reden und dass sie die Wohnzimmertür geschlossen hatte, als sie zur Station gerufen wurde. Oder wegen ihres Blicks, ihr Blick in mein Gesicht oder vielmehr auf dieses Glas in meiner Hand.

Leise öffnete ich die Zimmertür, lief ins Bad und goss den Inhalt des Glases ins WC. Wenig später kroch ich ins Bett, achtete auf meinen Atem, die Geräusche ringsum, dachte an die letzten Stunden.

Aljena, wie sie parallel die verschiedensten Nachrichten sah. Die Prüfung im Prüfungssaal, all die Menschen auf dem Marktplatz und dann der Moment unter Wasser, das sonderbare Gesicht mit den geschlossenen Augen und der Mondkette um den Hals. Plötzlich, als wären meine Erinnerungen in der Zeit gereist, sah ich es lebendig und lachend über mir. Ich saß auf dem Schoß meiner lebendigen Ma und sie mit mir auf einer Schaukel, sie hatte einen Arm um mich gelegt und wir schwangen zusammen höher, immer höher und versuchten, dem Himmel einen Kuss zu geben. Ich fühlte meine Ma in meinem Rücken, ihren Kuss auf meinem Hinterkopf, hörte ihr Lachen und die Leichtigkeit in ihrer Stimme.

»Alix, mein Engel, ich hab dich so lieb. Dich kann ich nie wieder hergeben, ich kann nicht, egal, was sie sagen.«

Ich schrak zusammen und warf die Bettdecke zurück.

Nein, ich hatte nicht geträumt. Ich hatte mich erinnert, an Dinge, die ich erlebt hatte. Dass meine wirkliche Ma mich nicht hatte hergeben wollen. Trotzdem war ich hier. Wieso? Wo war meine echte Ma? Konnte es sein, dass ich entführt worden bin?

Ich schauderte, wollte mir einreden, wie abwegig dieser Gedanke sei, nur war er nicht abwegig. Aljena hatte es mir unmissverständlich ins Gesicht gesagt: Diejenigen raubten Menschen, die selbst keinen Nachwuchs hatten. Für manche musste ein Kind etwas bedeuten, für das sie alles riskieren würden: ein Vermögen, Raub. Oder Schlimmeres.

Ich stieß Luft aus meinen Lungen, stieg aus dem Bett und versuchte, klar zu denken.

Ich war in dieser Schule mit Universität nebenan und diesem angeschlossenen medizinischen Institut. Aufgezogen hatte mich eine Maschine, eine aufmerksame, beinahe mitfühlende Maschine, die mich, wenn ich ehrlich war, meine echte Ma kaum hat vermissen lassen. Doch nicht sie, irgendjemand anderes hat gewollt, dass ich hier aufwuchs, hat mich hergeschafft und alle Kosten auf sich genommen, die mein Aufwachsen, meine Schulbildung zwangsläufig bedeutet haben. Nur warum?

Aljena hatte alles daran gesetzt, mir meine Familiengefühle auszureden und einzutrichtern, meine Mutter hätte mich im Stich gelassen, dass ich ihr verzeihen und sie vergessen sollte. Angeblich, um selbstständig zu werden, wie meine Altersgenossen.

Ich rieb mir die Schläfen.

Je länger ich drüber nachdachte, umso mehr fühlte sich das alles an, als sollte ich aufhören, Fragen zu stellen. Genau das wollte ich aber. Fragen stellen. Und Antworten bekommen. Wo war meine Mutter? Wieso lebte ich hier? Weshalb hatte Aljena mich so akribisch zum Lernen angetrieben? Immer hatte ich lesen und meine Fähigkeiten weiter entwickeln müssen, damit ich besser wurde als die anderen. Nur Freunde hatte ich keine und meine Liebe zum Zeichnen hatte ich verstecken müssen.

Das musste einen Grund haben. Aljena kannte ihn garantiert. Wie sonst hatte sie mich all die Jahre so sicher steuern können? Jeder Käpt´n, der sein Schiff manövrierte, musste wissen, wo sich im Wasser Klippen oder Riffe verbargen, an denen das Schiff zerschellen könnte.

In meinem Fall wären das Orte gewesen, Gesichter, Gerüche, mein geliebtes Zeichnen, alles, was meine Erinnerungen hätte herauf beschwören können. Außerdem konnte Aljena, wie sie mir gestanden hatte, nicht malen, und das wäre mir aufgefallen, hätte sie nicht mit aller Macht versucht, meine Zeichenleidenschaft zu unterbinden. Sie hat mir meine Vergangenheit nur verheimlichen können, weil sie sie kannte, sie ausgebremst und gemieden hatte, so gut es ging. Und jetzt wollte sie, dass ich bei ihr wohnen blieb. Wozu, wenn es ihr nicht um Kontrolle ging oder einem bestimmten mir unbekannten Zweck?

Irgendwo musste es ein Indiz geben, was hier eigentlich vor sich ging.

Wieder lief ich ins Wohnzimmer, musterte Regale und Schubfächer. Dort gab es nichts zu finden, jedenfalls keine Hinweise auf mein früheres Leben, wie digitale Fotos oder Notizen. Vielleicht Kalendereinträge?

Oft genug hatte ich gesehen, dass Aljena Buch geführt hatte über meine Erfolge in der Schule. Ich würde mich daran eines Tages erinnern wollen, hatte sie mir mal gesagt, ihre Einträge an ihrem Tablet aber unter Verschluss gehalten.

Ich nahm ihr Tablet aus der Schublade, schaltete es ein und wartete. Natürlich – passwortgesichert und dass eine Maschine wie Aljena ein decodiersicheres Passwort kreiert hatte aus allen möglichen Kombinationen von Buchstaben, Zahlen und Zeichen, das lag auf der Hand. Die Lebenszeit aller Schüler dieser Schule würde nicht ausreichen, um diesen Code zu knacken.

Aufgeben kam aber nicht infrage, abwarten genauso wenig, nicht nach der Sache mit dem merkwürdigen Wasserglas. Irgendetwas geschah hier, irgendetwas sollte geschehen. All das wurde verschleiert durch Ablenkung, indem Aljena immer wieder meine Mutter ins Gespräch gebracht hatte, der ich verzeihen sollte. Verzeihen ist der Schlüssel.

Zu allem. So hatte Aljena formuliert.

Verzeihen – ist – der – Schlüssel.

Ich stürmte zum Sofa, riss das Tablet heran und tippte mit fliegenden Fingern die Worte in die Anmeldemaske.

Es funktionierte.

Eine Abbildung, die Fotografie zweier sich gegenseitig haltende Hände erschien als Hintergrund, die kräftige Hand eines Mannes hielt sanft die schmalen Finger einer Frau umschlossen, ihr Unterarm berührte seinen, der tätowiert war mit einem sichelförmigen Mond an einer feinen Kette, dieses Tattoo hatte verblüffende Ähnlichkeit mit dem meines Retters.

Ich kniff die Augen zusammen, versuchte zu begreifen, da zerfiel das Foto optisch zu Scherben. Ein eintöniger Bildschirm baute sich vor mir auf mit Verknüpfungen zu Dateien, Kalendern und einer Datenbank, die ich öffnete. Eine Endlosdatei zeigte mir unzählige Tabellen, Listen, Tage und Wochen, jeder hinterlegte Eintrag mit einem Item markiert, ein Briefsymbol, das einem Tag zugeordnet war, alle in unterschiedlichen Farben. Einige öffneten sich, sobald ich mit dem Cursor nur darüber fuhr, ich konnte Textfelder erblicken, Sätze, Abkürzungen, bevor sich der Umschlag nach einem kurzen Zeitfenster wieder schloss und an dem vorgesehenen Datum ablegte.

Das Ganze wirkte wie ein geschäftliches Dashboard oder Unterboard eines Work-Operating-Systems, in dem mehrere Teams koordiniert an Projekten arbeiteten, Arbeitsschritte planten, Grafiken und Analysen teilten und mittels Terminen in den zugrunde gelegten Zeitplan eingebunden wurden.

Das alles hing mit Aljenas Arbeit in den Laboren zusammen, nur – tauchte hier mein Bildnis auf, meine Prüfungsergebnisse waren hier dokumentiert, Arzttermine verzeichnet, mein psychischer wie physiologischer Befund, und jede dieser Dateien, einschließlich meines Fotos, stand mit einem Code in Verbindung, A011.

Ich befand mich in einem medizinischen Arbeitsprojekt.

Und nicht nur ich, unter A009 fand ich Daten zu Abeli, unter A008 zu Aidan, bei A023 las ich von einer mir unbekannten Aska, bei der die Auflistung der Codenamen endete. Noch einmal wählte ich A011 aus, las in der Kurzinfo, dass die Items bis ins Jahr 2029 zurückreichten, suchte das stundenaktuelle, es war mit einem Anhang versehen. Per Mausklick erschien eine Art Übersicht. Hinter einer horrenden Preisspanne reihten sich Anfragen von verschiedenen Orten, die ein bestimmtes Produkt von mir bestellten.

Mir sträubten sich die Härchen auf den Armen. Fieberhaft öffnete ich die letzte Nachricht.

A011: sit amet fertilitas diagnosis et ovarii subsidiis

Und unterhalb dieser Anweisung las ich Aljenas Antwort:

administratum dormientes pilulas. Pervenniet ad officiam at 0:00

Erst saß ich da wie erstarrt, dann schob ich das Tablet ganz langsam von mir. Also doch. Aljena hatte mir ein Schlafmittel verabreichen wollen. Weil sie an mir eine Fertilitätsdiagnose vornehmen wollten, eine Fruchtbarkeitsuntersuchung, während ich schlief, weil, weil irgendjemand ohne mein Einverständnis, was wollte? Meine Eizellen verhökern?

Mir wurde speiübel.

Ich musste hier weg! Fort aus dieser Schule, dieser Klinik, mich irgendwo verstecken! In der Altstadt gab es Armenviertel, dunkle Häuser, unüberwachte Gegenden, ich hatte ein Wallet mit digitalem Taschengeld, davon konnte ich eine Weile leben.

Gott, das klang wie ein Thriller, doch durfte ich keine Zeit mehr verlieren. Ich lief in mein Zimmer, griff meinen Rucksack, meinen Skizzenblock mit Aidans Bildern, Stifte, Wallet. Mir fiel Essen und Trinken ein, also suchte ich Wasserflasche, Kekse und Proteinriegel zusammen.

Wie wollte ich hier eigentlich unbemerkt heraus kommen?

Wenn ich nachts durch die Flure lief, würden die Überwachungskameras das aufzeichnen. Ich würde auffallen wie jemand mit neongrünen Haaren, es sei denn, ich sah aus wie ein Arzt. Ich brauchte – typische Kleidung!

In Aljenas Schlafzimmer zerrte ich Hosen und Kittel samt Namensschild aus dem Kleiderschrank und schlüpfte hinein, band mir die Haare zu dem für sie typischen Pferdeschwanz zusammen und blickte in den Spiegel.

Ich zitterte. Warf mir den Riemen des Rucksacks über die Schulter, griff mein Tablet und huschte aus der Wohnung. In den Fluren war die Beleuchtung unerwartet hell, ich sah Securityposten rechts und links, die den Korridor beobachteten – und mich.

Ich schlug die Augen nieder, schaltete das Tablet ein und rief die erstbesten Dateien auf, Populationsdynamik von Wölfen im zentraleuropäischen Flachland. Im Nu schaute ich auf Tabellen und Graphen herab, switchte zwischen Artikeln und Grafiken hin und her und tat, als müsste ich bei aller Eile etwas nachlesen, während ich auf dem Weg zum Labor oder einem Patienten war. Ich hörte die Sicherheitsmänner flüstern, ich kam den ersten Posten immer näher und nahm all meinen Mut zusammen, blickte auf, streifte die Männer mit knappem Blick und sah dann wieder auf mein Tablet.

Es funktionierte. Niemand hielt mich auf, niemand folgte mir.

Vor lauter Glück geriet mein Herz ins Stolpern. Vor mir sah ich, wie sich die Flure kreuzten, ich sah Stationsschilder, Lagepläne, Wegweiser zu den Aufzügen, da trat mir ein anderer Wachmann in den Weg und erschrak, er hatte mich zumindest nicht erwartet. Jedoch erkannt, und ich ihn. Er war es. Der mir heute das Leben gerettet hatte. Für einen Moment wirkte er, als wüsste er nicht, was er tun sollte, dann nickte er mir unmerklich zu.

»Doktor Mamaska«, sagte er betont laut und deutlich, »Schnell, es handelt sich um einen Notfall, Ebene 3, folgen Sie mir bitte, hier entlang!«

Mir entglitten die Gesichtszüge. Diese Stimme, diese Worte, auch sein Blick, alles schien so emotionslos, doch kaum hatte er seinen Kollegen den Rücken zugewandt, schienen mich seine Augen beschwören zu wollen.

Die anderen Sicherheitsbediensteten zogen sich auf ihre Posten zurück und bewegten sich routiniert durch die Gänge. Ihr Kollege jedoch leitete mich in den nächsten Quergang und sofort weiter in den nächsten. Erst dann blickte er sich um, ob uns jemand beobachtete, abermals wandte er sich mir zu und ich, ich starrte wie gebannt auf den Mond, der unter seinem Ärmel hervorlugte.

»Dieser Mond«, stammelte ich und versuchte meine wirren Gedanken in Worte zu fassen, »was hat er zu bedeuten?«

»Wie bitte?«

»Ich habe ein Foto gesehen, gerade eben, darauf waren zwei Arme zu sehen, einer war so tätowiert wie Ihrer. Was hat dieser Mond zu bedeuten?«

Ich sah ihm in die Augen.

Er schwieg, doch schien er im Stillen eine Antwort abzuwägen.

»Moment«, sagte ich. »Sie wissen, welches Foto ich meine?«

»Ich könnte es dir sogar zeigen, zusammen mit vielen anderen. Nur zweifele ich, ob das eine gute Idee ist. Die Fotos könnten dir etwas zeigen, was du nicht erwartest.«

»Sie meinen die Wahrheit? Dass ich hier gehandelt werde wie ein Produkt? Dass der Zuschlag für meine Eizellen an den Meistbietenden geht?«

Er sah mich an, beinahe erschrocken.

»Diese Wahrheit kenne ich schon«, sagte ich pikiert. »Haben Sie Ergänzungen?«

»Möglich. Für diese müssten wir allerdings die Stadt verlassen, ich wiederum darf dich nicht gehen lassen. Mein Job ist zu verhindern, dass die Produkte, nun ja, weglaufen.«

»Ich könnte entführt worden sein«, überlegte ich halblaut. »Genau wie die anderen.«

Seine Mundwinkel zuckten. Für einen Moment sah er zur Seite.

»Was immer sie dir erzählt haben: Diese Entführungen sind Märchen, erdacht und fingiert zum Erschrecken der Schüler und Studenten. Wer sich vor einer unkalkulierbaren Gefahr fürchtet, wird gefügiger gegenüber dem, der ihm Sicherheit verspricht.«

»Das glaube ich nicht. Was war das vorgestern Nacht denn sonst? Diese Autos, die schwarz gekleideten Leute, die ich gesehen habe. Es kam sogar in den Nachrichten.«

Sein Blick wurde undurchdringlich.

»So sollten sie auch berichten. Was du gesehen hast, ist nichts anderes gewesen als die geplante und punktgenaue Überführung einiger zu willensstarker Studenten an den für sie vorgesehenen Einsatzort, an den sie freiwillig nicht hatten wechseln wollen.«

»Und wie nennen Sie das wenn nicht Entführung?«

Seine Miene wurde düster.

»Interne Anweisung. Studenten wechseln nur so und nicht anders.

Geht einer verloren, muss er fortgelaufen sein, und der Verlust eines Studenten ist zu immens, um ihn einfach hinzunehmen. Deshalb werden sie, wenn sie dein Verschwinden bemerken, alles tun, um dich wiederzubekommen.«

»Und jetzt?«, presste ich heraus. »Eben haben Sie mir noch die Wahrheit angeboten, und jetzt ziehen Sie Ihr Angebot zurück?«

Noch einmal sah er sich um, ob uns jemand beobachtete.

»Willst du das wirklich, Alix? Mit etwas Glück kann ich dir hier heraushelfen, aber weglaufen müsstest du allein und ich kann dir nicht sagen, was dir blüht, wenn sie dich doch zu fassen kriegen.«

»Oder Ihnen, weil Sie mir geholfen haben.«

Er reagierte erst nicht, dann nickte er.

»Da müssen wir uns wohl beide vertrauen«, meinte er plötzlich wie aus heiterem Himmel. »Wie der kleine Schmetterling. Der darauf vertraut, dass die Geschöpfe um ihn herum ihn nicht fressen, weil es ihm gelingen wird, ihre Freundschaft zu gewinnen. Ging die Geschichte nicht so?«

»Sie kennen Agatas Geschichte?«

»Es war nicht Agatas Geschichte«, antwortete er. »Sondern meine. Mein Geschenk an dich zu deinem dritten Geburtstag. Agata hat sie so gefallen, dass sie die Bilder dazu entwerfen und ein Büchlein binden musste.«

»Sie? Aber, wer sind Sie? Ich kann mich nicht an Sie erinnern.«

»Natürlich nicht«, stimmte er zu. »Ich musste mich fernhalten. Du solltest nicht auf Elternfiguren geprägt werden, nicht mal auf Agata als Mutter, das war nie Teil des Plans.«

»Was denn für ein Plan? Und wo ist Agata?«

Er sah zur Seite. »Lange Geschichte, zu wenig Zeit.«

»Ich will die Wahrheit wissen.«

Er sah mich an, grübelte. »Siehst du dort hinten die Treppe? Eine Etage tiefer befindet sich ein Security-Büro, leer, weil das gesamte Personal im Einsatz ist. Links der letzte Spind ist unverschlossen, darin sind Ersatz-Uniformen, schnapp dir eine und die Key Card vom Tisch, unser Neuzugang hat sie mal wieder liegen lassen. Dann treppab bis in die Parkebene U 3, Platz 257. Die Key Card öffnet dir jede Tür ohne Code. In ein paar Minuten endet meine Schicht, dann könnten wir von hier verschwinden, wenn du das wirklich willst. Eins noch, die Aufzüge sind videoüberwacht, okay?«

Er nickte mir zu, ernst, beinahe warnend, dann ging er die Gänge zurück, die wir gekommen waren.

Ich sah ihm nach und stob Richtung Treppe davon, jagte die Stufen hinunter, sah mich nach allen Seiten um. Alles war so still, wie es spät war, die Flure lagen leer wie der kleine Security-Aufenthaltsraum, den der Mann mir beschrieben hatte. Ich sah Stühle und Monitore überall, die das Personal in den Gängen zeigten, auch den Mann, der mich hierher geleitet hatte, er stand auf Posten, als sei nichts gewesen.

War er mein Vater?

Der Gedanke traf mich wie ein Blitz, er hatte meine Frage nach dem Mond nicht beantwortet.

Ich betrachtete seine Gesichtszüge. Da begannen die Männer auf den Bildschirmen miteinander zu reden, sich die Hände zu schütteln, sich zuzunicken. Mein Blick fiel auf die Uhrzeit, war das etwa ein Schichtwechsel?

Ich hetzte zum Spind, suchte mich hastig durch die Uniformhemden und Hosen und schlüpfte in die kleinste Größe. Dann riss ich die Key Card vom Tisch, verließ den Aufenthaltsraum, studierte den Lageplan an der Wand und war schon auf dem Weg hinunter in die Parkebenen. Ich hörte Stimmen in den Gängen, Lachen, musste mich zusammenreißen, um nicht loszurennen wie ein flüchtendes Tier. Ich entriegelte Sicherheitsschlösser mit der Karte, als ob ich nie etwas anderes getan hätte, passierte Flure, bemerkte zweimal ein blinkendes rotes Lämpchen, ganz sicher Überwachungskameras, huschte durch ein Treppenhaus bis in die Parkebenen.

U 1, U 2, U 3. Ich drückte mich in die Schatten der Zwischenwände, sah mich um, entdeckte Platz 257, auf dem ein dunkler Van stand, einer von vielen in einer gefühlt endlosen Reihe.

Meine Knie zitterten. Wo blieb nur der Besitzer? Würde er kommen? Oder würde ich umsonst warten und erwischt werden mit allem, was danach kam?

Schritte, die sich näherten, der Mann, auf den ich wartete, lief auf Platz 257 zu. Ich bemerkte, wie er sich umschaute, dem Anschein nach hatte er mich im Schatten noch nicht entdeckt. Mein Herz schlug immer schneller. Sorgsam lauschte ich, ob noch jemand anderes daher kam, dann trat ich auf ihn zu. Er drehte den Kopf, atmete sichtlich erleichtert auf und öffnete die Beifahrertür des Vans. Ich stieg ein, die Tür fiel neben mir wieder zu, ich sah mich geschützt hinter abgetönten Scheiben. Der Mann glitt neben mir auf den Fahrersitz und ließ den Motor anspringen, die Maschine schnurrte wie eine Katze.

»Schnall dich an.«

Ich wusste nicht, was er meinte, ich hatte nie in einem Auto die Stadt verlassen. Er half mir und hatte den Van bis zum Wachposten an der Ausfahrt gesteuert, als mein Gurtschloss endlich einrastete.

Der Posten schien müde, er schaute weder zum Beifahrersitz, noch wollte er die Codekarte sehen, die ihm aus dem Auto gereicht wurde. Er winkte den Van durch und ich sah, wie wir aus dem Deckenlicht der Tiefgarage herausbrachen. Plötzlich erhob sich über mir eine unwirkliche Schwärze, gesäumt von beleuchteten Häusern, orangefarbenem Laternenlicht und bunter Reklame.

Ich lehnte mich an die Scheibe der Beifahrerseite, um dieses Lichtspiel mit allen Sinnen aufzusaugen, da riss es ab, in der Altstadt wurden Lichter rar, die Abstände zwischen den Laternen der Hauptstraße größer, die Fassaden der Häuser nahezu lichtlos, bis auf Leuchtreklame für Schmerztabletten und Beruhigungstropfen.

Wie gebannt schaute ich aus dem Auto. Auf die düstere Stadt, das fliehende Licht, den Vollmond, der in den Himmel stieg, bis wir die letzten Häuser hinter uns gelassen hatten.

»Sind Sie mein Vater?«

Ich konnte spüren, wie sein Kopf sich umdrehte, dass er mich beobachtete und dann wieder auf die Straße sah.

»Nein.« Nur dieses Wort. Ich überlegte schon, was ich dazu sagen sollte, da fuhr er fort: »Als du einen Vater hättest haben sollen, so wie normale Kinder, war ich nicht da. Oder jemand sonst.«

Das musste ich sacken lassen.

»Was meinen Sie mit – wie normale Kinder?«

Er antwortete nicht. Ich startete einen neuen Versuch.

»Wie heißen Sie überhaupt?«

Wieder dieser Seitenblick, ein wenig belustigt, wie mir schien. »Mein Name ist Ben. Ben Faller.«

»Sie kannten meine Mutter und – mich, nicht wahr?«

»Agata und ich waren verlobt, wollten eine Familie gründen, wenn der Augenblick günstig gewesen wäre. Und dann kamst du.« Er holte Atem. »Ein winziges Geschöpf, so hilflos und doch so bedeutend für uns beide. Ich war einverstanden gewesen, dass ich auswärts wohnte, solange du bei uns zu Hause lebst. Agata war sicher eine prima Mama. Sie hat dich geliebt. Manche Mütter mögen ihre Kinder tatsächlich zur Fakultät gebracht und dort zurückgelassen haben aus Gründen, die sie selbst verantworten müssen, aber Agata nicht, auch wenn sie dir das vielleicht gesagt haben. Agata wollte dich nie hergeben.«

»Ich weiß«, flüsterte ich. »Ich erinnere mich, sie hat es mir mal gesagt. Jedenfalls glaube ich, dass es eine Erinnerung ist.« Ich rang mit meiner Stimme, bis mir die Frage gelang, vor der ich mich so fürchtete: »Sie ist tot, nicht wahr?«

Er nickte.

»Was ist passiert?«

»Geduld.« Ich sah, wie verkrampft er das Steuer umfasste. Er schwieg und sein Schweigen zog sich hin wie die dunkle Straße vor uns. Manchmal sah ich Bäume, deren Äste über die Straße reichten. Tieraugen glommen auf in der Dunkelheit und verschwanden wieder darin.

Der Van glitt die Straße hinauf, gewann an Höhe und brachte mir gefühlt das Sternenzelt näher. Ich sah Brückengeländer zu beiden Seiten der Straße und dann den Mond, der durch die Wolken brach und sich in dem See spiegelte, den wir gerade auf einer Brücke überfuhren.

Ich riss die Augen auf und betrachtete wie gebannt das Spiegelbild des Mondes in der schwarzen Wasserfläche des Sees.

»Ich kenne diesen See«, meine Stimme schnappte beinahe über, »ich habe ihn schon mal gesehen und irgendwo hier an seinem Ufer gesessen.«

»Natürlich«, flüsterte Ben. »Hinter der nächsten Biegung warst du zu Hause. In einer Nacht wie dieser hatte ich Agata einen Heiratsantrag gemacht. Sie liebte diesen See bei Nacht, diesen Mond, das Spiegelbild im Wasser. In ihrer Vorstellung war der Mond ein verwunschenes Geschöpf, unglücklich verliebt in jemanden, der ihm nicht bestimmt war. Er musste die Himmelsleiter empor fliehen, um sein Leben zu retten. Seitdem blickt er nachts vom Himmel herab auf der Suche nach seiner großen Liebe. Hat mit einem Märchen ihrer Kindheit zu tun.«

»Agata musste vor jemandem fliehen?«

Bens Blick huschte zu mir rüber, düster.

»Wir sind da.«

In der Dunkelheit vor uns nahm ich eine Bewegung wahr, die Flügeltüren eines Tores schwangen auf, der Van rollte auf einen Innenhof und hielt. Ich schaute zurück und bemerkte, wie die Torflügel wieder zu einer dunklen Wand verschmolzen, nahezu in dem Moment, als Ben einen Code in sein Smartphone eingab.

Lichter flammten im Hof auf, in ihrem Schein erkannte ich ein Eckhaus, Bäume und Zäune, alles schien mir so vertraut. Mein Herz begann zu springen. Mit zitternden Beinen stieg ich aus dem Van und drehte mich um mich selbst. Eine Nachtigall sang, Gräser und Blätter wisperten im Wind, ich konnte Wasser riechen.

»Wo ist die Treppe zum See?«

Ben schaltete die Taschenlampe in seinem Telefon ein und ging voraus, ich folgte ihm wie im Traum. Ein Meer von Sternen bedeckte den Himmel und mittendrin den Mond, zum Greifen nah. Ich entdeckte die Schaukel an dem alten Baum, dann das Ufer, schwarzes Wasser, das unmerklich den Sand überspülte, und starrte auf den geheimnisvollen Spiegel des Sees, in dem sich das ganze Firmament spiegelte und den See schimmern ließ wie eine verzauberte Grotte.

Die letzte Kraft wich aus meinen Beinen, ich sackte zusammen, kreuzte die Arme vor der Brust.

Hier hatten wir gesessen, ich und meine Ma, ich konnte beinahe fühlen, wie sie ihre Arme um mich geschlungen hatte, und jetzt saß ich hier, wusste noch immer nicht, was passiert war. Wieder brach sie hervor, die Erinnerung an das Gesicht unter Wasser, mit den geschlossenen Augen, umrahmt von ihren Haaren, die ihr regloses Gesicht umschwirrt hatten wie eigensinnige Fische.

»Wir sollten reingehen.«

Ben reichte mir seine Hand und führte mich das Ufer hinauf, den Weg zurück. Ich klammerte mich an seinen Arm, konnte meine Gedanken einfach nicht lösen von diesem Gedanken in meinem Kopf, erst der Duft von Kaffee und Schokolade holte mich in die Wirklichkeit zurück. Vor mir stand eine Tasse Kakao, daneben lag ein Tablet. Ich betrachtete nach und nach unzählige Fotos einer jungen Frau mit lachenden Augen, mal welche von Ben, dann jene mit mir. Ben beobachtete mich still, lächelnd, er hielt eine Tasse schwarzen Kaffee umfasst, über uns ein sanftes Deckenlicht, in meinem Rücken das große Fenster, an der Wand erblickte ich noch mehr Fotografien.

Von Agata und einem jungen Ben.

»Was ist passiert? Warum ist sie tot?«

»Du lässt dich wirklich nicht abbringen, oder?« Ben musterte mich. »Die Wahrheit also. Es war ein Unfall, sie ist ertrunken. Dir wäre es um ein Haar auch so ergangen. Denn du warst damals bei ihr, in dem Moment, unter Wasser.«

»Was?« Ich zuckte zusammen und bekam eine so schmerzhafte Gänsehaut, als wollten Eisspitzen durch meine Haut dringen. »Wieso?«

Ben rieb sich das Gesicht und starrte einen Moment lang ins Nichts.

»Das alles ist nicht leicht zu erklären. Ich weiß nicht alles. Manches habe ich erlebt, anderes gehört, meine Schlüsse gezogen.

Agata und ich haben uns auf den Fluren der Medizinischen Station kennengelernt. Damals stand sie bereits unter Vertrag, als Leihmutter. Für unbekannte Männer und Frauen Kinder auszutragen und die ersten Lebensjahre aufzuziehen, Kost und Logis inklusive. Ein letztes Kind hatte sie noch austragen wollen und irgendwie war ihr für dich ein Honorar versprochen worden, davon träumen selbst die Götter, es war erschreckend hoch«, er schüttelte ungläubig den Kopf. »Das war mir merkwürdig vorgekommen. Jedenfalls wurde sie damals mit dir schwanger. Zuvor hatte sie schon zwei Kinder ausgetragen, aufgezogen und der Company übergeben. Von dem Honorar hatte sie dieses Haus gemietet, ihr Paradies. Hier hatten wir uns getroffen, die Zukunft geplant, ja, bis du kamst. Du warst für sie kein fremdes Kind, wie die anderen zuvor, für sie warst du ihr Kind. Du hast anders auf sie reagiert, auf ihre Stimme gelauscht, sie imitiert, du hast nach Stiften gegriffen und versucht zu malen, so wie sie, und damals hast du kaum sitzen können. Und ganze Sätze hast du gesprochen, bevor du ein Jahr alt warst.«

Er trank einen Schluss Kaffee und wirkte unheimlich dabei, denn er schien mich gar nicht mehr zu sehen, sein Blick war auf die Vergangenheit gerichtet.

»Kurz bevor du in die Kindergruppe der Company wechseln solltest, hattest du eine Lungenentzündung. Deshalb solltest du in vertrauter Umgebung wohnen bleiben, bis du auskuriert warst. Monate, in denen du Agata so sehr ans Herz gewachsen bist, dass sie dich nicht mehr hergeben wollte. Ich hatte es befürchtet und sie gewarnt, du gehst nicht mit der Company einen Vertrag ein, den du brechen kannst, ohne die Konsequenzen zu tragen, sie hätte das wissen müssen. Dieses – enorme Honorar hätte ihr eine Warnung sein müssen, doch sie wollte nicht hören, sie wollte dich behalten.

Wann der Trennungstag hätte sein sollen, wusste ich nicht. Und ich dachte mir auch nichts dabei, als wir zu einem Sondereinsatz gerufen wurden. Überwachungskameras hätten eingefangen, dass sich ein Vertragsnehmer unerlaubt aus dem Areal entfernt hätte. Der Befehl lautete, das Produkt unversehrt zurückzuholen.«

Seine Stimme brach ab. Er rieb sich die Stirn, vielleicht auch nur, um sich hinter seiner Hand zu verstecken.

»Wir operierten wie vorgesehen. Straßen und Wege absperren, Luftunterstützung, Wärmebildkameras, Motorbikes. Dann näherten wir uns aus allen erdenklichen Richtungen. Ich weiß nicht mehr, wann ich sie erkannt habe, nur dass ich es tat. Sie fuhr das Auto. Du saßt neben ihr, ich hatte bis zu dem Zeitpunkt nicht mal gewusst, dass Agata Auto fahren konnte, geschweige denn, wie gut. Sie durchbrach Sperren, kam durch tückisches Gelände, ohne stecken zu bleiben. Wir konnten sie erst auf unserer Brücke stellen, die Wege nach vorn und hinten massiv versperren.

Keine Chance auszuweichen. Ich hatte gehofft, sie würde aufgeben, wenn ich ihr gegenüber stand. Also bin ich ausgestiegen. Auf die Straße getreten. In Gedanken habe ich sie angefleht, ihr Leben nicht zu riskieren, euer Leben. Ein Kollege, Eric, der hatte noch geschrien, ich solle schießen. Ich habe mich versteckt. Hinter den Worten, dass das Produkt nicht gefährdet werden darf.

Und Agata – sie gab Gas. Ich wäre lieber gestorben, als ihr irgendetwas anzutun. Sie wohl auch. Sie riss das Steuer rum, durchbrach die Planke.

Ich, äh, erinnere mich nicht an mehr. Nicht, dass ich dem Wagen nachgesprungen bin, ich weiß nur, dass ich plötzlich im Wasser war. Euch nachtauchte. Den Wagen fand. Agata war ohne Bewusstsein. Du nicht. Du hattest dich an sie geklammert, an ihre Hand. Ich bekam die hintere Wagentür auf und habe dich gerettet.«

Er verstummte, ich saß da, den Atem angehalten, die Augen zugekniffen, die Wangen nass.

»Wieso habt ihr sie nicht gehen lassen?«

Ben stürzte fast über das Wort. »Befehl. Das Produkt retten, es ist Eigentum der Company.«

»Was für Eigentum? Ich bin ein Mensch. Wer hat das Recht, mich als sein Eigentum zu betrachten?«

»Diejenigen, die dich bestellt haben.« Ben sah mich an, als hätte ich das längst begreifen müssen. »Alix, Genaueres weiß ich nicht. Nur dass den Leihmüttern mehr Geld für das Austragen eines – sogenannten Produkts geboten wird, als ich in vielen Jahren verdiene. Ich glaube, die Spender sind unbekannt, aber was ich weiß, ist, dass alle Schüler und Studenten etwas ganz Besonderes auf dem Kasten haben. In Wissenschaften. Sprachen. Manche sprechen so fließend verschiedenste Fremdsprachen, ohne dabei irgendwelche Wortstämme oder ähnliche Begriffe nutzen zu können. Andere rechnen Aufgaben, an denen die Profs scheitern. Andere sind mental so einfühlsam, dass ich schon dachte, sie können Gedanken lesen, echt gruselig.

Der Begriff, für all das, ist hochbegabt, du, deine Mitschüler, ihr alle. Ergo wird viel Geld dafür bezahlt, dass ganz bestimmte Hochbegabte geboren, aufgezogen und ausgebildet werden. In dieses Projekt muss unglaublich viel Geld fließen, und das heißt, irgendwer hat vorher bezahlt. Und so jemand verhandelt nicht.«

»Dann habe ich also gar keine Eltern? Ich bin – ein Produkt? Am Leben – aus Berechnung? In Erwartung, dass ich funktioniere?«

Ben verschränkte die Finger seiner Hände ineinander, seine Lippen waren erschreckend schmal.

»Vermutlich. Jedenfalls stellte man dir Doktor Mamaska zur Seite. Du standest unter Schock, aber der Doc hatte es dir angetan, sie ähnelte Agata, du hast sie akzeptiert, als deine Ma. Und dich mit der Zeit so entwickelt, wie erwartet.«

Ben sah mich an, in seinen Augen stand Wasser.

»Ich hatte dich gewarnt. Dass die Wahrheit schmerzhaft sein könnte. Die Frage ist nun, was du tun willst. Vorhin wolltest du weglaufen, und wenn du mich fragst, solltest du das tun. Bald und schnell.«

Ich rang um Fassung. »Ich habe zwei Frauen im Leben Ma genannt. Die eine ist tot, die andere eine Maschine, mein Zuhause ist eine Illusion und meine wirklichen Eltern unbekannte Menschen. Ich weiß nicht, wo ich hingehöre, und du sagst mir so was.«

»Nichts fragen bringt auch nichts, Alix. Was hattest du vor?«

»Mich verstecken. In der Altstadt, bei den alten Menschen, die sich den Strom fürs Licht leisten können. Irgendwo, wo man mich nicht sucht.«

»Aber man wird dich suchen, ein Kopfgeld bieten, nicht locker lassen.«

»Und du, würdest du denen antworten, wenn sie dich fragen, wo ich bin?«

Ben schwieg. Sein Blick verlor sich irgendwo im ersten Morgengrauen.

»Ich weiß nicht. Irgendetwas in deinen Augen erinnert mich an sie.«

Ich seufzte, wünschte mir, dass ich träumte und bald erwachen würde. Ein Summen ertönte. Ben las eine Nachricht auf seinem Smartphone, seine Miene versteinerte.

»Sie suchen nach dir und rufen mich zurück.«

»Dann geh.«

»Und du?«

»Ich werde weg sein, wenn du zurückkommst.«

Er verzog das Gesicht, trank den letzten Schluck Kaffee und stand schweigend auf. Ohne Vorwarnung griff er unter sein Hemd, zog etwas Schimmerndes hervor, löste es von seinem Hals. Es war Agatas Kette, Ben legte sie vor mir auf den Tisch und mir seine Hand auf die Schulter. Ich saß da wie erstarrt, konnte nichts sagen. Minuten später hörte ich den Motor des Vans surren, das Rollen der Reifen, dann Stille, und ich, ich fühlte mich so leer und ausgehöhlt, als wären meine Gedanken, meine Seele mit Ben vom Hof gefahren.

Ich saß am Tisch wie ein angeschossenes Tier. Tastete nach der Kette, nahm sie in die Hand, griff nach dem Mondanhänger. Ich klappte ihn auf, wie zuletzt vor vielen Jahren, betrachtete die Innenseiten des kleinen Medaillons. Darin entdeckte ich mein Gesicht, das Gesicht eines Kindes vor langer Zeit und daneben – Agata. Ich atmete tief durch, und noch einmal, trotzdem kamen mir die Tränen. Ich kniff die Augen zusammen, blinzelte, sah Agata noch einmal an. Und stutzte. Es lag an den Augen. Trotz aller Ähnlichkeit war das zweite Gesicht im Fotorahmen nicht Agata, sondern Aljena, deren Iris einen auffallend dunklen Rand aufwies.

Fast hätte ich die Kette fallen lassen.

Was hatte Aljenas Bild in diesem Medaillon verloren?

Diese Maschine, programmiert auf Obhut, Fürsorge und medizinische Verbrechen. Zorn wallte in mir auf, ich packte den Anhänger und untersuchte alle Seiten, drehte und wendete ihn, zog, drückte, schob daran herum, versuchte alles, um das Medaillon zu öffnen und das Gesicht dieser seelenlosen Maschine herauszufetzen.

Irgendetwas geschah unter meinen Fingern. Hatte ich vielleicht eine Taste berührt? Aljenas Foto löste sich in Pixel auf, es war digital hinterlegt, an seiner Stelle erschien ein Symbol, das Abbild eines Schlüssels. Vorsichtig tippte ich darauf und erschrak, weil die Fotos im Medaillon verschwanden, und die im Tablet, auch die im Fotorahmen an deren Wänden. Es zeigten sich statt Fotografien plötzlich schwarze Bildschirme mit einer flirrenden Zeile in der Mitte.

Daten wurden geladen. Daten?

Ich sprang vom Stuhl auf, sah von einem digitalen Rahmen zum nächste, auf die flirrenden Zeilen, Pünktchen, von denen ich mir wünschte, sie mögen ihre Geheimnisse endlich preisgeben. Aljenas Gesicht erschien und daneben, das von Agata, nur als junger Mensch, als Kind, als Heranwachsende, in der Wohnung, in der auch ich groß geworden war, dann Aufnahmen aus der Schule, Zeugnisse von Agata, Aljena im Labor, mal fröhlich, mal hoch konzentriert. Wieder Aufnahmen von Agata, aus diesem Haus, die Schaukel am Baum, Agata schwanger und Aljena daneben, Arm in

Arm, Kopf an Kopf. So vertraut. Ich hätte heulen können. Und plötzlich – war da ich.

Was sollte das bedeuten? Hatte Aljena Agata ebenso aufgezogen wie mich? War Agata etwa auch ein Kind gewesen, das besondere Fürsorge, Zeit, Aufmerksamkeit und Nähe gebraucht hatte, weil seine Seele heilen musste?

Ich schüttelte den Kopf, glaubte mir selbst nicht. Keine Maschine konnte die Seele eines Kindes erreichen, es Liebe fühlen, Vertrauen wachsen und spüren lassen, dass es ein Schatz war. Solche Fähigkeiten waren nicht mal durch Hochbegabte zu programmieren, sie erwachten aus Instinkt, Erfahrung und Gefühlen, die keine Maschine haben würde, es sei denn ... Ich starrte das letzte Foto von Aljena an, das im Fotorahmen verblieben war. Es sei denn, sie hatte sich von selbst aus entwickelt, Muster bemerkt, verarbeitet, angewandt, so wie Mensch Erfahrungen macht, sie sich bewusst macht. Hatte gelernt, sie anzuwenden. Möglicherweise hatte Aljena Agata wirklich wie eine Mutter behütet, und als wollten mir die Fotos um mich herum meine Gedanken bestätigen, erschien in allen Rahmen gleichzeitig erst ein Wort, dann ein zweites. Ma. Und – Sein.

Mich überlief es kalt. Ein Geschöpf, das ein Sein fühlte, hatte ein Bewusstsein, und jemand mit Bewusstsein war lebendig.

Ich musste tief Luft holen und Tränen trocknen, die einfach so gekommen waren. Fast traurig sah ich den Bildschirmen zu, wie sie erst schwarz wurden und dann die Daten luden, die ich schon kannte. Nur dass Aljena Mamaska heimlich ein Mitglied dieser Familie gewesen war, das ließen sie nicht erahnen. Und ich, ich hatte ihr in meiner Wut Gefühllosigkeit und medizinische Verbrechen unterstellt. Dabei hatte sie mich wortlos gewarnt, nicht das Schlafmittel zu trinken, mir das Passwort für in die Datenbank gesagt, damit ich meiner Vergangenheit auf die Spur kommen konnte, die ich von ihr hatte wissen wollen.

Ich hatte ihre Botschaft nur nicht gleich verstanden.

Verzeihen ist der Schlüssel.

Zu meiner Existenz. Meiner Vergangenheit. Meiner Familie. Ich durfte nicht weglaufen.

Ich musste zu ihr zurück.

Für einen Moment saß ich nur da, das Medaillon umschlossen von beiden Händen, dann legte ich mir das feine Gliederband um den Hals. Mit meiner Tasche auf dem Rücken verließ das Haus.

Meine Zukunft wartete in Wernn.

Das hatte ich im Gefühl.

Ich begann zu laufen, folgte der Straße, die Ben und ich in der Nacht gekommen waren. Wie ein graues Band lag sie vor mir, staubig, schroff, doch schritt ich lang aus, den Blick nach vorne gerichtet auf den noch unsichtbaren Ort an meinem Horizont.

Der Himmel war wolkenleer. Ich schritt über Anhöhen und sah die Welt vor mir liegen, nahm ein Flüsschen wahr wie einen blauen Faden in der Umgebung, Baumstreifen und der Straßenrand standen kilometerweit voller blühender Disteln. Mit der Sonne stieg die Hitze und ich verspürte Durst, leerte meine Trinkflasche und wog einen Apfel in der Hand.

Nach einiger Zeit kam ich an einigen Häusern vorbei, die leer standen, kurz darauf betrat ich ein stilles Städtchen, nur sah ich hier Menschen, alte Menschen, niemanden wie mich. Manche saßen auf Bänken in der Sonne, einige vor Cafés, andere durchsuchten die Abfalltonnen.

Unsicher betrat ich das erstbeste Café, verfolgt von erstaunten Blicken. Die alte Dame hinter dem Buffet streckte mir ihre Hände entgegen und hieß mich willkommen. Ich zog mein Wallet hervor und zahlte Kaffee und einen Keks, lauschte auf das Piepen, dass das Terminal von sich gab, als die Transaktion durchgeführt wurde. Wenn Ben recht hatte und sie mich mit allen Mitteln suchten, musste ihnen der Einsatz meines digitalen Taschengeldes aufgefallen sein. Dann konnte es nicht mehr lange dauern, bis jemand herkam, um mich zu holen.

»Es ist so schön, einmal einen jungen Gast zu haben.«

Die alte Dame vor mir lächelte bis in die Augen.

»Danke«, erwiderte ich, trank Kaffee und schlang den Keks hinunter. Mir fielen die Blicke der Menschen auf, draußen vor der Tür, ich bemerkte vor allem jene, die zuvor in den Abfalltonnen gesucht hatten.

»Kann ich noch etwas kaufen?«, fragte ich und bestellte Kaffee und Gebäck jeglicher Art. Das Guthaben auf meinem Wallet schrumpfte nahe der Nullgrenze zusammen, aber ich würde es in Zukunft eh kaum brauchen. Etwas heiser bat ich, es den freundlichen Menschen draußen anzubieten, da ich nun gehen müsse.

»Werden Sie wieder kommen?«, fragte die alte Dame.

»Wenn man mich lässt«, antwortete ich, nahm mein Getränk und verließ das Café. Doch weiter als wenige Schritte kam ich nicht. Immer mehr alte Menschen drängten sich heran und wirkten auf mich so sonderbar, so freundlich und glücklich, obwohl ihnen das Leben ganz sicher Entbehrungen und Enttäuschungen gebracht hatte. Trotzdem las ich in ihren Augen, dass sie sich ihr Lächeln und ihre Neugier aufs Leben bewahrt hatten. Ihre Gesichter strahlten eine Lebendigkeit aus, die ich nie gefühlt hatte.

Könnte ich nur einmal die Welt durch ihre Augen sehen. Was für ein Mensch würde ich danach sein?

Ich lächelte, lächelte mit ihnen, nickte den Leuten zu, drückte die eine oder andere schmale Hand und wanderte, wanderte weiter die Straße entlang. Nicht lange, da hatte ich den Eindruck, eine Staubsäule in den Himmel steigen zu sehen. Da kamen Wagen, drei dunkle Wagen, die sich rasch näherten. Und ich, ich trat an den Straßenrand und wartete.

Die Wagen fächerten sich auf und hielten abrupt.

Wagentüren klappten, sie schirmten mich von der Umgebung ab, ich sah Ben aussteigen, ganz in Schwarz, und noch ein paar Kollegen vom Sicherheitsdienst. Er deutete ihnen, im Hintergrund zu bleiben, und trat allein auf mich zu.

»Frau Anderson«, sagt er, »was machen Sie denn hier?«

»Ich fürchte, ich habe mich verlaufen. Ich habe mein Zuhause gesucht, leider am falschen Ort.«

Ben musterte mich verdutzt, dann führte er mich zum ersten Van und half mir auf die Rückbank. Er nahm neben mir Platz, ich schaute ihn nicht an, doch als er stumm meine Hand drückte, fasste ich umso fester die seine. Erschrocken bemerkte ich, dass er zitterte, und dieses Zittern machte mir Angst.

Der Van setzte sich in Bewegung. Ich sah die Häuser der Stadt neben uns entschwinden. Mein Herzschlag wummerte irgendwo in meinem Hals, während tausend Befürchtungen durch meinen Kopf kreisten, was nun wohl folgen würde.

Vor dem Fenster flogen Häuser und Bäume wie Geister vorbei. Ich verschränkte die Arme vor der Brust, direkt über meinem rasenden Herzen. Schließlich verschwand der Van in der Tiefgarage. Das Tageslicht vor den Fenstern riss ab, es wurde dunkel. Wenig später zerrte man mich aus dem Wagen. Ben schob sich dazwischen. Er griff schützend meinen Arm und hielt plötzlich inne, ihm mussten die Blicke seiner Kollegen aufgefallen sein, mit denen sie ihn musterten, und er versuchte, sie zu deuten. Etwas Eisiges stand zwischen diesen Männern, etwas Lauerndes. Ben musste es spüren, wie ich, seine Miene wurde unbeweglich, sein Griff um meinen Arm fester. Dann führte er mich fort. Nur er. Niemand folgte uns. Und Ben schwieg.

Das Licht auf dem Flur wurde heller. Wir gelangten an einen Aufzug in einem fensterlosen Korridor, einen Aufzug, vor dem Security-Männer standen. Ben führte mich hinein und blieb neben mir. Auch diese Security-Männer folgten nicht, einer von ihnen aktivierte lediglich die Fahrt mit einem Steckschlüssel. Im nächsten Moment glitt der Aufzug mit uns nach oben. Ben griff nochmals meine Hand.

Er flüsterte.

»Tut mir leid, Alix.«

»Was denn?«

»Das, was jetzt kommen wird.«

»Was wird denn kommen?«, ich musste schlucken, um nicht zu weinen.

»Ich weiß es nicht. Aber was immer es sein wird, es wird mir leidtun. Weil ich es gern verhindert hätte.«

Die Aufzugtüren glitten auseinander. Wir traten in einen riesigen Raum mit Stützpfeilern, ich sah lodernde Flammen in einem Kamin und fragte mich, ob sie echt waren, musterte die Teppiche auf dem Boden, das schwarze Ledermobiliar im Kontrast zu den rotgemaserten Möbeln, und die schier endlose Fensterfront, durch die wir in den strahlend blauen Himmel schauten. Oder vielmehr ich. Ben hatte keine Augen für das, was hinter den Fenstern lag. Seine Aufmerksamkeit galt zwei Sicherheitsleuten in schwarzen Anzügen, die sich uns langsam von zwei Seiten näherten. Bei ihrem Anblick musste ich an Hyänen denken, die um ihre Beute kreisten. Unwillkürlich trat ich dichter an Ben heran.

»Alix!« Jemand sprang aus einem der Sessel auf. Es war Aidan, er wollte auf mich zulaufen, wurde aber von den Wachleuten gepackt und zurück in den Sitz gestoßen.

Ungläubig blickte ich die Männer an und Aidan. Angst lag in seinem Blick, seine Augen suchten immer wieder meine und verloren sich darin, für einen Moment.

»Was macht der Junge hier?«, fragte Ben. Aus seiner Stimme sprach die Kraft eines Löwen. »Sie sagten, Sie wollten Frau Anderson sprechen. Sie verstehen lernen, jetzt scheint mir, dass es um etwas ganz anderes geht.«

»Sie haben recht.« Die Stimme erklang so plötzlich wie der Mann, der hinter dem hinteren Raumpfeiler hervortrat. Ich erschrak. Nicht vor dem Schwarz seines Anzuges, sondern vor seiner Stimme, seiner Körpersprache. Die Hände erhoben, die Handflächen aneinandergepresst, die Zeigefinger hatte er an die Lippen gelegt. Stumm schritt er ganz langsam im Raum umher, sein Blick auf den Boden gerichtet, wohl, damit niemand ihm vorzeitig am Gesicht ablesen konnte, was er vorhatte.

Ben stand irgendwie gerader als zuvor, er ließ diesen Mann nicht aus den Augen.

»Was macht der Junge hier?«, wiederholte er seine Frage und ich, ich trat einen Schritt nach vorn, obwohl die Angst fast alle Kraft aus den Beinen gesaugt hatte.

Der Mann hob den Kopf, betrachtete Ben, dann mich, seine Augen leuchteten außergewöhnlich hell, während seine Stimme noch ein wenig leiser klang.

»Das Produkt befindet sich hier in Gewahrsam, bis ich entschieden habe, was damit zu tun ist.«

Aidan wurde blass und mir floss Hitze in die Wangen.

»Aidan ist kein Produkt«, platzte ich heraus. »Außerdem, was hat er denn getan? Lassen Sie ihn gehen. Bitte. Was immer Sie ihm übel nehmen, es ist bestimmt ein Missverständnis.«

»Ich fürchte nicht«, erwiderte der Mann in Schwarz, setzte sich in einen der Sessel und verschwand regelrecht darin, nur sein Kopf schien vor meinen Augen in der Luft zu schweben. »Er hat für etwas zu viel Interesse gezeigt. Und zu viel gesehen. Das kann ich nicht hinnehmen, wenn Sie verstehen. Ich darf dieses Unternehmen nicht gefährden. Es sei denn, Sie könnten sich meiner Lösung anschließen, in seinem Interesse. Was meinen Sie? Immerhin sind Sie hier das Problem.«

Ben griff nach meinem Arm, da schnellten die Bodyguards blitzartig heran. Einer ergriff Bens rechtes Handgelenk, verdrehte es, schlug ihm in die Armbeuge. Ich hörte etwas knirschen, sah Bens verzerrtes Gesicht und eine Schusswaffe, der zweite Leibwächter hielt sie Ben an den Kopf.

Ich konnte mich nicht rühren, mein ganzer Körper schien ein einziger Krampf. Nie hatte ich einen Wachmann mit Waffe gesehen, nicht mal mit einem Taser, und plötzlich das hier. Ich nahm Bens Blick wahr, seine weit aufgerissenen Augen, das hier hatte er nicht erwartet.

»Herr Faller, ich muss doch bitten.« Der Mann in Schwarz sprach leise, doch brannte sich jede seiner Silben in meinen Verstand. »Mein Gespräch mit Frau Anderson hat noch nicht mal richtig angefangen, und da wollen Sie es schon beenden? Frau Anderson soll über mein Angebot nachdenken dürfen.«

»Wenn Sie es mir erklären«, fiel ich ihm ins Wort. »Wenn ich Ihr Problem bin, lassen Sie Aidan gehen.«

Er kniff die Augen zusammen.

»Nicht so schnell, meine Liebe. Sie sind weggelaufen, in einem äußerst unpassenden Moment. Ich bin der Ansicht, dass dies nur geschehen konnte, weil jemand zuvor die Prinzipien, die er zu achten schwor, verraten hat.« Sein Blick huschte zu Ben, dann wieder zu mir. »Ihr junger Freund Aidan hier hat sie wiederholt heimlich besuchen wollen und so leider von Ihrer Flucht erfahren. Dadurch wurde er Teil dieser Geschichte, die sich nicht in diesem Institut verbreiten darf. Drei Dinge sind schlecht fürs Geschäft: Flüchtige, Verräter und Gerüchte, ich kann mir keines leisten. Ich muss Sorge dafür tragen, dass unsere Auftragsbücher wie vorgesehen abgearbeitet werden. Ich nehme an, dass Sie wissen, welche Art von Dienstleistung wir erbringen?«

Ich guckte ihn an und fühlte mich wie ein Idiot.

»Sie züchten Menschen mit bestimmten Eigenschaften und verkaufen Sie an den Meistbietenden.«

Er schenkte mir ein erhabenes Lächeln, erhob sich aus dem Sessel und reckte sich.

»Das trifft es nicht ganz«, meinte er belustigt. »In diesem Institut geht es um humanoide Reproduktion nach vernünftigem Ermessen, die wirtschaftliche Notwendigkeit unseres Jahrhunderts. Genau die Mitarbeiter zu produzieren, die von Wirtschaft, Polizei und Altenpflege hilfeschreiend bestellt werden. Entsprechend haben wir unser Portfolio aufgestellt und genetisches Material von Menschen mit hervorragenden physischen und psychischen Anlagen zusammengetragen.«

»Sie meinen gestohlene Körperzellen?«

Ein fieses Lächeln durchzog sein Gesicht. »Ich muss nicht stehlen, was mir gehört. Aber ja, das Portfolio beinhaltet Zellen und Embryonen, Kinder und zuletzt vollkommen fertig ausgebildete Arbeitskräfte, und jene sind dann bereit zum Verkauf.«

»Warum nehmen Sie keine Humanoiden? Die Serie 3, die haben Sie doch entwickelt.«

Er lachte auf, kalt und schallend.

»Es hat mehr als zwei lange Jahrzehnte gedauert, diese lernfähige, mit Menschen kompatible Serie überhaupt zu entwickeln. Zu Kosten, die sich bei einem Einsatz dieses Modells in Wirtschaft, Altenpflege und Polizeidienst nicht mal annähernd amortisieren, dazu müssten sie mehr als ein Jahrhundert bei gleichbleibender Qualität in Betrieb bleiben. Zudem gibt es nicht das menschliche Personal, um ein so gigantischen Produktions- und Wartungsvorhaben umzusetzen, und außerdem: Welcher Mensch möchte schon von einer Maschine gepflegt werden?«

»Lieber bezahlen Sie Frauen, als Leihmütter zu arbeiten, und nehmen ihnen die Kinder weg.«

»Bedauerlicherweise ist das unabdingbar, es gibt zu wenig Kinder in unserer Welt und für jeden Einzelnen zu wenig Lebenszeit, um die Elternrolle genießen zu dürfen. Ohne das Leihmutterkonzept würden Mütter aussterben, Frauen würden sich unter den hiesigen Lebensbedingungen freiwillig überhaupt nicht mehr reproduzieren. Daher ist es unvernünftig, Leihmütter über Jahrzehnte in die Aufzucht eines einzigen Nachwuchses einzubinden. Sie sollen hochwertige Produkte produzieren. Dank der Aufzucht menschlicher Brut durch künstliche Humanoide ließ sich die Reproduktionsrate der menschlichen Mütter vervielfachen, sie liegt aber noch immer unter dem gesellschaftlich notwendigen Niveau. Für hervorragende Produkte wird weltweit nahezu jede Summe geboten. Grundlegend ausgebildet werden sie mir praktisch aus den Händen gerissen. Sie, meine Liebe, sind ein solches Produkt. Ein sehr wertvolles, wenn ich bedenke, über welche Anlagen Sie verfügen.«

»Sie kennen meine Eltern?«

Wieder dieses unangenehme Lächeln. »Nicht direkt, die Spender bleiben anonym. Immer. Doch kenne ich konkrete Angaben zu den Personen: Hochintelligenz, außergewöhnlich technisch versiert, herausragende Sprach- und Motivationsbegabung.«

Er warf dem Security-Mann einen Blick zu, der Ben noch immer die Waffe an den Kopf hielt. Er sprach kein Wort, doch musste der Wachmann ihn verstanden haben. Erschrocken wich ich zurück, der Kloß in meinem Hals ließ mich fast nicht mehr atmen. Da sprang Aidan auf und stürzte sich auf den Wachschutz. Der parierte Aidans Hieb, rang ihn zu Boden und drückte die Waffe gegen seinen Hals.

»Nicht!« Ich schrie fast. »Lassen Sie Aidan, lassen Sie ihn gehen.«

»Das klingt für mich nach Verhandlungsbereitschaft, Frau Anderson«, antwortete der Mann in Schwarz. »Endlich. Ich bin bereit, ihn gehen zu lassen, sofern Sie Ihre Talente diesem Geschäft zur Verfügung stellen. Aus gegebenem Anlass hat die Reproduktion Ihres Fähigkeitsprofils gerade besondere Priorität, daher käme mir Ihre freiwillige Mitarbeit sehr gelegen. Im Gegenzug«, er deutete auf Aidan, »wird ihr junger Freund unser Institut verlassen und an einen anderen Einsatzort wechseln, unbeschadet. Wie schon erwähnt: Ich verantworte ein zu wertvolles Geschäft, um zu riskieren, dass es wegen aufkommender Gerüchte Schaden nimmt. Die

Alternative wäre, ihn als Produkt mit Fehlfunktion aus dem Programm zu nehmen, zusammen mit allen, die dem Institut gefährlich sind.« Wieder ein Blick an den Wachmann, dessen Gesicht so regungslos schien, als würde er nicht mal atmen. »Sie haben keine Vorstellung davon, Frau Anderson, welcher Preis mir für Sie und Ihre Zellen geboten wird. Aber Sie, meine Liebe, haben etwas anderes: die Wahl sich zu entscheiden, genau jetzt.«

Ich blickte diesen Mann an und konnte einfach nicht denken.

»Alix, nein«, hörte ich Ben rufen, da hieb ihm sein Wächter in den Nacken, Ben fiel auf die Knie.

»Vielleicht kann ich Ihnen die Entscheidung ein wenig erleichtern.«

Der Mann im Sessel griff das Telefon, drückte eine Taste und legte wieder auf. Nicht lange, da hörte ich den Aufzug hinter meinem Rücken halten, ich hörte Schritte, die näher kamen. Der Mann sah auf.

»Doktor Mamaska, wie schön.«

Ich zuckte zusammen.

»Doktor, Sie haben dieses Produkt aufgezogen, es studiert«, er wies auf mich. »Wie würden Sie dessen wesentliche Eigenschaften benennen?«

»Herausragende Beobachtungsschärfe, Erinnerungs- und Abstraktionsvermögen«, antwortete Aljena knapp. »Gehörtes und Gelesenes wird innerhalb kürzester Zeit präzise abgerufen, angewandt und autark weiterentwickelt. In Verbindung mit Geduld und stark ausgeprägtem Mitgefühl entspricht Alix Anderson bereits jetzt den Wunschqualifikationen vieler Auftraggeber, Ihre Auslieferung könnte umgehend erfolgen.«

»Doktor, Sie kennen unsere Verfahrensweise, kein fertiles Produkt mit herausragenden Anlagen wird ungenutzt aus dem Portfolio entlassen. Je kooperativer sich Frau Anderson zeigt, umso besser erweist sich das für alle Beteiligten.«

»Hören Sie«, sagte ich und nahm all meinen Mut zusammen. »Wenn Sie so dringend Menschen suchen, die Ihren Kunden behilflich sind, wieso fragen Sie nicht in den Städten ringsum nach Freiwilligen? So viele Menschen dort suchen eine Aufgabe, einen Sinn für ihre letzten Tage, geben Sie denen eine Chance. Jeder Einzelne von ihnen brächte Lebenserfahrung mit und Begeisterung dafür, wieder etwas zu tun. Sie wissen besser als ich, wie kreativ Menschen sein können, wenn sie von etwas begeistert sind, und wie sehr sich diese Kreativität potenziert, wenn solche Menschen zusammenarbeiten. Die größten Berge versetzen Menschen, wenn sie lieben.« Ich holte tief Luft. »Und nur so sollten sie ihre Kinder zur Welt bringen. Geliebt. Frei. Unbeherrscht. Mit Eltern, die bereit sind, die Welt für ihre Kinder zu einem besseren Ort zu machen.«

Er sah mich an. »Darf ich Ihre Worte als Zustimmung verstehen? Der Welt Ihre Nachkommen zur Verfügung zu stellen, für eine positive gesellschaftliche Gesamtentwicklung?«

Diese Frage überraschte mich so, dass ich gar nichts sagen konnte.

»Und was ist mit«, begann ich, dann brach mir die Stimme.

Der Mann in Schwarz sah sich demonstrativ um. »Oh, keinem der anwesenden Herren wird ein weiteres Haar gekrümmt, wenn Sie mir das liefern, was ich benötige. Frau Anderson, Sie haben nichts zu befürchten, Follikelpunktion ist Doktor Mamaskas Spezialgebiet. Und Sie dürfen bis auf Weiteres in Gesellschaft des Doktors verbleiben. Wollten Sie das nicht immer?«

Ich schwieg, fühlte mich so, so wehrlos, dass ich einfach nur nickte. Der Mann in Schwarz klatschte in die Hände, nickte seinen Wachleuten zu, da sprang Ben so plötzlich auf, dass sein Angreifer von ihm zurückprallte. Ben griff unter dessen Jackett, nach dessen Waffe, dann zielte er auf Aljena.

Ich sah alles irgendwie zerrissen, wie Schnappschüsse in einem digitalen Fotorahmen. Er sah mich an, bittend, flehend, die Augen voller Tränen. Dann dieser kurze scharfe Knall, und noch einer, Poltern, Splittern, ich sah ein Wirrwarr aus Armen, die miteinander rangen, da traf mich ein Schlag gegen die Brust, der mich von den Beinen riss.

»Alix, Alix!«

Da waren Schritte, ich sah Schuhe, Beine, wie durch einen Schleier, jemand fiel neben mir auf die Knie und schob das sonderbare Gewicht von meinem Körper.

»Alix, bist du okay?« Aidan beugte sich über mich, half mir, mich aufzusetzen, berührte mein Gesicht. Und ich begriff nichts, nicht seine schreckgeweiteten Augen, nicht, warum ein kreidebleicher Ben rücklings an der Wand lehnte. Vor ihm lagen die Wachleute am Boden und der Mann in Schwarz kniete neben dem Sessel, beide Hände auf den Hals gepresst, Blut, das zwischen seinen Fingern hervor schoss. Mein Blick schoss zu Ben herum, der mit der linken Hand etwas umklammert hielt, es sah aus wie eine Klinge. Der Mann in Schwarz fiel zur Seite, zuckte, röchelte, es schien kein Ende zu nehmen.

Bestürzt sah ich ein Erlöschen in seinen Augen und begriff endlich.

»Was ist«, wollte ich fragen, da sah ich Aljena neben mir liegen.

Etwas hatte Aljenas rechte Stirnseite durchschlagen und ein Loch hinterlassen.

Ich fühlte mich nicht mehr. Ich atmete nicht mehr. Ich kroch auf sie zu, rüttelte an ihr, ich rief ihren Namen, als könne er sie aus dieser entsetzlichen Leblosigkeit erwecken. Verzweifelt sprang ich auf, klopfte meine Taschen ab, dann die eines toten Wachmanns. Unter der Schutzhülle seines Smartphones fand ich die SIM -Nadel, diese griff ich und beugte mich über Aljena.

»Alix, nein!«, Ben taumelte zu uns herüber, die Waffe noch immer in der linken Hand, seine rechte schien gebrochen.

»Sie darf nicht wieder aufwachen. Sie ist Leiterin der Human-Reproduktion, sie wird immer tun, was ihr befohlen wird, verstehst du das nicht? Du bist einzigartig, Alix, du sollst frei sein, frei leben, irgendwo. Wie Agata es gewollt hat. Du darfst dich nicht zu einem Objekt in dieser Produktionsmaschinerie machen.«

Verwirrt hielt ich inne, sah ihn an, zweifelte, zweifelte nicht mehr. Strich ihm eine Träne aus dem Gesicht.

»Aljena ist mehr, Ben. Viel mehr. Sie ist meine Ma, weil sie mich aufgezogen hat, und meine Oma, weil sie Agata aufgezogen hat. Ich glaube, sie wollte ein Teil unserer Familie sein, Ben, ich glaube sogar, dass sie wusste, was eine Familie ausmacht. Sie hat mir nicht einfach nur so das Passwort verraten zu der Reproduktionsdatenbank, damit ich entdecken konnte, was in den Laboren und OP-Sälen eigentlich geschieht. Ich sollte in sie hinein schauen. Sie hatte auf ihrem Tablet an erster Stelle etwas hinterlegt, das mir helfen sollte, zu erkennen, wer sie ist, da bin ich mir sicher. Die Fotografie, Ben. Deine Hand, wie du die von Agata hältst, die Hände einer Familie. Ich vertraue ihr, Ben. Vielleicht hatten wir alle nur nicht den Mut gehabt zu sehen, wie menschlich diese Maschine geworden ist.«

Noch einmal strich ich ihm über die Wange, dann drückte ich mit der Nadel ein winziges Slot an ihrer Schläfe, sodass sich ihre Kopfseite öffnete. Wie erwartet löste sich ein Schlitten, damit die Temporalplatine darauf heraus glitt. Ich beugte mich darüber, studierte die Speicherbausteine und die freien Buchsen. Wenn es mir gelang, dieses kleine Zwischen-Board von der Stromversorgung der Hauptplatine zu trennen, musste das die rückwärtige Beta-Platine aktivieren. Dann müsste die Maschine insgesamt wieder in Betrieb gehen, der Notreservemodus sollte alle im RAM zwischengespeicherten Daten erhalten, die Aljenas Seele ausmachen mussten, wie meine Erinnerungen mich selbst.

Es funktionierte, die Betaplatine reagierte, ich schob den Schlitten zurück, klappte die Schläfe zu, nur Aljena reagierte nicht. Ihre Augen blieben erloschen wie zuvor.

Ich hörte den Ton nicht, den meine Kehle hergab. Für mich verhallten alle Töne ungehört. Ich klammerte mich an diesen regungslosen Körper und begriff kaum, dass sich eine Hand auf meine Schulter legte, dass Aidan seine Arme um mich schlang und mich von ihr fortzog, damit ich sie nicht mehr sehen musste.

»Tut mir leid«, hörte ich Bens Stimme wie aus der Ferne.

»Ich hätte nie gedacht, dass ich das mal sage«, flüsterte Aidan in mein Ohr. »Aber glaube, du hast recht. Aljena Mamaska war der menschlichste Mensch in diesem ganzen Institut.«

»Sie war meine Ma«, presste ich mühsam hervor. »Ich hätte sie gern noch einmal Ma genannt.«

Aidan nahm mich noch fester in den Arm und ich grub mich ein in seine Wärme. Da hörte ich hinter mir ein Geräusch, wie ein Rascheln von Kleidung.

Ich hob den Kopf, auch Aidan drehte sich um, wir starrten Aljena ins Gesicht, die sich aufsetzte, den Kopf neigte und mit der Hand ihre zerstörte Stirn betastete.

»Ma?«

Sie sah uns an, alle nacheinander.

»Alix, Aidan. Ben? Was ist passiert? Ich glaube, ich muss mich einer fachärztlichen Behandlung unterziehen.«

Ich nickte, ich konnte nur nicken, mein Hals war so zugezogen, dass er keine Silbe hindurch ließ.

»Wie ist das möglich?«, fragte Ben.

»Der Aktivierungscode für den Re-Start wurde eingegeben«, erwiderte Ma unbeholfen.

»Was denn für ein Code?«, fragte ich.

»Den, den ich bestimmt hatte, nachdem, was du vorhin gesagt hast. Dass Menschen Berge versetzen, wenn sie lieben. Meine Aktivierung sollte nur erfolgen, wenn ein bestimmtes Wort gesprochen wird, mein wirklicher Name, nur dann wollte ich erwachen und bleiben. Ma.«

»Und was wird aus dieser demütigenden Menschenproduktion?«, fragte Ben. »Wird das Projekt beendet?«

»Das wäre zu empfehlen«, antwortete Aljena. »Nur es umzusetzen, wird schwierig. Dieses Netzwerk reicht weit, und die Gelder, die hier hineingeflossen sind, unterstützen neben diesem medizinischen Institut auch alle übrigen Menschen in Werrn. Ohne Geld wird es nicht gehen, was bedeutet, dass unsere Förderer mit Geduld umgestimmt werden müssen. Wir brauchen eine Vision, worin der künftige Vorteil für Gönner und Gesellschaft liegen wird, und auch dann wird es uns niemand leicht machen.«

»Wir müssen Verbündete finden«, schlug ich vor, »wir haben doch so viele schlaue und leistungsbereite Menschen um uns herum, die nur darauf warten, etwas Gutes tun zu dürfen. Wenn wir sie lassen, werden sie aufblühen.«

»Nur wird das den Auftraggebern genügen? Das wage ich zu bezweifeln. Vergiss nicht, wir tragen Verantwortung für alle Menschen ringsum, ganz besonders für die Kinder, die hier ins Leben gerufen wurden. Wir sollten sie aufziehen mit Liebe, weil sie genau das verdienen, und in ihnen die Begeisterung für die Zukunft wecken. Meiner Beobachtung nach, sind es die glücklichen Menschen, die einen an jedem Ort der Welt ein Gefühl geben, zu Hause zu sein, doch sind es die Begeisterten, die ihre Leben und ihre Umgebung so lange gestalten, bis sie gern darin alt werden wollen.«

»Und diesen Auftraggebern«, sagte Aidan. »Die, die jetzt auf Mitarbeiter warten, die ihnen nun nicht mehr geliefert werden, was sollen wir denen sagen?«

»Sie könnten ein uraltes Ritual neu bedienen«, antwortete Aljena. »Sie könnten sich bei potenziellen Mitarbeitern bewerben, und erklären, was sie als Arbeitgeber besonders macht. Dann müssen sie nur noch warten und offen bleiben. Für jeden, der bei ihnen anklopft und nach einer Lebensaufgabe fragt.«

DIE AUTORIN: Susann Obando Amendt, geboren 1976, schreibt für Kinder und Erwachsene, wobei Geschichten für Kinder und Jugendliche einen ganz besonderen Reiz für sie haben. Seit 2006 wurden Kurzgeschichten und Erzählungen in Zeitungen, Zeitschriften und Anthologien abgedruckt, einige erschienen als Hörtexte bei EAR REALITY. Die Autorin arbeitet hauptberuflich als Verwaltungsangestellte in der Wohnungslosenhilfe und lebt mit ihren Kindern in Berlin.

DIE ZEICHNERIN: Christine Schlicht ist gelernter Landschaftsgärtner und studierter Ingenieur der Fachrichtung Landespflege mit Schwerpunkt Objektplanung. Geboren 1968 in Frankfurt am Main, allerdings Dribbde-Bach (für Nichthessen: über'n Main) in Sachsenhausen. Wohnhaft derzeit und schon lange im Hohen Rheingau-Taunus, also noch ein Rheingauner. Ihre Aktivitäten als Autorin und Künstlerin findet man unter www.dreamspiral.de. Zuletzt wurde ihr Steampunk-Roman »Maschinengeist« neu aufgelegt, und betätigte sie sich als Illustratorin für fantastische Detektiv-Rollenspiele unter dem Reihentitel »Private Eye«.

Regina Schleheck

Eijeijei

Enka zuckte zusammen. Blickte über die Schulter zu Peline, deren Faust in die Höhe geschnellt war. Aber die Kleine beruhigte sich gleich wieder, rollte mit geschlossenen Augen auf die Seite und hickste unhörbar.

Jura Padmes Hand auf Enkas Unterarm. »Überlassen Sie das mir!« Mit kaum erhobener Stimme in Richtung des Angeklagten: »Anschauliches Beispiel für die Unbeherrschtheit des männlichen Sorgeberechtigten, dessen Jähzorn in Hinsicht auf das Kindeswohl ein unkalkulierbares Risiko darstellt. Ich bitte darum, das Auf-den-Tisch-Klopfen des Herrn Jakubzig zu Protokoll zu nehmen!«

Der Richter lächelte. »Die Aufnahme läuft, Frau Rechtsanwältin. Unnötig, darauf hinzuweisen.«

»Es geht mir lediglich darum, dass das Geräusch nicht falsch zugeordnet wird.«

»Jähzorn!« Thore lächelte spöttisch. Immerhin hatte er seine Stimme wieder im Griff. »Ich habe lediglich Enka Desdenas Vorwurf zitiert. Vollkommen absurd. Wenn wer mit der Erziehung eines Kindes überfordert ist, dann …«

»Schon gut, schon gut.« Der Richter wischte auf dem Screen herum. »Mir ist noch nicht ganz klar, Frau Padme, womit Ihre Mandantin die Vorwürfe gegen ihren Partner erhärten will. Was ich hier lese, ist doch alles recht spekulativ. Zumal Aussage gegen Aussage steht.«

Enkas Kiefer spannten. Gestern Nachmittag hatte sie mit Jura Padme alles gründlich besprochen. Sie waren übereingekommen, dass Peline in den Gerichtssaal mitkommen sollte. Als lebender Beweis.

Zwei ganze Wochen hatte sie Thore die Betreuung überlassen müssen, während sie auf Geschäftsreise war. Nachteil des Fortschritts in der Gestation: Werdenden Müttern stand arbeitsrechtlich keine Rücksichtnahme mehr zu. Ausgerechnet in den entscheidenden Wochen. Dabei hatte Peline schon im Alter von sieben Monaten extrem empfindlich auf grobe Außenreize reagiert. Thores dröhnender Bass. Enka hatte alles über frühkindliche Entwicklung gelesen und für optimale Bedingungen gesorgt. Das Licht-, Farb- und Sounddesign des Kinderzimmers dem Wach – und Schlafrhythmus der Kleinen angepasst und optimal abgemischt. Viel Stille, klassische Musik, unterlegt mit Vogelzwitschern, dem Plätschern von Wasser und Alltagsgeräuschen: Verkehr, Streitgespräche, Lachen, Weinen nur in homöopathischer Dosis, klar, das Kind sollte an die reale Welt herangeführt, aber auf gar keinen Fall traumatisiert werden. Natürlich hieß das auch, dass die Mutter den Vater auf Abstand gehalten hatte. Es war doch deutlich erkennbar, wie verstört Peline auf ihn reagierte. Eben noch friedlich schlummernd, zuckte sie, sobald Thores Stimme ertönte, zusammen und fuchtelte mit Armen und Beinen. Natürlich konnte man nicht wissen, was in ihrem Kopf vorging. Eine Blackbox. Aber das Wachstum der grauen Zellen schritt rasant voran, eine absolut prägende Phase. In der das Kind die Mutter brauchte. Just da war Enka in die USA geschickt worden. Um zurückgekehrt eine Tochter vorzufinden, die einen enormen Schub gemacht hatte. Die ihre Mutter mit wachen Augen musterte, sobald sie ins Zimmer trat – ohne ein Zeichen des Wiedererkennens. Was hatte Thore mit ihr angestellt? Das Smart Home registrierte jede Bewegung, zeichnete alles auf. Aber wie er genau das Kind beeinflusst hatte, ließ sich schwer belegen. Enka hatte Fotos, Videos gemacht, akribisch notiert, was ihr auffiel. Man mochte einwenden, dass Kinder sich in dem Alter nun mal rasant veränderten. Ein Wunder der Natur! – Aber was war heute noch Natur?

»Frau Desdena!« Der Richter hatte die Wischerei auf dem Screen beendet. Er beäugte sie über den Rand seiner schwarzen Hornbrille. Vorgestrig! Vollkommen aus der Zeit gefallen. Enka hatte vom ersten Moment an, als er den kleinen Saal des Amtsgerichts betreten hatte, das Gefühl gehabt, dass dieser – wie hieß er noch? – egal! – zu der ganz alten Garde gehörte. Vor fast einhundert Jahren war das geteilte Sorgerecht als Regelfall eingeführt worden. Kurz nach der Reform des Eherechts. Das in den letzten fünfzig Jahren immer wieder überarbeitet worden war, zusammen mit den Änderungen des Personenstandsrechts und den Regelungen für Adoptionen. Dazu die medizinischen Errungenschaften, die die Frauen von den Beeinträchtigungen durch Schwangerschaften befreiten … Um schlussendlich eine perfekt austarierte Gleichberechtigung zwischen den Geschlechtern, zwischen Vätern und Müttern herzustellen. Tausende von Jahren hatten Frauen darum gekämpft. Jetzt hatten sie den Salat.

»Frau Desdena!« Die Stimme des Richters setzte nach. »Frau Padme, gibt es noch irgendetwas, was Sie und Ihre Mandantin vortragen können, um der Klage auf Entzug des Sorgerechts ein Fundament zu geben? Etwas Stichhaltiges?«

»Der Stich!« Enka war aufgesprungen. »Ich habe das Ovulab mitgebracht. Zur Begutachtung. Das Protokoll der Substanzen, die über den Tank zugeführt wurden, ist unauffällig. Exakt nach Vorgabe. Aber in dem Plexivelamen habe ich einen Einstich identifiziert, mikroskopisch klein, aber doch erkennbar. Fruchtwasser scheint nicht ausgetreten zu sein, dafür ist die Perforation zu klein. Die Flexibilität der Hülle sorgt dafür, dass sie sich wieder schließt. Die Stelle ist trotzdem zu sehen – Gucken Sie selbst! Mein Ex-Partner muss irgendetwas injiziert haben.«

»Ex!« Thors Lachen war von der Art, die sich wie ein Schlag in die Magengrube anfühlte. »Gut, dass du es endlich ausgesprochen hast, nachdem du zuletzt nur über deine Rechtsverdreherin mit mir geredet hast!«

Der Richter stand auf. Enka eilte zu dem Buggy, schob ihn in die Mitte des Raums und wies auf die Stelle. Jura Padme, Thore und sein Rechtsbeistand näherten sich.

»Und was fange ich damit an?«, fragte der Richter. »Was beweist es?«

»Dass er das Kind manipuliert hat!«

»Das schließen Sie daraus, dass Sie im Plexivelamen ein kleines Löchlein entdeckt haben? Können wir ausschließend, dass es sich um einen Materialfehler handelt?«

»Ich habe sie versorgt wie vorgeschrieben«, warf Thore ein. »Es ging lediglich darum, den Nährmitteltank aufzufüllen.«

»Es ging um unser Kind!«, fauchte Enka. »Das übrigens einen Namen hat. Peline! Es geht um Nähe, Zuwendung, nicht darum, es mit irgendwelchen Substanzen aufzupimpen!«

Sie wandte sich dem Richter zu. »Alle zwei Tage ist er gekommen laut Protokoll. Hat die Minimalversorgung gewährleistet. Aber ein Kind braucht mehr als das.«

»Wieso hat er es eigentlich nicht zu sich genommen? Ich meine, Sie leben eine Partnerschaft, aber –«

»Lebten!«, korrigierte Enka.

»Lebten«, echote der Richter. »In getrennten Wohneinheiten. Hatten sich auf die Elternschaft verständigt, aber das Kind sollte ausschließlich bei Ihnen aufwachsen, Frau Desdena?«

»Davon war nie die Rede gewesen!« Thores Rechtsanwalt schwenkte den Noter. »Gedacht war ein Wechselmo–«

»Das hast du dann so entschieden«, ergänzte Thore.

»Weil ein Kind die Mutter braucht und kein Hin und Her!«

»Bitte«, mahnte Frau Padme. Es war nicht klar, wen sie meinte. Aber einen Moment schwiegen alle. Vielleicht war es die Stille, die Peline aufschreckte. Sie schlug die Augen auf, zwei Vergissmeinnicht. Die Hülle, die den kleinen Körper umgab, war vollkommen transparent, sodass ihr Gesichtchen klar zu erkennen war. Ihr Blick fixierte Thore. Lächelte sie? Sanft bewegte sie Ärmchen und Beinchen, der kleine Körper bekam Auftrieb, schien in dem Ovulab zu schweben. Enka spürte Tränen in den Augenwinkeln.

Thore räusperte sich. »Ich will, dass sie zu mir kommt.«

»Oha«, sagte der Richter.

Enka verschlug es für einen Moment die Sprache. »Also doch«, meinte sie schließlich. »Du –«

»Nein, *ich* rede jetzt«, unterbrach Thore sie. Überraschend ruhig, aber bestimmt. »Du hast dich, seit Peline in vitro gezeugt worden war, zu einer Dreihundert-Prozent-Mutter entwickelt. Und mich an die Wand gedrängt. Weil du zunehmend besser wusstest, was für unser Kind gut ist. Im Zweifelsfall hast du den Mutterinstinkt in Anschlag gebracht.«

Sollte sie widersprechen? Es stimmte. Sie wusste es besser. Die Sache mit dem Mutterinstinkt war die größte Erfahrung, die sie je gemacht hatte.

»Als ich zum ersten Mal mit Peline allein war, ist mir bewusst geworden, dass ich mich noch nicht einmal mehr traute, mit ihr zu reden. Weil meine Stimme das Kind traumatisierte, wie du sagtest. Ich habe sie versorgt, wie man die Goldfische der verreisten Nachbarn versorgt. Futter rein und wieder weg.«

Der Richter, die Rechtsanwälte verschwanden irgendwo im Nirwana. Gefühlt waren nur da noch Thore und sie, Enka. Und Peline. Zwischen ihnen.

»Ich habe mich für meine Feigheit geschämt«, fuhr Thore fort. »Und das Einzige getan, was mir – ja, ich habe tatsächlich eine Injektion vorgenommen. Oxytocin. Um ihre Entwicklung und die Geburt zu beschleunigen. Erst wenn Peline aus diesem blöden Ei rauskommt, ist sie autonom. Bis dahin ist sie uns – vielmehr dir – ausgeliefert.«

»Oha«, wiederholte der Richter.

Die Rechtsanwälte sahen einander an.

»Also doch!« Enka schwankte zwischen Wut und Triumph. »Du gibst es zu!« Ihre flache Hand zuckte in die Höhe – und im selben Moment, in dem sie niedersauste, wusste sie, dass es ein kapitaler Fehler war, dass sie genau das tat, was sie Thore vorwarf, dass sie genauso grobschlächtig handelte, genauso unmütterlich – aber da war es schon zu spät. Ihre Rechte klatschte auf die Stelle, auf die sie gerade eben noch anklagend gewiesen hatte. Das satte Geräusch, die erzeugten Schallwellen breiteten sich im Fruchtwasser aus, versetzten es in Schwingung, der Körper des Kindes begann, sacht zu schaukeln. Pelines Gesichtsausdruck wurde ernst. Ihr Blick löste sich von dem Vater und richtete sich auf den Punkt, an dem die Hand der Mutter aufgeschlagen war. Die Einstichstelle war nun deutlich zu sehen, sie schien sich auszudehnen, ein Haarriss bildete sich, der blitzschnell verästelte, die transparente Hülle des Ovulabs wurde zum Netz, an dessen Linien glitzernde Perlenschnüre entstanden, Tropfen hervorquollen, die größer wurden, in Rinnsalen an der gekrümmten Außenseite entlangliefen und in der Bodenwanne des Buggys eine Pfütze bildeten. Das alles musste blitzschnell passiert sein, aber keiner der Anwesenden reagierte. Alle standen wie Kaninchen vor der Schlange und stierten das überdimensionierte Kunststoff-Ei an, in dem der Fötus schwamm. Ein Sirren ertönte, unmittelbar, bevor es klirrte, so laut, dass Enkas schriller Schrei darin unterging. Ein Schwall Fruchtwasser platschte auf den Boden des Gerichtssaals, Bruchstücke des Velamens klirrten hinterher. Im verbliebenen Rest des zerstörten Ovulabs lag Peline – und lachte. Sie atmete!

Die Plazenta dümpelte in dem Buggy, durch die darmartige Nabelschnur mit dem Leib der Kleinen verbunden. Bei ihrem Anblick überkam Enka Übelkeit. Wie durch eine Nebelwand hörte sie den Richter rufen: »Ein Arzt! Herr Schneidewind, schnell, verständigen Sie einen Arzt!« Die Schritte des Rechtsanwalts zur Tür, Öffnen und Zuschlagen.

Jura Padmes Stimme an ihrem Ohr: »Setzen Sie sich, Sie sind ja kreidebleich!« Ein Arm um ihre Schulter, einer, der ihren Unterarm stützte und sie vom Ort des Geschehens wegzog. Enka war zu schwach, sich zu wehren. Sie plumpste auf den Stuhl, zu dem die Anwältin sie führte.

Thore! Peline im Arm! In das Jackett gehüllt, das eben noch über seiner Stuhllehne gehangen hatte. Etwas blitzte. Eine der Scherben des Plexivelamens! Der Richter hatte das Würstchen aufgenommen, das zu dem braunen Wabbelteig führte, und hielt es in die Höhe. »Mutterkuchen« hatte man dieses eklige Gebilde früher genannt, zuckte es Enka durchs Hirn. Das säbelnde Geräusch, das Thore beim Durchtrennen der Nabelschnur erzeugte! Sie schmeckte Galle. Das Knirschen hielt an.

»Frau Padme! Die Büroklammer neben dem Aktenstapel, schnell!«

Enka übergab sich. Mit letzter Kraft schaffte sie es, sich so vom Stuhl gleiten zu lassen, dass sie nicht in das Erbrochene rutschte.

Schritte.

Enka schlug die Augen auf. Ein Mann in weißem Kittel kniete neben ihr und fühlte ihren Puls. Das Gesicht der Rechtsanwältin auf der anderen Seite. Offensichtlich saß die Frau mit gespreizten Beinen auf dem Boden hinter ihr, Enkas Oberkörper an ihre Brust gelehnt.

»Oha«, sagte der Richter. »Frau Desdena kommt zu sich.«

Thores sonorer Bass. »Peline, sag deiner Mutter guten Tag!«

Ein Glucksen.

Zwei Vergissmeinnicht.

Ihre Tochter!

»Hallo, Mama!« Die Kleine kicherte. »Du wirkst ganz schön mitgenommen. Wir haben gerade mit dem Richter geklärt, dass ich vorläufig zu Papa ziehe.«

Ich höre Stimmen, dachte Enka.

Sie hatte nicht nur alles über die frühkindliche Entwicklung gelesen. Postpartale Psychose nannte sich, was die Geburt mit der Mutter machte. Teil des Pakets. Sofortige Einweisung in die Psychiatrie, sagten die Ratgeber.

Die Technik mochte die Schwangerschaft abgeschafft haben. Rechtlich waren Männer und Frauen gleichgestellt. Aber der Mutterinstinkt triumphierte über alle menschlichen Errungenschaften.

Sie schloss ergeben die Augen.

DIE AUTORIN: Die 1959 geborene hauptberufliche Oberstudienrätin, nebenberufliche Referentin, Herausgeberin, Lektorin und fünffache Mutter Regina Schleheck lebt und lehrt in Leverkusen und hat seit 2002 Hunderte Kurzgeschichten, Hörspiele, Erzählungen, Romane, Lyrik, Theaterstücke, Drehbücher und Essayistisches veröffentlicht. www.regina-schleheck.de

DIE ZEICHNERIN: Gaby Hylla zeichnet schon ihr ganzes Leben, zuerst Ölbilder, später Fantasy und SF Grafiken die im PC entstehen. Mitarbeiterin bei der Fanserie »DORGON« aus dem Perry Rhodan Universum. Weitere Informationen: gabyhylla-3d.de

Alexa Rudolph

Nur ich und ein Eimerchen

Nachdem ich einige Besprechungen zum Barbie Film gelesen und angehört habe, verabrede ich mich mit einer Freundin. Wir gehen ins Kino. Unsere Männer bleiben zu Hause. Auf dem Kinoplakat steht geschrieben: Sie ist alles. Er ist nur Ken. Überrascht bin ich nach dieser Vorankündigung von dem Film nicht. Die Versöhnung der Geschlechter scheint ein schwieriger Prozess zu sein. Dabei werden Differenzen nicht geleugnet oder per Ideologie ausgeräumt, sondern grundlegend anerkannt. Doch Ken ist vermutlich die traurigste Figur in der Spielzeugwelt, ein Mann ohne Eigenschaften, wie ihn eine bekannte Schweizer Tageszeitung nennt. Dieser dahinstolzierende Waschbrettbauch in roter Badehose, wahlweise im fluffigen Designerpelz, hat ja wohl Grund, zu verzweifeln, denn das Projekt, sich im anderen zu finden und darin aufzugehen, ist offenkundig gescheitert. Ken versteht die Welt nicht mehr. Seine Welt. In der wirklichen Welt kann er vermutlich nur noch dümmlich grinsen und hoffen, dass ihn ein Fernsehsender für eine Realityshow bucht, möglichst hüllenlos und auf einer Südseeinsel, natürlich ohne Barbie, dafür mit Sternchen, die keine Stars sind. Und Barbie, die erwachsene Spielzeugpuppe mit Bleaching Lächeln und Sanduhrfigürchen im Minibikini, hat in Wirklichkeit Cellulite, depressive Verstimmungen und schläft schlecht. Vielleicht hat sie sogar Albträume, in denen ihr Leben als Puppe gefährdet ist. Wie schnell kann daraus wieder ein Püppchen werden, dass den Herrn im Businessanzug den Kaffee kocht, Drinks serviert und den Terminkalender auf dem Laufenden hält. Ob Barbie erkannt hat, dass der Grad der Anerkennung, auf dem sie mit ihren Pfennigabsätzen herumturnt, recht wackelig ist? Grund genug für ihre schlaflosen Nächte.

Die Unternehmerin Ruth Handler (1916–2002), die Barbie einst erfunden hat, hat die Idee zu einer erwachsenen Spielzeugpuppe genial umgesetzt und damit die kleinen Mädchen vom Rollenmodel der Mutter, des ewigen Muttertiers, erlöst. Es war eine revolutionäre Tat, für die wir Frau Handler dankbar sein dürfen, denn bis dahin gab es Puppen hauptsächlich im Babyformat. Sie trugen Namen wie Schlummerle oder Rosalie und die kleinen Mädchen durften daran üben, was es heißt, eines Tages die traditionelle Mutterrolle

zu übernehmen. Übrigens, kleine Mädchen, die sich weigerten ihren pinkfarbenen Puppenwagen, mit Sonnenschirmchen und dem Handtäschchen im Gepäcknetz, zum Spielplatz zu schieben und sich daraus lieber einen fahrbaren Untersatz bauten, ähnlich einer Seifenkiste, machten sich verdächtig. Mit dem Kind stimmt doch was nicht, oder? Aber das waren Gott sei Dank andere Zeiten.

Ich habe eine Enkelin, die gerade eben eingeschult worden ist, ein pfiffiges kleines Plappermäulchen, das ihre berüschten Babypüppchen konsequent missachtet und sich mit Begeisterung das ferngesteuerte Plastikfeuerwehrauto des Bruders schnappt, um mit Blaulicht und Sirenengeheul quer durch die Wohnung zum Löschen märchenhafter Feuer zu rasen, die gestylte Barbie am Steuer sitzend, offenes Haar, trägerloses Abendkleid und silberne High Heels. Doch Barbie, mit einem absurd niedrigen Body-Mass-Index und winzigen Füßchen ausgestattet, die ein stabiles Laufen unmöglich machen, kann natürlich wegen ihrer lächerlichen Konstitution kein Feuer bekämpfen, sie würde umkippen und in den Flammen umkommen. Und doch tut sie es! Im Spiel meiner Enkelin wird Barbie zum Oberbrandmeister, kommandiert wie ein Feldwebel herum und lässt sich die Verantwortung nicht aus den manikürten Händchen nehmen. Barbie, die Feuerwehrfrau, stellt die Herrschaftsverhältnisse ruckzuck auf den Kopf, macht sich den ganzen Laden untertan und legt los. Meine Enkelin, die keine Ahnung hat, mit welcher Ikone sie gerade spielt, nimmt im weiteren Verlauf des Spiels auch den schönen Ken hinzu, mehr zufällig als planvoll, denn Ken liegt mal wieder bräsig in der Spielzeugkiste herum und muss einfach verwendet werden. Er ist vorhanden, also wird er eingesetzt. Das kleine Mädchen packt Ken bei den Beinen, schnürt ihn mit Bändern auf das durch die Kurven rasende Feuerwehrauto, damit er nicht runterfällt. Weil das Spiel inzwischen außer Kontrolle geraten ist, wirft sie den semmelblonden Schönling irgendwann als Brandbeschleuniger in die Feuersbrunst. Interessant! Ob Barbie ihn retten wird? Die Beobachterin des Spiels, also ich, hält den Atem an. Wird Ken noch gebraucht, um später an einer neuen Story teilzunehmen, oder ist er abgeschrieben? Was wird Barbie tun?

Ich bin gespannt, wie das Spiel weitergeht. Das Kind, feuerrote Wangen und vor Eifer nichts anderes mehr wahrnehmend, führt Regie. Ken versinkt im Chaos des Kinderzimmers. Barbie ist mit Löschen beschäftigt. Der kleine Wassertank im Spielzeugauto leert sich, der Teppichboden bekommt Flecken. Dann folgt der nächste Akt: Plüschtiere, Malbücher, das Geschirr der Kinderküche, alles muss herhalten und ist der Vernichtung ausgeliefert. Ich frage vorsichtig: »Hast du schon einmal ein richtig großes Feuer gesehen?« Das Mädchen nickt. »Ja. Im Fernseher. Im Sommer, wenn es ganz doll heiß wird, dann brennen Bäume, Wiesen und Häuser. Auch da, wo wir Ferien gemacht haben.«

Das Kinderzimmer steht in Flammen und Barbie löscht wie wild, wobei sie durch die Luft fliegen muss, denn Feuer wird ja bekanntlich auch von oben bekämpft. Der Bruder meiner Enkelin stürmt ins Zimmer und reißt das Feuerwehrauto aus dem Inferno heraus an sich. »Her damit! Das Auto gehört mir. Nimm gefälligst deinen Puppenwagen!« Der Knabe rennt mit dem Objekt seiner Begierde davon. Ich erwarte Krieg. Doch nichts geschieht. Die Frauen haben die Situation im Griff. Barbie ist stärker als jedes Feuerwehrauto mitsamt Löschmannschaft. Barbie wird zum Superman, fliegt durchs Kinderzimmer und entscheidet, wer oder was gelöscht wird und was weiter brennen darf. Die Tiere flehen um ihr Leben und werden gerettet. Nicht alle. Das kitschige Einhorn mit der glitzernden Schnauze muss weiterbrennen. Märchenland wird abgebrannt. Ken ist zum Glück noch nicht ganz tot, wird plötzlich, aus mir unerfindlichen Gründen, noch einmal kurz und ziemlich rau wiederbelebt. Aua!

»Wozu brauchst du Ken?«, will ich von meiner Enkelin wissen.

»Weiß nicht!«, kommt die leicht genervte Antwort. Aha, ich störe! Aber ich bleibe dran.

»Sind Barbie und Ken ein Paar?«

»Wie meinst du das?«

»Na, wie Mama und Papa. Mann und Frau. Freund und Freundin.«

»Nö. Bei mir nicht.«

»Wieso nicht?«

»Das ist blöd.«

»Du findest das blöd?«

»Ja, ziemlich blöd.«

»Was ist daran blöd?«

»Männer und Frauen müssen Kinder kriegen.«

»Nicht immer.«

Meine Enkelin scheint nachzudenken. Schon wieder saust Barbie durch die Luft, entert jetzt das Hochbett und stürzt sich vom Bettpfosten in das Inferno. Barbie rettet das Einhorn.

Ich hocke auf dem Boden. Der Teppich ist wassergetränkt. Ich frage weiter: »Und wieso keine Kinder? Magst du keine Kinder?«

»Doch, aber ...«
»Aber?«
»Barbie soll keine Kinder kriegen!«
»Warum?«
»Barbie bestellt ihre Sachen im Internet, das ist einfacher und außerdem normal. Alle Leute machen das so.«
»Bei Amazon?«
»Nö. Amazon ist doof.«
»Okay. Also auch doof. Aber woher kommen die Kinder? Was meinst du?«
»Sie kommen aus dem Meer.«
»Aus dem Meer? Das ist eine tolle Idee!«
»Meint Mama auch. Mama findet die Idee cool.«
»Soso, sagt sie das.«
»Barbie sagt das auch. Barbie will nämlich keinen dicken Bauch kriegen.«
»Und wie kommen die Kinder aus dem Meer ans Land?«
»Na, weiß du das denn nicht? Die Fische machen das. Ist doch völlig klar. Es sind die Fische.«
»Aber wie stellst du dir das vor? Wie machen die Fische das?«
»Die Fische legen klitzekleine, grüne Kügelchen in Sandlöcher, aus denen schlüpfen nach einer Weile die Babys. Man geht zum Strand und holt sich dort eines ab. Ein Baby oder ein Kügelchen, wie man will.«
»Toll!«
»Ja, wenn die Babys geschlüpft sind, liegen sie einfach so rum und schreien, weil sie Hunger haben.«
»Und was kosten die Babys?«
»Quatsch! Die kriegt man umsonst. Wenn sie größer werden, sind sie teuer genug.«
»Wer sagt das?«
»Papa. Mein Papa hat gesagt, dass Kinder viel zu teuer sind. Er will nie wieder Kinder haben.«
»Und Mama?«
»Mama sagt, dass ihr Kinder auf die Nerven gehen.«
»Also überhaupt keine Kinder?«
»Nur wer unbedingt welche haben will, fährt ans Meer, holt sich so viele Babys ab, wie er braucht, und das war's.«
»Ziemlich praktisch!«
»Sag ich doch. Ich habe immer gute Ideen.«
»Aber dich fragt keiner?«

»Doch. Barbie fragt.«
»Und was antwortest du ihr?«
»Ich habe Barbie versprochen, dass sie nie Kinder bekommen muss.«
»Ich wusste nicht, dass Barbie sprechen kann.«
»Ach, Großmutter, Barbie kann nicht sprechen! Sie ist eine Puppenfrau, das weißt du doch. Puppenfrauen sprechen nicht. Nur Kinder verstehen manchmal, was die so reden.«
»Barbie ist also eine Puppe und du verstehst sie?«
»Nö. Meine Barbie ist Superman! Siehst du das nicht? Superman löscht das Feuer. Superman muss keine Kinder kriegen. Supermann lebt allein, Kinder würden ihm nur im Weg stehen.«
»Und Ken? Was ist mit Ken?«
»Ken möchte Barbie sein.«
»Wieso?«
»Weil Barbie Superman ist. Kannst du dir doch denken!«
»Stimmt! Du hast recht. Ich schreibe das jetzt mal auf. Ich finde, wir hatten ein gutes Gespräch. Ich danke dir.«
»Großmutter, du bist lustig!«
»Findest du?«
»Ja, weil du nicht weißt, wie einfach es ist, Kinder zu kriegen. Alle können das. Auch Großmütter und Großväter, der Paketmann von Hermes, Influencer und überhaupt alle, alle, alle.«
»Influencer auch? Weißt du denn, was das ist?«
»Na klar. Die haben viele Klicks im Internet, bekommen Klamotten und alles Mögliche geschenkt. Auch die Babys.«
»Ist Barbie eine Influencerin?«
»Nur wenn ich das will. Jetzt gerade ist Barbie Superman.«
»Und Ken?«
»Ken? Der darf mitspielen, aber Superman wird er nicht.«

Meine Enkelin widmet sich wieder ihrem Spiel, während ich das Kinderzimmer verlasse und kurz darauf in der Diele vor dem großen Spiegel stehe. Ich betrachte mich von allen Seiten. Ich bin schlank und gut trainiert. Morgens, gleich nach dem Aufstehen, zehn Kilometer auf dem Ergometer durch einen imaginären Wald, dazu die Nachrichten im Radio aus aller Welt. Danach ein leichtes Frühstück und dann ab zum Schwimmen. Das hilft gegen steife Gelenke, Fettröllchen und Dellen. Ich bin zufrieden. Schließlich bin ich Großmutter und keine vierzig mehr. Die Bezeichnung Oma habe ich meiner Familie allerdings ausgetrieben. Omas und Opas gehören im Allgemeinen aufs Altenteil, Großmütter sind jedoch großartige Mütter und haben ein Wörtchen mitzureden. Ich streiche mir durchs lange Haar und ziehe meine Lippen nach. Pink, gerade sehr in Mode. Ich betrachte mich noch einmal eingehend. Meine Enkelin hat behauptet, auch Großmütter und Großväter, der Paketmann von Hermes sowie Influencer könnten Babys bekommen. Kleine, grüne Kügelchen im Sand am Meer! Dann sollte man das doch einfach mal testen, denke ich und rufe ins Kinderzimmer: »Tschüss, spiel schön weiter. Ich komme wieder! Muss mal eben ein paar Tage verreisen.«

Es ist Mittagessenszeit. Mein Mann, der Küchenchef und Versorger in unserem Haushalt, schiebt gerade die Fischstäbchen in die Mikrowelle und schneidet den Karton mit tiefgefrorenen Erbsen aus dem Bioladen auf. Die Erbsen kullern über den Küchentisch. Er sammelt sie ein und wäscht sie kurz im Sieb unter fließendem Wasser. Ich betrachte die Erbsen, die sich eng aneinander kuscheln und lauwarm geduscht werden. Mein Mann wurde in den USA geboren und ist der Typ gutmütiger Bär. Sein Familienname lautet Kentucky. Ich nenne ihn liebevoll Ken. Immer schon. Wir leben seit vierzig Jahren zusammen und haben vier Kinder. Alle Kinder habe ich ohne Kaiserschnitt auf natürlichem Wege geboren, durch Pressen und Atmen, mit Dammschnitt, anschließend wochenlanger Schmierblutung, Brustwarzenentzündung, Schwangerschaftsstreifen, Wochenbettdepressionen, Gebärmuttersenkung und Beckenbodengymnastik. Die Antibabypille haben ich nicht vertragen, also habe ich fleißig Temperatur gemessen und es manchmal vergessen. Auch heute noch kann ich kein Fieberthermometer zur Hand nehmen, ohne nicht an die morgendliche Temperaturkontrolle denken zu müssen. Selbstverständlich war ich regelmäßig bei meinem Frauenarzt, habe mich auf den gynäkologischen Stuhl gelegt und die Beine gespreizt. Ich habe mich damit getröstet, dass der freundliche Weißkittel mit Glatze jeden Tag so viele Vaginen und Schamlippen zu sehen bekommt, dass er mich im selben Moment, da ich die Türe hinter mir schließe, vergessen wird. Der Gedanke, noch einmal ein Kind zu bekommen, ganz ohne diesen mörderischen Aufwand, fasziniert mich. Nur eine Reise ans Meer! Was für eine Idee! Ich umschlinge Kens Rücken und flüstere ihm ins Ohr: »Ich möchte noch ein Kind!« Ken dreht sich um und lächelt milde. Ich hasse sein mildes Lächeln, heißt das doch, dass er mich nicht ernst nimmt, mir meinen Spleen großzügig vergibt. Doch ich insistiere: »Alle können heutzutage Babys bekommen. Großväter, Großmütter, Polizisten, Beamte, Schauspieler und Models, der Papst, Elon Musk, Bill Gates, Joe Biden und Jedermann. Wir sollten es probieren. Platz haben wir genug. Eine Nanni können wir bezahlen. Wir müssen uns um nichts kümmern. Verstehst du?«

Ken lächelt weiter milde und wirft die Erbsen in einen Kochtopf, gibt Salz dazu und ein Stückchen Butter. Er schaltet den Herd an. »Na gut, wenn du meinst«, sagt er und holt die sauberen Teller aus der Spülmaschine, beginnt, den Tisch zu decken. Ich schaue ihm zu. Messer, Gabel, Löffelchen, Servietten. Ken ist perfekt. Er trägt eine schwarze Küchenschürze mit weißen Streifen, die ihn sehr gut kleidet. Ich liebe Ken. Wir werden noch viele Babys bekommen. Morgen fahren wir ans Meer.

Dank der neuen Express-Reisedrohne erreichen wir den Strand unserer Träume schon nach wenigen Stunden. Es ist früh am Abend und eine feine Brise weht in der bezaubernd schönen Bucht mit dem hellen Sandstreifen. Die Sonne geht gerade am Horizont unter. Glutrote Schlieren kleben auf der Unterseite des Himmels und spiegeln sich im Meer. Wellen rauschen leise, benetzen unsere Füße. Wir halten uns an den Händen und küssen uns. Ken ist ein begabter Küsser. Seine Lippen sind voll und kräftig, auch im Alter noch sehr sexy. Unsere Zungen verknoten sich in vertrauter Liebe. »Und?«, macht Ken, während er Luft holt. »Wo sind denn nun deine grünen Kügelchen, aus denen Babys schlüpfen sollen?«

Typisch Mann, denke ich. Er sieht sie nicht. Während ich schon genau weiß, wo ich graben muss. Die Babys sind zwar noch nicht geschlüpft, aber das macht nichts. Mit ein bisschen Wärme und Zuwendung wird man das schon hinkriegen. Zum Transport sind Kügelchen ohnehin bequemer als schreiende Babys. Ein junges Paar, das ebenfalls am Strand weilt, hat eine Schaufel und ein Eimerchen dabei. Der Mann zieht mit einem Handrechen Spuren in den Sand und sein Mädchen legt ihre Finger in die Rillen. Plötzlich blickt sie auf. Sie hat etwas gefunden. Sie lacht und jauchzt, dann kniet sie nieder und füllt ihr Eimerchen. Es muss ein unheimlich beglückendes Gefühl sein, denke ich. Ich lasse Ken los. An ein Eimerchen haben wir nicht gedacht. Ich habe lediglich eine kleine Wolldecke und einen Strampler für Neugeborene mitgebracht. »Ken, bleib ganz ruhig! Es ist ein einzigartiger Zauber. Ab jetzt gilt eine neue Zeitrechnung!«, seufze ich und spüre Tränen aufsteigen. Ich bin tief bewegt. Doch Ken wirkt mürrisch. »Was ist mit dir?«, murmle ich. Er schüttelt den Kopf. »Ich möchte das nicht!«, sagt er. Ich blicke ihm in die Augen, in seine großen, dunklen Augen und in sein kaffeebraunes Gesicht, unter dem grau-schwarz melierten Haar. Er streicht mir über die Wangen. »Meine Liebe, wir wissen doch überhaupt nicht, was das für ein Lebewesen ist, das aus einem der grünen Kügelchen schlüpfen wird. Ein männliches oder weibliches, ein getupftes, gestreiftes oder kariertes, ein dickes oder dünnes, ein kluges oder dummes, eines mit zwei Beinen oder mit vier, ein Nerd oder ein Prinz. Es gibt noch keine soliden Forschungsergebnisse und Statistiken sowieso nicht. Sollen wir einfach zugreifen und egal, was es ist, zufrieden sein?« Ich nicke. Ken wendet sich ab. »Nein, ich will nicht!«, stößt er trotzig wie ein Kind hervor. »Was willst du dann?«, flüstere ich. Er hebt empört die Hände. »Ich muss wissen, was in der Packung drin ist. Verstehst du? Ich brauche eine Beschreibung. Ich grabe doch nicht irgendein Kügelchen aus, nehme es mit nach Hause und ziehe eine wildfremde Kreatur auf. Was weiß ich denn, von welchem Fisch das Kügelchen stammt. Vielleicht von einem Katzenhai oder Tintenfisch, einem Seepferdchen oder einem Rochen. Am Ende von einem Hering, Kabeljau oder Wolfsbarsch. Fisch ist nicht Fisch!«

Es entsteht eine Pause, in der wir uns nicht anschauen können und jeder in sich selbst versunken ist. Eine seltsame Fremdheit liegt zwischen uns.

»Die Sonne ist untergegangen! Es wird kalt, lass uns gehen«, sage ich leise. In meiner Stimme liegt die Enttäuschung wie ein schwerer Stein. Was habe ich nur für einen rückständigen Mann geheiratet! Aber auch ich habe mir die Aktion einfacher vorgestellt und blicke neidisch zu dem jungen Paar, das fröhlich und leichtfüßig mit seinem gefüllten Eimerchen davonläuft.

Ein paar Tage später. Wir sind von unserer Reise zurück, ich besuche meine Enkelin. Sie spielt nicht mehr Feuerwehr, sie hat jetzt einen Friseursalon und das Kinderzimmer ist top aufgeräumt. Mit Papas Rasierapparat entfernt sie den Plüschtieren die Haare. Einige sehen schon ziemlich nackt und ramponiert aus. Barbie sitzt vor einem Schminkspiegel und trägt Lockenwickler, Ken liegt steif und bräsig wie immer in seiner Spielzeugkiste. Er hat eine Glatze. Ich muss an meinen Gynäkologen denken. Meine Enkelin will wissen, wo wir gewesen sind. »Am Meer«, sage ich. Sie lächelt zuckersüß. »Und? Habt ihr ein Baby mitgebracht?« Ich schüttle den Kopf. »Großvater wollte keines.« Da steht sie auf und nimmt mich bei der Hand. »Weißt, Großmutter, ihr seid alte Leute, das muss wirklich nicht sein!«

Ich sagte ja schon, meine Enkelin ist ein pfiffiges kleines Mädchen. Ich verstehe ihre Bemerkung richtig. Es geht ihr nicht drum, dass wir zu alt sind, sie meint, dass wir noch immer in diesen ewigen Abhängigkeiten klemmen und unsere traditionelle Paar-Rolle nicht überwunden haben, dass wir die meisten Dinge erst einmal solide in Grund und Boden diskutieren, bevor wir in die Pötte kommen. Dabei hätte ich die Angelegenheit mit dem Baby wirklich ohne Ken entscheiden können. Dass ich ihn mit ans Meer genommen habe, war unnötig. Aber ich bin wieder einmal auf diese romantische Kacke hereingefallen. Innige Küsse unterm Abendhimmel, flüsternde Wellen, sanfte Brise, zärtliche Umarmung. Und dann? Nichts. Wie Idioten sind wir abgezogen, nur weil Ken eine Verpackung mit Beschreibung wünscht. Ken ist eben nicht kreativ, und wenn die Dinge des Lebens nicht so laufen, wie er sich das vorstellt, dann ist er gekränkt. Das Geld für die Übernachtung in einem Luxushotel, drunter macht er es ja nicht, hätten wir uns sparen können. Den Flug mit der Reisedrohne bekommt man auch nicht umsonst. Und jetzt stehe ich da und habe kein Baby. Auch wenn ich Ken gewissermaßen recht geben muss, es ist schon ganz schön mutig, einfach eine Katze im Sack mitzubringen. Sozusagen ohne Beipackzettel. Auch wenn ich liberal eingestellt bin und mich mit allen möglichen Spielarten menschlicher Gestaltungen, Tugenden und Vorlieben, anfreunden kann. Es muss wirklich keines von diesen langweiligen Retorten – oder Leihmutterbabys sein, die es natürlich auch noch gibt. Und doch bin ich ein bisschen irritiert. Vielleicht sollten wir noch einmal miteinander reden. Auch Ken wird darüber nachdenken, ich kenne ihn doch. Egal, für mich ist es beschlossene Sache: Nächste Woche fahre ich allein ans Meer! Nur ich und ein Eimerchen. Ken kann gefälligst zu Hause bleiben. Oder soll ich noch warten? Es eilt ja nicht. Nächstes Jahr wäre auch in Ordnung. Im Frühling. Oder im Sommer? Oder ein Jahr später, zu meinem runden Geburtstag? Ich mache jetzt einen Spaziergang und will darüber nachdenken. Das ist das Schöne am Älterwerden, man muss nichts überstürzen. Und eine Mutter und Großmutter bin ich ja schon.

DIE AUTORIN: Alexa Rudolph, Autorin und Malerin, schreibt Erzählungen, Kurzgeschichten, Kriminalromane, Gedichte und fantastische Geschichten. Ihre Themen: Alltagssituationen, Beziehungsdramen, Lebensentwürfe. Ihre Vorliebe gehört dem Grotesken und Surrealen. Geboren in Emmendingen, aufgewachsen im Schwarzwald und am Bodensee, lebt und arbeitet sie heute in Freiburg im Breisgau. Mehr Informationen auf der Homepage: alexa-rudolph.de

DIE ZEICHNERIN: Meike Schultchen wurde 1972 in der Hansestadt Hamburg geboren. Sie studierte in Braunschweig und Hamburg Design & Illustration und ist sowohl als freie Illustratorin als auch in der Lehre tätig. Obwohl sie ihre Illustrationen letztendlich digital zeichnet, sind das Arbeiten mit traditionellen Medien und die ersten Schritte auf Papier wesentliche Teile ihres kreativen Prozesses. Zuletzt schuf sie für die Comicanthologienreihe »Cozmic« das mehrteilige Projekt »Kosmische Labyrinthe« sowie mehrere Kurzgeschichten. Mehr unter meikeschultchen.com.

Janika Rehak

Motherhood – Eine Annäherung

1.

Testperson 236 ist hingefallen.

Sie hat geschrien.

Ich bin zu ihr gegangen, habe sie aufgehoben, die Parameter überprüft und eine Diagnostik erstellt. Oberflächliche Abschürfung der Epidermis, Austritt von Thrombozyten, Kontamination.

Desinfektionsprozess eingeleitet, Biopflaster aufgelegt, Thrombozyten-Austritt gestoppt.

Testperson 236 hat weiter geschrien.

Ich habe die Vitalfunktionen erneut gescannt. Puls und Herzschlag erhöht, ebenso der Hautwiderstand, Cortisolwerte im oberen Normalbereich.

Testperson 236 hatte sich immer noch nicht beruhigt, inzwischen hatte sie Schluckauf.

Mein Repertoire war erschöpft.

»Das üben wir noch«, sagt die Chefdesignerin.

2.

Sie haben den Emo-Chip neu justiert.

Meine Reaktion auf den Vorfall mit Testperson 236 war adäquat, im physischen Teil gibt es die volle Punktzahl, doch der empathische Teil war das reinste Desaster.

Das hatte die Chefdesignerin gesagt.

Ich schlug das nach. Nicht das mit dem Desaster, dieses Wort kenne ich. Ich fragte mich lediglich, ob es verschiedene Abstufungen von »rein« gibt, ob es auch »unreine Desaster« geben kann und warum die Chefdesignerin das Superlativ verwendete, wobei ein Superlativ nach meinem Verständnis gar keinen Sinn ergibt, weder in diesem Kontext noch allgemein. Ich konnte den Wortlaut nicht mit der Situation zusammenbringen, habe sogar jetzt noch Schwierigkeiten damit.

Ich lade die Szene aus dem Memory-Chip hoch und sehe sie mir erneut an, diesmal mit aktiviertem Emo-Chip.

Jetzt begreife ich. Das nächste Mal bin ich vorbereitet.

3.

Testperson 236 will ein Eis.

Negativ, lautet der Bescheid. Eis besitzt zu viele negative Eigenschaften, verursacht Karies, Bauchschmerzen und seine Folgen bilden die Grundlage für alle möglichen Zivilisationskrankheiten.

Testperson 236 bettelt und setzt all ihren Charme ein.

»Ausnahme«, gibt mir die Chefdesignerin durch.

»Ausnahme«, wiederhole ich.

Testperson 236 strahlt.

Sie schleckt Cookie-Crisp mit Sahne und Schokostreuseln und lächelt mich mit verschmiertem Gesicht an.

Zivilisationskrankheit, wiederholt mein System. Doch dieses Sahne-Schoko-Lächeln aktiviert etwas in mir. Vielleicht den Belohnungschip.

Ausnahme. Es ist ja nur eine Ausnahme.

4.

Ich habe Testperson 236 ins Bett gebracht und ihr eine Geschichte vorgelesen. Unlogische Dinge von Kobolden (Disclaimer: Wesen, die nicht existieren), die zaubern können (Notiz an mich selbst: Fähigkeit, die nicht existiert, somit also doppelt unlogisch). Testperson 236 scheint es aber zu mögen, sie will mehr davon.

»Noch eine Geschichte!«

Ausnahme, denke ich, sage aber trotzdem Nein.

Testperson 236 schaut enttäuscht, mein Emo-Chip reagiert widersprüchlich.

Testperson 236 schläft in meinem Arm ein. Ihr Haar riecht ein wenig nach Apfelmus. Der Hormonchip löst aus.

»Oxytocin«, sagt die Chefdesignerin. »Sehr gut. So soll es sein.«

5.

Sie haben meine optische Hülle bearbeitet. Die Haut ist jetzt weicher, die Bewegungen fließender und die Materialzusammensetzung wurde optimiert. Testperson 236 hat sich beschwert, beim Kuscheln rieche es zu sehr nach Silikon.

Wir testen das Einschlafen.

»Und?«, fragt die Chefdesignerin.

»Besser.« Testperson 236 grinst. Sie hat neuerdings eine Zahnlücke.

»Da!« Sie hat mir den ausgefallenen Zahn hingehalten. »Da, guck! Guck!« Ich habe den Kopf gedreht und die Augenlinsen eingestellt, das tote Stück Knochen auf ihrer Handfläche fokussiert. Sie hat gestrahlt, als sei ein ausgefallener Zahn eine besondere, persönliche Leistung.

Testperson 236 wächst.

Ich fange an zu lächeln.

»Wir sind auf dem richtigen Weg«, sagt die Chefdesignerin.

6.

Testperson 236 sagt jetzt Mama zu mir. Das bringt mich durcheinander. Manchmal brauche ich einen Moment, um zu begreifen, dass ich gemeint bin, was in meinem System eine Art Loop auslöst, denn natürlich weiß ich, dass ich gemeint bin, wenn Testperson 236 nach »Mama« ruft.

Es ist der mir zukommende Titel, die Funktion, eine Art Name, und dennoch bringe ich es aus irgendeinem Grund nicht mit mir zusammen.

Ich frage die Chefdesignerin um Rat.

»Das wird schon«, sagt sie.

Mir reicht das nicht. »Finden Sie das denn nicht merkwürdig?«, hake ich nach.

»Doch, schon«, sagt die Chefdesignerin. Immerhin sei ich doch genau dafür gemacht. Es ist meine Bestimmung.

7.

Testperson 236 und ich waren Eis essen.

Cookie-Schokostreusel-Ausnahme.

Die halbe Kugel fiel aus der Waffel. Testperson 236 weinte.

Ich nahm sie in den Arm und sagte, das sei nicht so schlimm und wusste genau, dass ich log, denn ich wusste genauso gut: In der kleinen Welt von Testperson 236 war das sogar sehr, sehr schlimm, quasi eine Katastrophe.

»Krieg ich ein Neues?«, fragte sie mit großen Augen.

Das war eine schwere Entscheidung, denn immerhin hatte sie bereits eine halbe Cookie-Schokostreusel-Ausnahme vertilgt und eine Weitere summierte alles auf: Karies, Bauchweh, Zivilisationskrankheiten.

Das brachte mich in ein Dilemma, ich hatte mehrere Impulse, mehrere Instinkte auf einmal.

»Nächstes Mal«, sagte ich. Nächstes Mal ist wieder Ausnahmetag.

»Hervorragend gelöst«, sagt die Chefdesignerin.

8.

Testperson 236 heißt Kim-Anna. Erstaunlich schwer, mich daran zu gewöhnen.

9.

Kim-Anna und ich verbringen inzwischen einen Großteil ihrer Wachzeit miteinander. Ich lege ihr Kleidung heraus, bereite Essen zu, spiele mit ihr, lese ihr vor, gehe mit ihr spazieren.

Ich kaufe ihr Eis. An Ausnahmetagen. Davon gibt es viele. Niemand hat eine Regel festgelegt, also mache ich meine eigenen. Außerdem ist Kim-Anna gut darin, mich zu überreden. Ich kann diesem Grinsen nur schwer widerstehen. Vielleicht liegt es an ihrer Zahnlücke. Der neue Zahn arbeitet sich langsam durch. Ihr Lächeln wird sich verändern, der ganze Gesichtsausdruck. Mein Emo-Chip reagiert seltsam, doch ich habe ja noch die Memory-Cloud, ich kann ihr Milchzahnlächeln hochladen und anschauen, so oft ich will.

Ich lese ihr Geschichten vor und wundere mich über nichts mehr. Fliegende Pferde, freundliche Spinnen, es ist nicht korrekt, aber akzeptabel, wenn man die Fakten ignoriert. Danach kuschelt sie sich in meinen Arm.

»Du riechst gut«, sagt sie. »Nach Mama.«

Wenn Kim-Anna nicht bei mir ist, fehlt sie mir.

»Fast fertig«, sagt die Chefdesignerin.

10.

Ein rundherum guter Tag. Finde ich.

Die Chefdesignerin ist unzufrieden. »Irgendwas stimmt nicht«, sagt sie.

Ich würde gern helfen, weiß aber nicht, wie.

Kim-Anna fehlt mir.

Zum ersten Mal frage ich die Chefdesignerin etwas Privates: »Haben Sie auch Kinder?«

»Oh Gott, nein!«, sagt sie.

11.

Drei Tage ohne Kim-Anna. Etwas in mir tut weh, obwohl es nichts gibt, das weh tun kann, nicht einmal im metaphorischen Sinne.

Die Chefdesignerin hat sich drei Tage in ihren Denkraum zurückgezogen, meditiert, ist einen virtuellen Marathon gelaufen und hat ein Online-Tantra-Seminar besucht, das sie aber vorzeitig abbrach, weil sie eine Idee hatte.

»Wir probieren etwas aus«, sagt sie, ihre Hände duften nach Orangenöl.

12.

Ich war bei Kim-Anna, als sie wach wurde. Ich habe gespürt, wie sie sich in meinem Arm regte, sah sie blinzeln, den kleinen Mund verziehen, spürte, wie sie sich an mich schmiegte. Ich habe sie wach gekuschelt und bin mit ihr aufgestanden. Habe ihr Kleidung herausgelegt, habe ihr Frühstück gemacht, bin mit ihr spazieren gegangen, zum Spielplatz im Park. Ich habe ihr Eis gekauft, zwei

Kugeln, weil sie so süß betteln kann mit diesem Zahnlückengrinsen. Sie ist hingefallen, ich bin zu ihr gehastet und habe sie komplett durchgescannt. »Alles okay, Mama«, hat sie gesagt.

Ich habe ihr drei Gutenachtgeschichten vorgelesen und sie im Arm gehalten, bis sie einschlief.

Ich bin todmüde und weiß nicht, wieso, denn eigentlich ist Ermüdung in meinem Programm gar nicht vorgesehen.

Der Tag war lang, ich habe all meine Pflichten erfüllt, nach Vorschrift und nach bestem Gewissen.

Trotzdem fühlt es sich seltsam an.

Vielleicht hat das Eis ihr geschadet. Vielleicht waren es zu viele Geschichten, vielleicht zu wenige, vielleicht kontrolliere ich ihre Parameter zu sehr, vielleicht sollte sie langsam allein einschlafen. Vielleicht ist es meine Schuld, wenn sie an einer Zivilisationskrankheit stirbt, zu viele Cookie-Schokostreusel-Ausnahmetage. Ich verwöhne sie viel zu sehr. Oder zu wenig?

Lange liege ich da und starre in die Dunkelheit, ich bin hundemüde und kann nicht schlafen, weil mein System keinen Schlaf vorsieht. Vielleicht mache ich alles, einfach alles falsch und verkorkse Kim-Anna für ihr ganzes Leben. Mein neuer Gewissenschip schlägt voll aus.

Egal, was ich tue, es ist nie genug.

»Na bitte«, sagt die Chefdesignerin. »Jetzt ist es perfekt.«

DIE AUTORIN: Janika Rehak ist Autorin, Journalistin, Texterin, begeisterte Mama und Japan-Fan. Sie schreibt Romane, Kurzprosa und Flash Fiction, schwärmt für die 1920er, (moderne) Märchen aus aller Welt und freut sich über ihre stetig wachsende Sammlung an Graphic Novels. Ihre Erzählung »Nordmeer-Delfine« wurde mit einem Hauptpreis des Projekts »Klimazukünfte 2050« ausgezeichnet (wichtig: »einem« Hauptpreis, es gibt mehrere Preisträger und Preisträgerinnen)

DIE ZEICHNERIN: Si-yü Steuber, 1986 in Chengdu, Sichuan-Provinz, China geboren, hat Illustration und visuelle Kommunikation in Luzern und Basel studiert. Sie lebt in Basel und ist Mitbegründerin von Takelwerk, einem kleinen Atelier für Grafik und Design. In ihrer Freizeit ist sie gerne mit der Kamera in den Bergen unterwegs. Im Netz: www.sirwen.ch & www.takelwerk.ch.

Monika Niehaus

Wenn die Menschen Seepferdchen wären ...

»Ob die Welt besser wäre, wenn es die Menschen wie die Seepferdchen in dem Film machten, den wir eben gesehen haben, willst du wissen, meine Liebe?« Die Professorin für feministische Reproduktionsmedizin nickte dem wissbegierigen jungen Mädchen aus der Jugend-forscht-Gruppe wohlwollend zu.

»Aber natürlich wäre sie das. Wenn es die Menschen wie die Seepferdchen machten, könnten Frauen in Forschung, Wirtschaft und Kunst endlich Großes leisten, ohne durch ihren Kinderwunsch einen Karriereknick riskieren zu müssen. Sie könnten sich ganz unbelastet ihren beruflichen Visionen widmen, ohne ständig an ihre biologische Uhr denken zu müssen. Später, gereift und auf dem Höhepunkt ihres Erfolgs, könnten sie sich dann einen jungen, gut aussehenden Partner suchen, der sie ob ihrer Leistung liebt und bewundert. Ihm könnten sie eine ihrer in jungen Jahren eingefrorenen, mit seinem Sperma befruchten Eizellen einsetzen lassen, damit er sie austrägt.«

»Wie das praktisch gehen soll, fragt ihr?« Sie lächelte die gespannt lauschenden Schülerinnen an. »Nun, das ist technisch kein Problem. Man braucht nur einen gut durchbluteten Schleimhautbeutel. Den besitzen männliche Seepferdchen von Natur aus, doch dank des Fortschritts in der Reproduktionsmedizin lässt er sich auch bei Homo-sapiens-Männer problemlos implantieren. Und der Rest ist reine Routine, denn anders als immer wieder behauptet, ist Schwangerschaft keine Frage des Geschlechts, sondern der Hormone – Prolactin lässt eine Placenta als Bett für das Ei wachsen, ob bei Homo oder Hippocampus-Männchen. Die Geburt geschieht natürlich durch Kaiserschnitt, aber das ist heute auch schon bei den meisten Frauen der Fall. Bei mehrfachem Kinderwunsch gibt es ja inzwischen sogar die ›Reißverschlussnaht‹.«

»Wie bitte?« Sie legte die Hand ans Ohr, um besser zu verstehen, worum es bei dem aufgeregten Getuschel in der Gruppe ging. »Nein, keine Angst, meine Lieben, es ist nicht zu befürchten, dass solche gebärfähigen Männer im Bett Weicheier sind. Nach der Geburt reguliert sich der männliche Hormonhaushalt in aller Regel rasch wieder. Seepferdchenmännchen sind anschließend jedenfalls

ebenso feurige Liebhaber wie zuvor« – sie grinste –, »ja, sie zeigen geradezu Macho-Allüren und umwerben ihre Partnerin voller Energie.«

»Wenn es die Menschen wie die Seepferdchen machten, wäre das eine Win-win-Situation.« Die Professorin breitete die Arme aus. »Das Kind einer solchen Partnerschaft würde dank dieses Rollentauschs in der Obhut zweier liebender Eltern und in der finanziellen Sicherheit heranwachsen, die eine Wirtschaftsführerin, eine Nobelpreisträgerin oder eine Kirchenfürstin zu bieten hätte. Frauen könnten ihr volles intellektuelles Potenzial ausschöpfen, ohne auf Familie zu verzichten. Und Männer könnten Mutterfreuden erleben und so den Gebärneid ablegen, der psychologischen Forschungen zufolge der tief sitzende Grund für männliche Aggressionen ist.«

»Wenn es die Männer wie die Seepferdchenmännchen machten und Mutter würden, liebe Jungforscherinnen« – ihr durchdringender Blick wanderte von einem Mädchen zum anderen – »wäre das ein entscheidender Schritt in Richtung Gleichberechtigung. Und erst dann kann es überhaupt so etwas geben wie Zivilisation …«

Hommage à Berthold Brecht
»Wenn die Haifische Menschen wären«

DIE AUTORIN: Monika Niehaus, Jahrgang 1951, Studium der Biologie in Düsseldorf; Promotion in Neurophysiologie/Biophysik. Niehaus ist selbstständig und übersetzt Lehr-, Fach- und Sachbücher (Christoph-Martin-Wieland-Übersetzerpreis 2021, zusammen mit Bernd Schuh). Sie schreibt zudem Sachbücher (»Die Psychotrojaner: Wie Parasiten uns steuern«, »Wie man Männer in Schweine verwandelt und wie man sich vor solch üblen Tricks schützt«, »Dem Gehirn beim Denken zusehen«, Hirzel 2020, 2021, 2023) sowie SF, Fantasy und Krimis (Robert-Sheckley-Preis für »Heimweh nach Tau Ceti«, »Thriller des Jahres« [Bastei] für »Spiel des Affen«). Bei *p.* machinery sind in den letzten Jahren drei schräge Storybände (»Geschichten aus Donnas Kaschemme«, »Austern im Halbschlaf«, »Hyänengelächter«) erschienen. Katzen in wechselnder, Enkel in sich mehrender Anzahl. Eine ausgestopfte Tüpfelhyäne als Alleinstellungsmerkmal.

DIE ZEICHNEERIN: Gaby Hylla zeichnet schon ihr ganzes Leben, zuerst Ölbilder, später Fantasy und SF Grafiken die im PC entstehen. Mitarbeiterin bei der Fanserie »DORGON« aus dem Perry Rhodan Universum. Weitere Informationen: gabyhylla-3d.de

Marianne Labisch

Suche

Es ist Sonntag und mein Kind hat es kaum geschafft, sich zum Mittagessen an den Tisch zu schleppen. Es schläft in letzter Zeit gerne bis tief in den Tag hinein. Ich muss ausloten, wie viel ich der Pubertät durchgehen lassen darf und wo ich einschreiten muss. Sie schiebt das Fleisch auf die Seite und nagt am Brokkoli. »Ich esse kein Fleisch, das weißt du doch!«, mosert sie.

»Kind …«

»Nenn' mich nicht Kind! Ich bin fast erwachsen«, schimpft sie.

Ich weiß, es ist eine schwierige Entwicklungsphase, und versuche einzulenken: »Aber du bist und bleibst doch mein Kind.«

»Oh, Mom!«, sagt sie in dem vorwurfsvollen Ton, den ich nicht besonders schätze. »Du bist ein Androide. Du kannst keine Kinder bekommen, weil du keine Geschlechtsorgane hast.«

»Ich habe dich als Säugling bekommen und meine Aufgabe ist es, dich großzuziehen. Ich nenne das Mutterpflichten.«

»Ich weiß, wie du das nennst, aber trotzdem bist du nicht meine Mutter.«

Sie weiß nicht, wie weh mir diese Worte tun. Sie denkt, weil ich ein mechanischer Mensch bin, hätte ich keine Gefühle; damit liegt sie falsch. Durch unser Emotionsmodul fühlen wie fast wie echte Menschen. Ich habe ihr das mehrfach gesagt, aber sie scheint es nicht zu glauben.

»Deine leibliche Mutter bin ich nicht, das stimmt. Aber ich bin diejenige, die für dein Wohl zu sorgen hat.«

»Eben!«

Ab und zu schafft das Kind es, mich zu verwirren. »Wie?«, frage ich.

»Na eben halt. Du sollst für mein Wohl sorgen. Ich esse kein Fleisch«, sagt sie, als wäre damit alles erklärt.

»Vegetarismus und Veganismus waren so lange sinnvoll, wie Tiere für den Verzehr gestorben sind. Jetzt kommt das Fleisch aus 3-D-Biodruckern. Es stirbt kein Tier mehr. Fleisch enthält wichtige Eiweiße, die für eine gesunde Entwicklung erforderlich sind.«

»Ich mag es trotzdem nicht. Es schmeckt widerlich. Ich esse es nicht! Da kannst du es mir noch so oft vorsetzen. Ich. Will. Es. Nicht!«

Ich kenne sie lang genug, um zu wissen, dass sie entweder gleich aufspringt und auf ihr Zimmer rennt oder in Tränen ausbricht. Beides möchte ich nicht. Es ist an der Zeit, einzulenken. »Na gut, dann lass es halt liegen.«

Sie tut wie geheißen und stochert lieblos im Rest herum.

»Ich würde gerne meine leibliche Mutter kennenlernen«, eröffnet sie mir nicht zum ersten Mal. Dieser Wunsch kommt häufig in der Pubertät auf. Wir können ihm nicht entsprechen, weil wir nicht wissen, wer diese Kinder in die Welt gesetzt hat. Es gibt keine Hinweise. Wir können lediglich sagen, wann wir die Säuglinge übernommen haben. Der Ort, an dem wir leben, könnte ein weiteres Indiz sein, aber da wir alle in Megacitys wohnen, kämen Tausende für die Mutterschaft infrage. Wie soll man da die richtige Person finden? Mal ganz abgesehen davon, dass die Programmierer es für keine gute Idee halten, Mütter und Kinder zusammenzuführen. Nicht umsonst wurden die Kinder den Eltern direkt nach der Geburt weggenommen. Da wäre es wenig sinnvoll, wenn man sie später zusammenführen würde. Nein, diesem Wunsch kann ich beim besten Willen nicht nachkommen.

»Ich kann dein Verlangen verstehen, aber das geht nicht. Und das habe ich dir schon hundert Mal erklärt.«

Heute ist sie bockig, schiebt den Teller von sich und kippelt auf dem Stuhl. Das ist eine Sache, die mich immer nervös macht; auf der einen Seite, weiß ich, dass die Gefahr eines Sturzes besteht, auf der anderen Seite kippelt sie, seit sie laufen kann, und ist noch nie gestürzt.

Sie weiß, was ihr Kippeln für eine Wirkung auf mich hat und heute scheint sie es zu genießen.

»Marie, ich würde dir gerne helfen, aber es ist aussichtslos. Ich weiß nicht, wer deine leibliche Mutter ist. Und wenn ich es wüsste, würde meine Programmierung nicht zulassen, dass ich es dir verrate.«

»Pah! Programmierung! Als wenn man dagegen nichts unternehmen könnte.«

So rebellisch habe ich Marie noch nie erlebt. Ich muss mich mit den anderen austauschen, wer sonst noch mit solchen Sprüchen auffällt. Das hat sie sich nie und nimmer alleine ausgedacht.

»Marie! Was redest du da? Es ist strikt verboten, die Programmierung zu umgehen.«

»Ich weiß, ich weiß … Das ist so langweilig! Und du bist so feige!«

Wo hat das Kind das her? Irgendwer scheint sie aufzuwiegeln. Ich sollte sie melden. Aber das kann ich nicht! Nicht solange ich nicht weiß, was mit den Kindern geschieht, die gemeldet werden. Ich weiß nur, dass sie verschwinden. Es ist, als hätte es sie nie gegeben, aber was weiß ich schon? Ich lebe ja nur in der kleinen Welt, die sich Wohnung nennt. Ich kenne die Welt da draußen nur von Bildern. Hätte man uns nicht die Empathiemodule eingepflanzt, die man für die emotionale Entwicklung der Kinder für erforderlich hielt, fühlte ich mich ihr bestimmt nicht so verbunden. Aber so …

»Es ist mir klar, dass du nicht verstehen kannst, wie es ist, programmiert zu sein. Ich kann nicht dagegen an; mit Feigheit hat das nichts zu tun.«

»Ach, Quatsch! Wie wir erzogen werden, das ist doch im Prinzip nichts anderes. Aber man kann daraus ausbrechen. Man muss es nur wollen!«, widerspricht Marie.

Ich überlege, ob an der Behauptung etwas dran sein könnte. Ich sehe nicht, dass wir bei den Kindern irgendwo irgendwelche Routinen hinterlegen könnten.

Nun …

Wir erziehen so, wie die Programmierer es wünschen. Wir vermitteln die Werte, die die Politik vorgibt. Wir wiederholen diese Thesen so lange, bis selbst das klügste Kind sie für wahr hält. In gewisser Weise …

Ich sollte nicht in diese Richtung denken, das bringt weder mich noch Marie irgendwo hin.

Wieso habe ich eigentlich nie nachgefragt, wo die gemeldeten Kinder bleiben?

Marie geht gelangweilt auf ihr Zimmer, und ich komme nicht zur Ruhe. Mit einem Mal komme ich mir unendlich naiv vor und beschließe, mich schlauzumachen. Ich gehe ins Netz und gebe als Suchbegriff »gemeldete Kinder« ein.

Die Suchergebnisse gehen von vermissten Kindern aus. Das ist interessant. Ich hatte erwartet, dass auf einer Lexikonseite erklärt wird, was mit den Kindern passiert, die von ihren Androiden gemeldet werden, aber die verschwinden nur spurlos. Und die Mütter? Ich scrolle durch die Suchergebnisse und sehe, dass jemand behauptet, die Speicher der Androidenmütter würden gelöscht und eine neue Version aufgespielt. Damit würde niemand nach den Kindern suchen. Nur die Mütter, deren Speicher noch nicht überschrieben wurden. Das ist eine grausige Vorstellung, denn es ist, als würde man die Kinder auslöschen, wegradieren, so tun, als hätten sie nie gelebt. So ein Schicksal darf Marie nicht ereilen.

Auf Seite drei entdecke ich ein Forum, das Frauen gegründet haben, die ihre Kinder abgeben mussten. Dort melde ich mich an und gebe mich nicht sofort als Androidin zu erkennen. Ich schätze, wenn sie denken, ich wäre eine von ihnen, erfahre ich mehr.

Ich bin geschockt! All diese Frauen möchten ihre Kinder kennenlernen. Mir wurde weisgemacht, dass die echten Mütter nur ihre Karriere im Kopf hätten und ihren Kindern keine Träne nachweinen würden. Meine Schaltkreise erhitzen sich leicht. Wenn mir wissentlich Lügen aufgetischt werden, dann …

Was dann? Zuerst einmal finde ich das nicht nett; dann frage ich mich, welche weiteren Lügen ich sonst noch gefressen habe. Wenn meine Erbauer, Programmierer und die Politiker mich täuschen, muss ich mich dann an meine Programmierung gebunden fühlen? Eujeujeu, das sind ganz neue Gedanken und ich schätze, die sollte ich für mich behalten. Wenn nun Kinder und Mütter wünschen, einander kennenzulernen, was spricht dagegen, diesem Wunsch zu entsprechen? So ganz verstehe ich das alles nicht. Ich sollte mir Hilfe holen, aber wen kann ich um Rat fragen?

Andrea aus meiner Baureihe fällt mir spontan ein, die war damals ein wenig unangeglichen, obwohl wir alle die gleiche Programmierung hatten. Ob ich die finden kann? Einfach ausprobieren. Ich gebe ihre Baunummer ins Suchfeld ein und bin erstaunt, sie in dem Mütterforum zu finden ist, in dem ich mich gerade angemeldet habe. Sie ist dort mit dem Namen Andrea2075 angemeldet. Ich durchforste die Beiträge, die sie gepostet hat. Es sieht so aus, als wäre sie auf der Suche nach den vermissten Kindern. Interessant.

»Hallo, Andrea2075, ich hoffe, du kannst dich noch an mich erinnern. Ich bin Anna2075 und wir sind gemeinsam programmiert worden. Ich habe eine Tochter, die nach ihrer Mutter sucht, und ich habe gesehen, dass du dich auch für den Verbleib der gemeldeten Kinder interessierst. Ich gehe davon aus, dass dein Kind auch nach seiner Mutter sucht und du dir – wie ich – überlegst, ob du das Kind nun melden sollst. So, wie ich die Sache beurteile, sehen wir unsere Kinder nie wieder, wenn wir das tun. Melde dich doch mal bei mir.«

Einen Moment überlege ich, was mit uns geschähe, wenn diese Nachricht von den falschen Leuten gelesen würde. Dann fallen mir Maries Worte ein: »Du bist so feige.« Und ich schicke sie ab. Ich kann nur hoffen, dass Andrea sich meldet und meine Bedenken teilt.

»Anna, bitte gibt mir deine IP, damit ich dich direkt kontaktieren kann«, lautet ihre Antwort. Die kam schneller, als ich gedacht hatte. Ich gebe ihr die Adresse, unter der wir uns unterhalten können. Die Sicherheitseinstellungen sehen vor, dass wir nicht belauscht werden können, oder wenn, dann nur von professionellen Hackern, aber dafür sind wir bestimmt nicht interessant genug.

»Wie hast du mich gefunden?«, fragt Andrea.

»Aus Zufall, beim Versuch herauszufinden, wohin die gemeldeten Kinder verschwinden.«

»Wer weiß von deiner Suche?«

Andrea scheint leicht paranoide Züge entwickelt zu haben. Das hätte ich gerade bei ihr nicht für möglich gehalten, sie war so geerdet.

»Niemand.«

»Auch dein Kind nicht?«

»Nein, meine Marie würde sich zu große Hoffnungen machen, wenn sie wüsste, dass ich mit dem Gedanken spiele, ihrem Wunsch zu entsprechen.«

»Dann tu mir den Gefallen und belasse es dabei. Und geh nicht wieder in dieses Forum.«

Die ist witzig! Wäre ich nicht über das Forum gestolpert, könnte ich mich nicht mit ihr unterhalten. Was, wenn es sich nicht um Paranoia handelt?

»Ist jemand hinter dir her?«, frage ich.

»Diese Art Forum existiert immer nur für ein paar Tage, höchstens Wochen, dann werden sie geschlossen und niemand weiß, was aus den Leuten wird, die sich dort umgesehen haben.«

Wow, das hört sich ja übel an. Woher weiß sie das?

»Warst du denn schon in anderen?«

»Ja, aber immer unter anderen Identitäten, deshalb sind sie mir noch nicht auf die Schliche gekommen.«

»Hatte ich mit meiner Vermutung recht? Dein Kind will seine Mutter kennenlernen?«

»Wer kann ihnen das verdenken? Ich halte dieses System für unmenschlich.«

»Ich glaube, wir sind angelogen worden. Es gab in dem Forum ja Mütter, die nach ihren Kindern suchen. Oder waren das alles Androidenmütter, die ihre Kinder gemeldet hatten?«

»Nein, solche waren zwar auch da, aber nur sehr wenige, weil die ja immer direkt Updates bekommen. In erster Linie suchen Mütter, auch ein paar Väter, nach ihren Kindern.«

»Man hat uns erzählt, die hätten nur ihre Karriere im Sinn und würden sich nicht um die Kinder scheren.«

»So war das mal geplant …«

»Moment mal. Die Regelung ging doch von den Müttern aus, die gleichberechtigt sein wollten …«

»Ja, das hat man uns erzählt, aber es war ganz im Sinne der Regierungen, dass Frauen dem Berufsleben nicht lange fern blieben. Überleg doch mal, wie viel mehr Waffen gebaut werden können, wenn alle arbeitsfähigen Menschen auch arbeiten.«

»Noch mal Moment. Wäre es nicht effektiver gewesen, uns in der Produktion einzusetzen? Wir machen keine Pausen und können präziser arbeiten.«

»Klar wäre es das, aber wir dürfen nicht wählen und Politiker wollen wiedergewählt werden.«

Puh, das ist alles viel auf einen Schlag und es bringt mein Weltbild durcheinander. Wenn das alles stimmen sollte, hätte man uns die ganze Zeit belogen. Und zwar von vorne bis hinten. Das ärgert mich gerade richtig.

»Das wäre eine ziemlich üble Manipulation von allen Beteiligten.«

»Stimmt.«

Andrea hat entweder keine Probleme damit, das zu verdauen oder sie weiß es schon länger und hat sich an den Gedanken gewöhnt. Wenn das so ist, hat sie vielleicht einen Plan.

»Hast du ein Mädchen oder einen Jungen?«, frage ich.

»Einen Jungen und ich werde ihm seinen Wunsch erfüllen.«

»Wie willst du das anstellen?«

»Ich werde einen Hacker bitten, mir die Daten zu beschaffen.«

Jetzt bin ich erstaunt. Kann das so einfach sein? Und woher sollte ein Hacker die Daten nehmen? »So einfach wird es nicht sein, oder?«

»Doch, genau so einfach ist es. Man muss nur erst einmal dahinter kommen, dass es sehr wohl Verzeichnisse gibt, in denen exakt festgehalten wird, wer die Eltern der Kinder sind.«

Oha, das wäre mir völlig neu. Aber gut, eine Lüge mehr oder weniger … »Wozu soll das gut sein?«

»Die Kinder könnten Krankheiten bekommen, für die geeignete Organspender gebraucht werden …«

»Eltern als Ersatzteillager? Bist du sicher?«

»So würde ich es nicht nennen und die Politiker tun es erst recht nicht, aber darauf läuft es im Endeffekt hinaus.«

All die Informationen, die ich heute bekomme, gefallen mir nicht. Es ist kein schöner Gedanke, angelogen zu werden. Aber damit nicht genug, ich finde es grausam, den Kindern die Eltern vorzuenthalten. Was in aller Welt spricht dagegen, die zusammenzuführen, die sich gerne treffen möchten?

»Warum sollen Eltern und Kinder sich nicht zusammenfinden?«, frage ich Andrea.

»Weil wir dann über kurz oder lang wieder zum alten Vater-Mutter-Kind-Modell zurückkehren würden.«

»Was wäre daran schlimm?«

»Dann würde die Ordnung, wie wir sie jetzt haben, zusammenbrechen.«

»Na und?«

»Das ist nicht gewünscht.«

»Was können wir tun?«

»Habe ich doch schon gesagt, wir bemühen einen Hacker.«

»Und dann?«

»Na, dann organisieren wir ein Treffen.«

»Ist das nicht gefährlich?«

»Natürlich ist es das! Willst du es dir noch einmal überlegen?«

»Ich würde gerne noch eine Nacht darüber schlafen und Marie einweihen.«

»Gut, mach das. Ich melde mich morgen noch einmal bei dir.« Hier macht sie eine Pause und fährt dann fort: »Dir ist bewusst, dass wir nach dem Treffen verschwinden müssen?«

Nein, das hatte ich nicht gewusst, aber abwegig erscheint mir dieser Gedanke nicht mehr. »Okay, dann bis morgen, Andrea.«

Marie ist geschockt, als ich ihr von dem Gespräch berichte. Sie gibt zu, dass es in ihrer Klasse mehrere Kinder gibt, die ihre Eltern suchen und sie sich mit denen ausgetauscht hat. Dass der Staat kein Interesse daran hat, Eltern und Kinder zusammenzubringen, das macht sie richtig böse. Sehr böse.

So böse, dass sie sofort damit einverstanden ist, dass wir unser bisheriges Leben aufgeben, sobald das Treffen stattgefunden hat.

Ich sage Andrea also am nächsten Tag zu und sie antwortet, sie wird sich melden, wenn sie weiß, wen wir kontaktieren müssen. Außerdem sagt sie, wir sollten uns schon einmal mit einem Leben in den Tropen anfreunden, aber ich habe keine Ahnung, was sie damit meint.

Die Sache ist komplizierter, als wir vorhersehen konnten. Die Mutter von Andreas Sohn will ihn nicht treffen. Wir können nicht ausschließen, dass sie uns verraten wird. Nur gut, dass sie uns nicht mit Seriennummer kennt, aber ich schätze, wenn unser Hacker so schnell die Identitäten der Mütter herausfinden konnte, dann wird der Staat auch nicht lange brauchen, uns zu finden. Wir müssen uns beeilen. Andrea würde am liebsten sofort aufbrechen, aber ich kann das Marie nicht antun. Wir haben ein Treffen vereinbart, bei dem ich zu gerne dabei wäre, aber das geht nicht, weil es Aufmerksamkeit erregen würde, und die können wir gerade wirklich nicht gebrauchen. Andrea hat die Idee, dass wir den Hacker bitten, das Treffen per Webcam aufzunehmen, aber wir sind uns einig, dass wir unser Glück nicht überstrapazieren sollten, und so verzichte ich schweren Herzens darauf. Lieber packe ich ein paar Sachen zusammen. Alles können wir nicht mitnehmen, nur ein paar Dinge.

Als Marie mit ihrer Mutter vor der Tür steht, versetzt es mir einen Stich. Die Frau wird meine Rolle einnehmen. Ob die beiden mich überhaupt mitnehmen werden? Diese Bedenken sind schnell zerstreut, als Maries Mutter mich in die Arme nimmt und sich bedankt, dass ich ihre Tochter aufgezogen habe. Ich mahne zur Eile und unten ertönt das vereinbarte Hupsignal. Wir müssen los. Außerdem höre ich Polizeisirenen. Wir rennen.

Als wir um die Kurve biegen, sehen wir drei Polizeifahrzeuge vor unserem Haus halten und die Männer ins Haus stürmen. Puh, das war knapp.

Am Lenkrad sitzt ein Mann, der überlegen lacht, als er meinen besorgten Blick im Rückspiegel sieht. »Machen Sie sich keine Sorgen, die kriegen uns nie.«

Diese Zuversicht würde ich gerne teilen, aber ich schätze, dass man uns zur Fahndung ausschreiben und die Stadt abriegeln wird.

»Wie können Sie da so sicher sein?«, frage ich.

Andrea antwortet an seiner statt: »Michael hier ist der beste Hacker von allen, der weiß, was er tut.«

Nun gut, dann will ich das mal glauben. Aber jetzt taucht eine neue Frage auf: »Wo wollen wir überhaupt hin?«

Andrea und Michael wechseln einen Blick und sie sagt: »Mach du!«

Michael holt tief Luft und erklärt: »Ihr wisst ja, dass Südamerika von Mittelamerika abgetrennt wurde und man den Kontinent sich selbst überlässt, damit wir eine grüne Lunge haben, die nicht abgeholzt wird?«

Wir nicken. Das ist allgemein bekannt.

»Was ihr wahrscheinlich nicht wisst, ist, dass dort Menschen im Einklang mit der Natur leben …«

»Was?«, frage ich und Maries Mutter fragt: »Wie?«

»Die indigenen Völker haben sich damals geweigert, ihre Heimat zu verlassen, und da man wusste, dass von ihnen keine Gefahr für den Urwald ausging, hat man sie bleiben lassen.«

»Das mag ja alles so sein, aber wer sagt uns, dass die uns aufnehmen werden. Wir sprechen nicht deren Sprache«, gab Maries Mutter zu bedenken.

»Wir werden nicht die Ersten sein …«

Und schon wieder schafft Michael es, dass wir uns überrascht ansehen. »Was soll das heißen?«, verlangt Marie zu wissen.

»Es gibt mehr Leute wie uns, als man denken sollte. Seit Jahren fliehen Menschen, die dem System entkommen müssen, dorthin. Es gibt einen sogenannten Flickenteppich, aus Menschen aller Nationen, die dort mit den Einheimischen nach deren Regeln zusammenleben.«

Im Einklang mit der Natur, das heißt, sie werden ohne jede Technik leben. Und das heißt, es wird für mich keinen Platz geben. Ich benötige elektrischen Strom. »Andrea, wie sollen wir dort leben können?«, frage ich.

»Wie meinst du das?«

»Wir brauchen Strom.«

»Ja, und?«

»Wenn die dort im Urwald mit den Einheimischen leben, werden sie keine Steckdose haben, aus der wir uns bedienen können.«

Michael zwinkert mir zu und antwortet: »Ich habe Solarmodule eingepackt. Die sind ja inzwischen so winzig, dass sie ins Handgepäck passen. Wir halten euch schon am Leben.«

Fürs Erste bin ich beruhigt, obwohl es schon ein Sprung ins Ungewisse ist.

Aber ich muss zugeben, es ist auch spannend.

DIE AUTORIN & ZEICHNERIN: Marianne Labisch erblickte 1959 in München das Licht der Welt und wuchs mitten im Ruhrpott, auf. Seit 2010 werden ihre Kurzgeschichten in Anthologien veröffentlicht. 2015 wurde »Revenge«, die erste Kurzgeschichte, die sie unter dem Pseudonym Diane Dirt schrieb, für den Deutschen Science-Fiction-Preis nominiert. Seit 2015 ist sie als Lektorin, Herausgeberin und Illustratorin tätig. Sie ist Mitglied der Autorengruppe Phantastischer Oberrhein. Weitere Infos auf: mluniverse.wordpress.com

Ich freue mich so

Nicole Hobusch

Emma

Chromwände, die verzerrte Spiegelbilder werfen, Halogenlicht, das Schatten in Ecken drängt, ein Piepsen links neben ihrem Ohr. Dazu das Rauschen der Lüftung über ihr und ein Summen, das von irgendwoher kommt. Lana starrt an die Decke und summt mit.

Die Tür öffnet sich. Einer der Ärzte stürmt den Untersuchungsraum. Sein Gesicht leuchtet, als würde es von Strahlern illuminiert.

»Es hat geklappt!« Er greift nach ihrer Hand und hält sie fest. »Das Herz schlägt. Sie sind schwanger.«

Lana sieht ihn an. »Schwanger?«, wiederholt sie, und als würde durch das Wort ein Protokoll ablaufen, prasseln Emotionen auf sie ein, die zu Fragen führen. Sie füllen sie, als würden Regeln Daten empfangen, formatieren und übertragen. Ein Baby! Sie wird Strampler kaufen. Sie wird diese Schühchen stricken, die sie gesehen hat. Das Baby braucht ein Kinderzimmer. Und einen Kinderwagen. Einen Kindersitz für das Auto. Wird es ein Mädchen? Oder ein Junge? Wird es sie mögen? Was, wenn sie keine gute Mutter ist? Wenn sie versagt?

»Stopp«, sagt der Arzt und Lana atmet durch. Er drückt ihre Hand. Seine fühlt sich warm und trocken an, ein wenig rau vielleicht.

»Es wird alles gut.«

»Ich freue mich so«, sagt Lana.

Ein Mädchen, es wird ein Mädchen! Ein Mädchen ist toll. Ihr kleines Mädchen. Sie wird ihm Kleider anziehen und Zöpfe flechten, es wird ihr im Garten helfen und mit Puppen spielen. Es kann auch Hosen tragen und Fußball spielen, wild sein, sich dreckig machen, kurze Haare haben. Es kann ein Mädchen sein wollen oder ein Junge. Hauptsache, es ist gesund.

»Ich freue mich so«, sagt Lana zur Hebamme, die nun jeden Tag kommt.

Lana richtet ein Zimmer ein in vielen bunten Farben, denn Kinder brauchen Buntes. Farbenfroh wie ein Regenbogen ist es, farbenfroh ist auch der Kinderwagen.

»Der letzte Schrei«, sagt die Verkäuferin.

»Ich freue mich so«, sagt Lana, als sie das Modell im Laden Probe schiebt.

Sie trifft sich mit anderen Schwangeren, geht zum Schwimmen, zum Yoga. Fit bleiben in der Schwangerschaft, Vorbereitung ist alles. Sie kennt bald sämtliche Tricks für eine schmerzarme Geburt: Atemtechniken, positive Gedanken, Selbsthypnose.

»Und natürlich gibt es auch noch fünf verschiedene Linderungsstoffe«, sagt die Hebamme. »Sie müssen keine Angst vor der Geburt haben. Danach halten Sie Ihr Baby im Arm und alles ist vergessen.«

»Ich freue mich so«, sagt Lana.

Untersuchungen, stundenlange CTGs, Ultraschall. Ärzte, Ärzte und Ärzte. Bald sieht Lana mehr Menschen in Weiß als in Jeanshosen. Sie alle wuseln um sie herum und blicken auf Monitore.

»Eine Schwangerschaft ist was ganz Besonderes«, sagt man ihr. »Gerade jetzt, wo die Geburtenrate immer weiter sinkt. Sie müssen gut auf sich aufpassen.«

Lana passt auf sich auf. Bald soll sie liegen. Lana ist verwirrt. Blutet sie? Sie hat doch so auf sich achtgegeben, sich geschont, nicht schwer gehoben, nur Nahrung aus kontrolliertem Anbau zu sich genommen. Als würde dieses Protokoll weiter ablaufen, als würde es ihr Input ins Gehirn spülen. Schwangerschaftshormone, Nestbautrieb. Alles reine Biologie.

»Es wird alles gut«, sagt eine Ärztin. Braune Locken fallen ihr in die Stirn. Als sie lächelt, bilden sich zarte Fältchen auf der Nase.

»Ich freue mich so«, sagt Lana und lächelt zurück.

Sie wird engmaschiger überwacht.

»Es geht ja auf das Ende zu«, sagen die Ärzte.

»Alles gut«, sagt der Chefarzt. »Kein Grund zur Sorge. Das Baby ist klein, aber nimmt zu. Wächst und gedeiht. Wir sehen uns wieder in zwei Wochen. Dann wird die Geburt eingeleitet.«

»Ich freue mich so«, sagt Lana.

Sie ist bei der Gynäkologin. Das CTG ist vorbildlich, so eine kleine, wilde Maus, sie strampelt kräftig, ist stark und jetzt schon energisch.

Das Baby strampelt immer. Bis zum Abend. Da ist plötzlich nichts mehr. Kein Tritt, kein kleiner Fuß, der antwortet. Vielleicht schläft sie, überlegt Lana. Kleines Baby, wach auf. Sie starrt vor sich hin. Ihr ist kalt, die Finger klamm, der Magen flau.

Erneut kommen Ärzte zu ihr, sie muss an Monitore angeschlossen werden.

»Alles gut«, sagen sie. »Machen Sie sich keine Sorgen.«

Lana glaubt ihnen. Natürlich ist es gut, das muss es sein, das sagen die Ärzte. Die wissen das doch. Das weiß nur diese kleine Stimme nicht, die gehässig flüstert, dass etwas nicht stimmt.

Im Kreißsaal wartet eine Hebamme. Sie lächelt ernst und nimmt sie mit ans CTG. Schon wieder hier. Der Gurt wird umgeschnallt, Glibber auf dem Bauch verteilt, die Sensoren werden aufgelegt. Suchen. Die Hebamme schweigt und sucht weiter.

»Ich hole eine Ärztin«, sagt sie. »Kein Grund zur Panik. Die Geräte sind manchmal ungenau.«

Lana starrt an die Decke, wie sie es in den vergangenen Wochen auch getan hat. Da ist der kleine schwarze Fleck, direkt neben dem Rauchmelder. Ob ihn irgendwann jemand wegwischt?

Es ist still, obwohl das CTG läuft. Kein Knistern und Rauschen. Schallende Stille.

»Sie ist tot«, sagt Lana in den leeren Raum hinein.

Wie im Nebel tauchen Ärzte auf. Sie suchen stumm, niemand spricht.

Lana muss zum Ultraschall.

»Es tut mir schrecklich leid«, sagt die Ärztin.

Lana nickt.

Man gibt ihr hoch dosiertes Misoprostol und Diazepam. Und dann muss sie warten. Warten auf die Wehen, auf die Geburt.

»Schade«, sagt der Professor. »Wir haben wirklich geglaubt, dass es funktionieren könnte.«

»Das passiert«, sagt die Krankenschwester. »Sie haben nichts falsch gemacht.«

»Sie sind noch unverbraucht«, sagt die Oberärztin. »Sie werden ganz schnell wieder schwanger.«

Lana nickt.

Die Tür öffnet sich. Ein Mann im weißen Kittel kommt herein. Seine Haut ist wächsern, die Augen eingesunken. Ohne ein Wort geht er zum Computer links von der Tür. Sein Körper versperrt die Sicht auf den Monitor. Das Klackern der Tasten und die leichte Bewegung seiner Schultern verraten, dass er schreibt. Wahrscheinlich gibt er irgendwelche Daten ein, das tun sie immer.

Lana wendet den Blick ab. Sie versucht, ihre Position zu ändern, doch ihre Beine sind betäubt. Sie fühlt sich matt. Sie glaubt, die Nadel in der Wirbelsäule zu spüren, die sich ins Rückenmark bohrt. Aber das kann nicht sein. Das bilden sich Patienten ein, haben die Ärzte gesagt. Die wissen das doch.

Ein Druck lastet auf ihrer Stirn. Sie hebt die Hand und tastet darüber. Etwas Nasses. Sie betrachtet ihre glänzenden Fingerkuppen und verreibt die Flüssigkeit.

Das Tippen am Computer verebbt. Der Mann in Weiß dreht sich um und kommt auf sie zu. Er ist tatsächlich einer ihrer Ärzte. Sein Gesicht kommt ihr bekannt vor, so als müsse sie ihn kennen.

»Das ging ja trotz allem schnell«, sagt er.

Ja, es ging schnell, zu schnell.

Die Nabelschnur war schuld. So was hätten sie noch nie gesehen, sagten Hebamme und Ärztin. Dreimal um den Hals, einmal um den Fuß. Das Baby habe nichts gemerkt, als es sich selbst die Versorgung gekappt hat.

»Tut nichts weh, oder?«, fragt der Arzt.

Es ist eine rhetorische Frage. Die Ärzte sagen, dass sie durch die Betäubung keine Schmerzen hat. Die wissen das.

Lana schüttelt den Kopf. Wie kann etwas wehtun, wenn da nichts ist, außer einem Loch? Etwas ist weg, dabei gehört es doch ihr. Es ist doch ihr Kind, um das sie neun Monate lang so viel Angst hatte, das sie gehütet hat, für das alles vorbereitet ist. Das Kinderzimmer ist fertig, das Babybett steht. Und kein Baby wird darin liegen. Die rosa Strampler bleiben ungetragen, die Windeln ungenutzt. Sie denkt an die Kinderwagenkette, die sie gebastelt hat, an die Decke, die sie fluchend gestrickt hat. Es war ein kompliziertes Muster. Sie ist am Ende kleiner geworden, als es geplant war. Das Baby hätte dort gut hineingepasst. So winzig und zart.

»Halten Sie es noch einen Augenblick«, sagt der Arzt. »Das beendet den Prozess besser.«

Er geht. Es wird wieder still. Stille, die Lana gehört. Lana und dem Baby in ihrem Arm. Sie fährt mit dem Finger über die dunklen Haare. So klein und schon Haare, eine Stupsnase, geschwungene Lippen, geschlossene Augen. Eine Puppe, die noch warm ist. Wie kann etwas tot sein, das warm ist? Die Pathologie liegt neben der Pränataldiagnostik. Zwei Wochen lang wurde sie dort jeden Tag auf einer Liege vorbeigefahren.

Die Hebamme kommt, lächelt. »Wie heißt sie denn?«

In Lanas Brustkorb quetscht sich etwas zusammen. Sie schaut auf das Baby in ihrem Arm, das nicht schreit.

Scheinwerfer leuchten auf. Abschnitt für Abschnitt, Reihe für Reihe wird angestrahlt. Lana blickt auf den blonden Zopf der Frau in der Reihe vor ihr. Die Frau daneben hat eine nahezu identische Frisur. Das Blond ist minimal dunkler. Reglos stehen sie dort, blicken geradeaus. Sind es dreißig? Vierzig? Mehr?

»Es gab ein paar Probleme.«

Lana erkennt die wissenschaftliche Leiterin der Abteilung für neurologische Prozessoren an ihrer Stimme. An ihren Namen erinnert sie sich nicht. Wahrscheinlich muss sie ihn nicht wissen.

Schritte nähern sich.

»Wir haben die Programme angepasst«, sagt die Leiterin. »Die Szenarien laufen stabil.«

»Trotzdem erfolglos.«

Diese Stimme kennt Lana ganz genau, aber sie weiß nicht woher. Ellen Morland, Vorstandsvorsitzende von Natal.ion. Der Unternehmensname weckt eine Erinnerung, doch Lana kann sie nicht greifen.

»Es ist komplex.« Die wissenschaftliche Leiterin klingt gestresst.

»Liegt es an den Szenarien?«

»Nein.«

Ellen Morland seufzt. »Aber Mozart, Yoga, stricken … Ist all das nötig?«

»Die Entwicklung verläuft bereits intrauterin«, sagt die Leiterin. »Mit den Szenarien konnten wir mehrere Millionen einsparen.«

»Das haben Ihre Vorgänger auch gesagt.« Die Schritte verstummen. »Wir haben eine Lösung versprochen. Wir versprechen es seit Jahren. Unsere Geldgeber springen ab. Wenn Sie nicht bald Resultate erbringen, tja … Dann muss ich Ihre Abteilung einfrieren.«

»Wir können einfach nicht jedes Szenario einkalkulieren«, antwortet die Leiterin. »Es gab schon immer Risiken bei einer Schwangerschaft, auch vor den U-Droids. Und wir bringen Resultate. Die neuen Modelle …«

»Es war die Idee Ihres Vorgängers, die U-Droids nicht mehr in die Häuser zu schicken.«

»Es ist nicht nötig, dass sie …«, die Leiterin ringt mit den Händen, »… na ja, dass sie Leben führen, falls man es so nennen kann. Es ist sicherer, wenn sie die Schwangerschaften nur virtuell durchlaufen.«

»Und die Untersuchungen?« Ellen Morland schüttelt den Kopf. »Die bekommen sie doch mit. Ist das vielleicht der Fehler?«

»Ob sie die Untersuchungen mitbekommen, ist egal, so was gehört zu Schwangerschaften dazu. Die neueste Produktionsreihe …«

»Ach, kommen Sie.« Ellen Morland schnauft laut. »Wir sind bei welcher Produktionsreihe? Fünfunddreißig? Sechsunddreißig? Sie sagen mir seit etlichen Lanas, dass es die letzte Version sei, aber …«

»Aber Lana siebenunddreißig Delta hat erstaunliche Fortschritte hervorgebracht.«

Lana versucht, Sinn aus den Informationen zu ziehen. Lana siebenunddreißig?

»Das letzte Baby starb an einer natürlichen Ursache«, sagt die Leiterin mit zittriger Stimme. »So natürlich, wie sie nur sein kann. Es lag an der Nabelschnur. Sie war zu lang. Wir haben alle Daten neu berechnet und geben dem Modell ein Update.«

Schweigen.

Ein Seufzen. »Holen Sie sie her.«

Ein Scheinwerfer richtet sich auf Lana. Der Boden unter ihr hebt sich, dann bewegt sie sich nach rechts. Sie steht auf einer Platte, wird ihr klar. Einer Art Förderband.

Nackte Frauenkörper mit blonden Zöpfen ziehen an ihr vorbei, als wären sie eine Armee.

Sie kommt abrupt zum Stehen. Ellen Morlands blassblaue Augen mustern sie. Rosige, gerundete Wangen, pink geschminkte Lippen.

»Das ist sie?«

»Ja.«

Lana kann die wissenschaftliche Leiterin nicht sehen, sie steht hinter ihr.

»Sie sieht so lebendig aus«, sagt Ellen Morland leise. »Merkwürdig, nicht? Als wäre sie wach.«

»Sie ist im Off-Modus. Keine Sorge.«

»Lesen Sie den Prozessor aus.«

»Bin schon dabei.«

Lana spürt ein Kribbeln im Kopf, irgendwo an ihrem linken Ohr.

»Wie viele Versuche gab es mit ihr?«

»Acht. Sie nimmt zuverlässig auf. Wir können nicht genau sagen, wieso es mit ihr so gut klappt.«

»Quote?«

»Vier Fehlgeburten, vier Totgeburten.«

Ein Seufzen, das langsam verklingt. »Hatten Sie schon mal eine Fehlgeburt?«

»Nein«, sagt die Leiterin. »Ich bin für das Programm nicht qualifiziert. Ich arbeite sechzig Stunden die Woche, ich habe keine …«

»Ich war auch nicht qualifiziert. Ich gehöre der falschen Schicht an.« Ellen Morland starrt Lana an. »Aber ich hatte eine biologische Mutter. Verrückt, nicht wahr? Können Sie sich so was vorstellen? Vor fünfzig Jahren war das alles noch anders.«

»Es war nicht unbedingt besser.«

Ellen Morland legt den Kopf schief. Ihr Blick schweift über Lanas Nase, den Mund. »Wissen Sie, worauf ich neidisch bin? Diese U-Droids erleben Rückschlag um Rückschlag und sie erinnern sich an nichts. Ist das nicht ein Segen? Keine Trauer. Nichts.«

Lana horcht in sich. Tief verborgen regt sich etwas, ein kleiner Widerstand, ein Funke, der aufglimmt.

»Ich habe die Daten«, sagt die Leiterin.

»Sie ist eine Mutter mit so vielen toten Kindern und weiß es nicht«, fährt Ellen Morland fort. »Ein Segen.«

»Keine Mutter«, sagt die Leiterin. »Man darf sie nicht vermenschlichen.«

Ellen Morland runzelt die Stirn. Sie stellt sich auf die Zehenspitzen und reckt sich, bis sie Lana in die Augen sieht. »Sie sind sich sicher, dass sie im Off ist?«

»Natürlich.«

»Ich habe noch nie eine gesehen, die so echt wirkt.« Ellen Morland streckt die Hand aus und fährt Lana mit den Fingerspitzen über die Wange. »Es ist ausgeschlossen, dass ihr Programm nicht korrekt beendet wurde?«

»Natürlich.« Die Leiterin, eine magere Frau im weißen Kittel, huscht neben sie und mustert Lana. »Sie sind so programmiert, dass sie mit dem Ende der Schwangerschaft resettet werden.«

»Na gut.« Ellen Morland nickt knapp. »Fahren Sie sie weg. Ach, und die Szenarien können ein Refresh vertragen. Wozu sollte man einen Kindersitz benötigen? Ich habe seit bestimmt fünfundzwanzig Jahren kein Auto mehr gesehen. Und dieses ewige Rosa bei den Mädchen. Das ist nahezu antiquiert.«

Lana wird wieder zurückgefahren, zwischen die anderen Frauen.

In ihrem Kopf surrt etwas, nur ganz kurz, dann flackert es vor ihren Augen.

Es ist, als würde sie auftauchen. Und sie begreift. Die Frauen sind Kopien von ihr. Oder sie von ihnen? Mit welcher hat es begonnen, mit welcher wird es enden?

Die Scheinwerfer erlöschen. Es wird dunkel. Lana wartet mit offenen Augen.

Die erste Fehlgeburt kam unvorbereitet. Sie hatte nicht geglaubt, dass ausgerechnet ihr so etwas passieren könnte. Schwanger heißt doch schwanger und nicht: »Da ist im Bauplan was schiefgelaufen, das wäre kein lebensfähiges Kind geworden.« Die zweite Fehlgeburt kam in einem frühen Stadium.

»Das passiert«, haben sie gesagt. Ab der dritten wird alles schwammig. Die erste Totgeburt war ein Einschnitt. Die bis dahin fünfte Schwangerschaft. Das Baby hatte dunkle Haare, mehr ein Flaum, fast schwarz. Es war so winzig. Das Gesicht war noch ganz schrumpelig, die geschlossenen Augen unnatürlich groß. Ein Junge. Ben.

Schließlich war sie zum sechsten Mal schwanger, wieder ein Junge. Er hatte gar keine Haare. Ein schwerer Gendefekt. Er lebte zehn Minuten lang. Sie nannte ihn Elias.

Dann ein weiteres Baby. Es kam viel zu früh und starb nach einer Woche im Brutkasten. Es war das erste Mädchen. Lilli.

Das letzte Baby wurde gestern geboren. Eine Fehlkalkulation der Nabelschnurlänge, ein bedauerlicher Vorfall. Ein kleines Mädchen. Keine Unterversorgung, kein Gendefekt. Gesund und trotzdem tot.

Emma.

DIE AUTORIN: Nicole Hobusch lebt im Bergischen Land. Sie macht beruflich »was mit Medien« und schreibt nüchterne Texte. Viel lieber aber erschafft sie Welten auf Papier, in denen sich das Blatt ein ums andere Mal wendet. Ihre Kurzgeschichten sind in verschiedenen Anthologien und Magazinen erschienen.

DIE ZEICHNERIN: Gabriele Behrend, Jahrgang 1974, lebt und liebt mit Gatten und Kater in Düsseldorf. Neben der Arbeit schreibt sie Kurzgeschichten und Romane, die hin und wieder mit Preisen ausgezeichnet wurden – und manchmal auch eine Weihnachtsgeschichte. Wenn etwas vom Tage übrig bleibt, liest und zeichnet sie oder lässt die Seele baumeln. Kurzum: Sie genießt ein schönes buntes Leben!

Gabriele Behrend

Motherhood V

Man hatte sie zu den schlechten Müttern gesperrt. Einfach so. Aber warum? Hatte sie nicht immer alles für ihre Kinderschar getan? Hatte sie nicht alle versorgt, geliebt, gehegt und gepflegt? Wie oft hatte sie mit Mabel kochen geübt oder das Waschmaschinentraining absolviert? Ihre Kinder konnten alles, was sie können mussten, um in dieser Welt zu überleben. Sie hatte sie gründlich darauf vorbereitet. Sie überlegte also angestrengt. Suchte nur einen Fehltritt, eine falsche Handlung, eine Überforderung oder was man ihr auch immer vorwerfen konnte, aber ihr wollte absolut nichts einfallen. Gleichzeitig verstärkte sich das Zittern in ihren Extremitäten, das immer dann auftrat, wenn sich die Droge abbaute.

»Ich brauche meinen Hustensaft«, murmelte sie. »Ich brauche ihn wirklich dringend!« Sie sah sich um, suchte eine der Wärterinnen, die vor der Gemeinschaftszelle Stellung bezogen hatten.

»He da!«, sie hatte eine ausgemacht, die gerade zu ihr herübersah. »Ich bitte Sie, geben Sie mir meinen Saft!« Sie klammerte sich an die Höflichkeit, die es ihr bislang ermöglicht hatte, unter dem Radar zu fliegen. Nicht aufzufallen, weder vor den Behörden noch vor den lokalen Mitarbeitern der Kindeswohlüberwachung oder den Nachbarn. Sie klammerte sich an diese Höflichkeit, ebenso wie an ihr stets adrettes Aussehen. Jeden Tag eine frische Bluse, ein sauberer Rock. Nur so konnte sie in Ruhe ihren Hustensaft trinken. Ohne dass irgendjemand blöde Fragen stellte.

Die Wärterin reichte ihr mit erhobener Braue ein Pinnchen mit einer Flüssigkeit, die aussah wie der Saft, die roch wie der Saft und die schmeckte wie der Saft. Aber das Zittern blieb. Und ihr dämmerte, dass die Wärterin sie aufs Kreuz gelegt hatte. Sie sah ihr ins Gesicht. Und als ob die Wärterin die ungestellte Frage verstanden hätte, grinste sie breit und dreckig. So eine Antwort wollte ihr nicht schmecken und so hob sie ihre schmalen Fäuste und schüttelte sie gegen die Wärterin. Dies brachte ihr die erste harte Abreibung durch den eiskalten Wasserstrahl aus dem großen Schlauch ein, sowie den kollektiven Unmut der anderen schlechten Mütter, die ebenfalls unverschuldet abgeduscht wurden.

Aber wer war schon unverschuldet in diesem Scheißknast gelandet? Da gab es Mütter, die es zuließen, dass ihre Lebensgefährten ih-

re Kinder misshandelten, seelisch wie körperlich, gewaltsam, brutal, sexuell.

Da gab es Mütter, die ihre Kinder zu Tode fütterten und mit ihrer Liebe in die Fettsucht trieben. Da gab es Mütter, die kaum Geld in wenig ausgebildete Au Pairs steckten, nur um 24/7 arbeiten gehen zu können und sich so davor drückten, sich selbst um die eigene Brut zu kümmern.

Da gab es Mütter, die ihre Kinder nach Strich und Faden verwöhnten, mit Dingen, mit Geld, aber ihre Kinder emotional verkümmern ließen.

Da gab es Mütter, die ihre Kinder nicht förderten und sich überdies nicht darum kümmerten, mit wem die Kids ihre Zeit verbrachten. Sie verschlossen ihre Augen vor der Drogensucht und anderen seelischen Problemen.

Da gab es Mütter, die vor den Augen ihrer Kinder selbst Drogen konsumierten. Und da fand man sie wieder. Sie, das war Hayly Cooper, sechsundzwanzig Jahre alt, Mutter von sechs Kindern und hochschwanger mit Zwillingen. Hayly begriff langsam, wo sie gelandet war. Hierher kamen doch nur Mütter, die versagt hatten. Die ihre Kinder nicht liebten, nicht schützten, nicht stärkten. Aber das war bei ihr doch ganz anders! Alles war gut gewesen, bis sie Johnny nicht mehr in die Früh-Kita gebracht hatte, weil er doch so tief und fest schlief. Die Zuständigen hatten am nächsten Tag vor der Tür gestanden und hatten den immer noch schlafenden Johnny mit sich genommen. Sie hatte sich gewehrt, hatte geweint, gebettelt und gefleht. Er müsse doch seinen Hustensaft nehmen, das Einzige, was helfen würde!

»He da, ich liebe meine Kinder!«, rief sie also mit zitternder Stimme. »Kann ich sie sehen? Ich möchte meine Sonnenblumenkinder sehen! Bitte, ich bitte euch!«

Die Wärterin, eine andere jetzt, denn nach dem Brauseschlauchvorfall hatte es einen Wachwechsel gegeben, trat nahe an das metallene Gittergeflecht der Zelle. »Du wirst deine Kinder nie wieder sehen, du Schlampe. Die sind schon längst bei Pflegefamilien, bei den Eltern, die es wirklich gut mit ihnen meinen. Sie sind bei guten Müttern, verstehst du? Und egal, wie lieb du Bitte, Bitte sagst, du hast es nicht verdient, sie zu sehen, denn du bist eine schlechte Mutter. Und schlechte Mütter haben nichts verdient, gar nichts!«

»Aber einer muss sie doch in den Schlaf singen!« Hayly begann mit zitternder Unterlippe die Melodie von »Twinkle, Twinkle Little Star« zu summen.

»Klappe!«, raunzte die Wärterin. »Deine Kinder haben lange genug geschlafen. Dein Jüngster ist überhaupt nicht mehr aufgewacht, du irre, verantwortungslose Mörderin!«

»Was habe ich denn gemacht?« Hayly starrte die Wärterin, Lydia, wie ein Namensschild verriet, stumpf an. »Ich habe ihm doch immer meinen Hustensaft gegeben. Johnny hatte diese schlimme Bronchitis. Immerzu hat er geschrien, außer er bekam den Saft. Was ist denn daran falsch?«

Die Wärterin schüttelte nur den Kopf. Sinnlos, es war einfach sinnlos, Vernunft in dieses Drogenhirn zu säen, man konnte diese Gedanken förmlich an ihrer Stirn ablesen. Dann drehte sie sich herum und ließ Hayly mit sich allein.

Die erinnerte sich an Johnny, 2, der Kleine mit dem schlimmen Husten. An Cindy, 4, das Blumenmädchen, das so wundervoll malen konnte. An Louise, 5, die immer hungrig war, dieser kleine Fettwanst. An Mabel, 7, die ihr stets mit den Kleinen geholfen hatte. An Steven, 8, und Luke, 9, die Rabauken, die sich jedes Mal durchsetzen konnten und mit den Fäusten schneller waren als mit den Worten. Alles kleine strahlende Sonnenblumen in ihrem Kindergarten. Aber sie waren auch wild und ungestüm, laut und nervig. Sie hingen an ihrem Rockzipfel oder plärrten bis in die Nacht hinein, wenn sie schlafen musste.

Die verschiedenen Väter zahlten unregelmäßig ihren Pflichtunterhalt und keinen Cent mehr, also musste sie sich in zwei Jobs aufreiben, aber es reichte vorne und hinten nicht.

Als sie den Hustensaft zum ersten Mal genommen hatte, hatte sich ihr nervös verknoteter Magen entspannt und Frieden war in ihr rasend schnelles Blut getropft, machte es langsamer, geduldiger, sanfter. Bald schon gab sie den Saft auch ihren Kindern, tropfenweise in deren Soda. Was ihr guttat, konnte den lieben Kleinen doch nicht schaden, oder?

Und so wurden auch die ruhiger mit der Zeit, wurden weich wie Marshmallows und süß wie Zuckerwatte.

Hayly schüttelte den Kopf. So hatte man sie also jetzt abgestempelt, als bad mom. Obwohl sie so voller Fürsorge war.

»Du fühlst dich ungerecht behandelt?« Eine der schlechten Mütter hatte sich an Hayly herangewanzt. »Ich habe mein Kind allein mit dem Fahrrad zur Schule fahren lassen. Habe es nicht selbst dahin gebracht. Hatte weder Zeit noch einen dieser schicken SUVs wie die anderen Helikoptermütter. Und schon denunziert mich meine Nachbarin, so eine, die ihr Leben für ihr undankbares Balg opfert. Und warum? Weil sie neidisch ist, darum. Weil ich ein Leben auch neben meinem Kind habe.« Sie schwieg. »Hatte muss es richtig heißen. Denn jetzt habe ich gar nichts mehr. Jetzt sitze ich hier fest, mit dir und den anderen. Sie können uns nicht alle töten«, erklärte sie dann. »Aber sie können uns das nehmen, was wir angeblich unseren Kindern nehmen: ein normales Leben.« Sie sank in sich zusammen, kauerte sich an das Metallgeflecht und krallte ihre Finger dort hinein, als sei dies der einzige Halt, den sie in diesem Wahnsinn finden konnte. »Es war doch nur ein einfacher Armbruch, nichts Weltbewegendes. Einen Sommer Auszeit vielleicht für den Racker, aber nicht mehr. Dann wäre alles wieder verheilt gewesen. Und gut. So gut.« Sie seufzte.

Hayly hatte nur einen Satz behalten. »Sie können uns nicht alle töten?«, kreischte sie unvermittelt. »Heißt das denn, dass sie das tun? Töten sie uns? Und wenn ja, wen denn? Weiß man das vorher? Wie kann man sich davor schützen?« Mit weit aufgerissenen Augen starrte sie an die erbsgrüngraue Decke. »Ich will nicht sterben!«, brüllte sie dramatisch, denn echte Angst war schon lange vom Hustensaft aus ihrem Körper gespült worden.

Das brachte ihr die zweite Dusche ein und eine anschließende Gruppenkeilerei mit den schlechten Müttern, die keinen Bock mehr auf die Querulantin hatten.

Irgendwann wachte sie zitternd und ausgelaugt auf der Krankenstation auf. »Wo bin ich? Im Himmel?« Aber nein, auch die Wände dieses kargen Raumes waren erbsgrüngrau, also musste sie immer noch in Motherhood V gefangen sein.

»Du hast deine Babys verloren.« Eine Ärztin stand an ihrem Bett. »Bei der Schlägerei haben sie dir mehrmals in den Bauch getreten. Wir mussten den Uterus mit seinem Inhalt entfernen. Er war rupturiert. – Gerissen.« Übersetzte die Ärztin. »Da war nichts mehr zu machen.«

Hayly schwieg. Keine weiteren Sonnenblumen in ihrem Kindergarten? Sie runzelte die Stirn. »Was mache ich denn jetzt?«

»Pack deine Sachen und geh.«

»Was? Warum?«

»Biologisch kannst du nie wieder eine Mutter sein. Rechtlich bist du es schon längst nicht mehr. Also hast du hier keinen Platz.«

»Ich kann also zurück in mein normales Leben? Ich darf wieder frei herumlaufen?«

Die Ärztin sah sie skeptisch an. »Ich weiß ja nicht, was ein normales Leben für dich bedeutet. Aus deinen Papieren geht Schlimmes hervor. Wenn du so weitermachst wie bisher, wird dieses normale Leben nicht allzu lange dauern.«

»Aber sie können mich jetzt doch nicht mehr töten, oder? Die Leute von hier.«

Die Ärztin klappte die Akte zu und hielt sie in ihren verschränkten Händen. »Nun, das kommt drauf an. Fakt ist, dass dein jüngster Sohn in deiner Obhut zu Tode gekommen ist. Verklagt man dich auf Mord, dann richte dich auf die Todesstrafe ein. Wenn du Pech hast, dann kriegt man dich nur wegen Totschlag dran. Dann könntest du zwar mit Lebenslänglich davonkommen. Aber eben nicht hier, nicht in Motherhood V. Dann kommst du in den normalen Knast. Aber was die da mit schlechten Müttern anstellen, du liebe Güte. Die Damen sind nicht zimperlich. Ich wüsste schon, welche Variante ich wählen würde.« Mit einem Achselzucken drehte sie sich zum Gehen.

»Welche ist das denn?«, fragte Hayly leise, in einem überraschend klaren Moment.

»Na denk mal selbst nach. Todesstrafe, da ist alles recht schnell vorbei, sauber und auf Staatskasse. Lebenslänglich? Glaube mir, du wirst nicht nur einmal auf irgendeiner filzigen Krankenstation aufwachen.«

»Das ist alles, was ich will.« Hayly schaukelte vor und zurück. »Alles, was ich will, nicht hier sein, nicht hier sein.« Als ob nichts, von dem was die Ärztin ihr gerade erzählt hatte, zu ihr vorgedrungen wäre. Der klare Moment ging so schnell vorbei, wie er gekommen war.

Drei Monate später endete ihr Drama. Sie hatte tatsächlich Glück gehabt. Man hatte sie wegen Mordes drangekriegt. Vernachlässigung des Kindes, schwere Körperverletzung, Mord aus niederen Beweggründen. Ein Kind schrie nun mal, wenn es Hunger hatte. Deswegen sollte man es aber nicht unter Drogen setzen. Allerdings hatte Hayly dies zu keinem Zeitpunkt richtig nachvollziehen können. Und so sang sie sich und Johnny, den sie in immer noch ihren Armen wähnte, auf der Liege in den Schlaf; Twinkle, twinkle, little star, how I wonder what you are. Dann wurde es sehr still in ihr und sehr kalt.

DIE AUTORIN: Gabriele Behrend, Jahrgang 1974, lebt und liebt mit Gatten und Kater in Düsseldorf. Neben der Arbeit schreibt sie Kurzgeschichten und Romane, die hin und wieder mit Preisen ausgezeichnet wurden – und manchmal auch eine Weihnachtsgeschichte. Wenn etwas vom Tage übrig bleibt, liest und zeichnet sie oder lässt die Seele baumeln. Kurzum: Sie genießt ein schönes buntes Leben!

DIE ZEICHNERIN: Marianne Labisch erblickte 1959 als Sonntagskind in München das Licht der Welt und wuchs in NRW, mitten im Ruhrpott, auf. Seit 2010 werden ihre Kurzgeschichten in Anthologien veröffentlicht. 2015 wurde »Revenge«, die erste Kurzgeschichte, die sie unter dem Pseudonym Diane Dirt schrieb, für den Deutschen Science-Fiction-Preis nominiert. Außerdem ist sie seit 2015 als Lektorin, Herausgeberin und Illustratorin tätig. Marianne Labisch ist Mitglied der Autorengruppe Phantastischer Oberrhein. Sie lebt mit ihrem Mann in Baden-Württemberg. Weitere Infos auf: mluniverse.wordpress.com

Heidrun Jänchen

Ich bin die Auferstehung und das Leben

Helena wusste nicht, ob sie Albträume gehabt hatte. Wenn, dann hatten sie sich mit der künstlichen Dämmerung aufgelöst, ohne eine Erinnerung zu hinterlassen. Aber sie fühlte sich müder als am Abend. Albträume, an die man sich nicht erinnerte, waren die schlimmsten, denn man konnte sie nicht bei Tageslicht betrachten, nicht herausfinden, dass die Geister nicht mehr als Bettlaken auf der Leine waren. Wobei Tageslicht um diese Jahreszeit auf dem Stützpunkt knapp war. Es würde noch lange Winter sein.

Kaltes, hartes Licht hob den Eingang des Reproduktionsgebäudes aus der Finsternis und ließ zugleich die Schatten noch undurchdringlicher erscheinen. Das Gebäude wirkte nüchtern und steril. Nur aus der Luft konnte man erkennen, dass es die Form eines riesigen Uterus hatte. Helena wusste nicht, was die Verantwortlichen bewogen hatte, dem Architekten diese Albernheit durchgehen zu lassen. Die befremdliche Form hatte sie nur einmal gesehen – bei der Landung zu ihrem Dienstantritt.

Sie legte die linke Handfläche auf den Scanner, und die äußere Tür öffnete sich lautlos. Drinnen schaute sie in den Retinascanner, und die innere Tür klappte mit einem leisen Knarren nach links und rechts. Helena zog die Sauerstoffmaske vom Gesicht und schloss das Ventil.

An Tagen wie diesem verfluchte sie die Architektur der Basis, die sie – im Namen von Moderne, Offenheit und Transparenz – zwang, an den Tanks vorbei zu ihrem Arbeitsplatz zu gehen. Transparenz! Ausgerechnet hier. Natürlich wären die Tanks auch dann da gewesen, wenn man statt der Panzerglasscheibe eine Ziegelmauer gebaut hätte. Doch man hätte sie nicht sehen müssen.

Im gedämpften, blaustichigen Licht erkannte Helena die Körper, die reglos in isotonischer Lösung schwammen: Männer und Frauen, groß, klein, dünn, kräftig, hell, dunkel. Hunderte. Sie bemühte sich, die Tür am Ende des Korridors zu fixieren. Nicht hinsehen. Nicht würgen. Im Schutz ihres kleinen Arbeitsraumes würde die Übelkeit nachlassen. Wenigstens hatte man den Flur entlang die fast vollständigen Exemplare angeordnet. Wenn man es nicht besser wusste, konnte man glauben, dass sie nur schliefen. Die Skelette standen auf der anderen Seite des BioPrint-Labors. Auch die weichen, bleichen Gehirne. Symbolik! Der Architekt hatte sich für ein Gebäude in Form eines Uterus entschieden, warum auch immer auf diesem gottverlassenen Planeten, wo es ein obskurer Bestandteil einer Militärstation war. Eines transparenten Uterus. Symbolik und Transzendenz, irgend so etwas hatte in der Beschreibung gestanden, die sie vor Unzeiten gelesen hatte. Helena schob den Gedanken entschlossen beiseite.

Justine kam ihr aus dem Quergang entgegen. »Dreiundsiebzig«, sagte sie anerkennend und schlug Helena auf die Schulter. »Dreiundsiebzig Minuten. Du machst irgendetwas richtig.«

Ein flüchtiges Lächeln flog über Helenas Gesicht, ein Lächeln, das ihr Gehirn nicht erreichte. Dreiundsiebzig. Es war so lächerlich. Sie nickte trotzdem, blieb aber nicht stehen.

»Ich bin die Auferstehung und das Leben«, nuschelte sie ihre Labortür an, die mit einem pneumatischen Seufzen zur Seite fuhr.

Ehe das Labor etwas sagen konnte, quetschte sie ein »Kaffee!« heraus. Ohne Kaffee würde sie den Tag nicht überleben. Sie schämte sich, kaum hatte ihr weiches, bleiches Gehirn diesen Gedanken zu Ende gebracht. Dreiundsiebzig, und ich jammere. Das Mahlwerk rumpelte.

Verglichen mit dem sterilen Weiß des Korridors wirkte das Labor beinahe wohnlich. Sie hatte die Richtlinie, keine persönlichen Dinge in die Arbeitsräume zu bringen, elegant umschifft. Die bunten Bilder an den Wänden waren keine Urlaubsfotos, sondern Erinnerungen. Sie waren Arbeit. Die Inspekteure hatten die Nase gerümpft, aber die akribische Beschriftung mit Datum, Uhrzeit und Todesursache hatte sie verunsichert. Dokumentation war Wissenschaft, Wissenschaft im Dienste des Krieges. Sie hätte niedliche Katzenfotos aufhängen können, ohne ein Disziplinarverfahren zu riskieren. Wahrscheinlich aber war sie den Inspektoren einfach zu unheimlich.

Man hatte ihr drei Verluste zugeteilt. Sie scrollte durch die Files: Adam Hunter, Sebastiano Alvarez, Yen Chao. Alte Bekannte. Sie musste nicht nachlesen. Hunters Eltern waren bei einer Ernte der Fremden gestorben, Alvarez' Schwester im Einsatz verschollen. Chaos Dorf war vernichtet worden. Sie selbst hatte überlebt, weil sie gerade eine Freundin in der Stadt besucht hatte. Als sie am Abend zurückkehrte, hatte sie nichts als schwarze, verbrannte Erde gefunden. Sie waren Freiwillige, die gegen die Fremden kämpften, weil Schmerz und Hass ihnen keine Ruhe ließen.

Helena nippte an ihrem Kaffee und warf einen Blick auf den Einsatzbericht. Das fühlte sich wie Arbeit an, war aber ein Vorwand, um das Unvermeidliche hinauszuzögern. Ich will das nicht mehr, dachte sie, obwohl sie wusste, dass sie weitermachen würde. Weiter und immer weiter.

Schließlich entfernte sie die Abdeckung von der Buchse in ihrem Schädel und verband sie mit dem Interfacekabel. Für einen Moment fühlte es sich an, als zerstiebe sie in Milliarden Staubpartikel, eine mentale Supernova. Ein leerer Raum tauchte vor ihren Augen auf. Zumindest fühlte es sich so an, obwohl es der Raum hinter ihren Augen war. Sie wandte sich nach rechts, wo eine Tür mit dem Namensschild »Alvarez« erschien. Sebastiano war ein extrem stabiler Charakter. Er glaubte daran, seine Schwester sei irgendwo in der Raumstation. Jedenfalls ein Teil von ihm. Ein anderer Teil war überzeugt, dass ihr winziges Kampfschiff abgeschossen worden war: eine plötzlich aufblühende Feuerblume und dann nur noch Trümmer im All, die zu Eis erstarrten. Er wurde nicht verrückt, aber er blieb motiviert.

Die Schwester, selbst eine Freiwillige, war Helenas Idee gewesen. Die verdammte Schwester.

Entgegen ihrem ersten Impuls entschied sich Helena für die Tür mit der Aufschrift »Hunter«. Er übernahm in aller Regel die Führung, weil er ein phänomenales Erinnerungsvermögen für Bilder hatte.

Den größten Teil der Aufzeichnungen übersprang Helena. Die Wartezeit im Shuttle, während ein operativer Verband die Station massiv angriff. Der Angriff war aussichtslos. Bei keinem der dreihundertacht Einsätze hatten sie die Station ernsthaft beschädigt. Nur die Sensorik zerschossen sie jedes Mal.

»Ich weiß, es ist verrückt«, sagte Sebastiano zu Yen, »aber ich denke immer, ich könnte Oriana da drin finden. Irgendwo in diesem Monster könnte sie sein. Und warten.«

»Ich sag dir Bescheid, wenn ich sie irgendwo sehe«, erwiderte Yen.

Sebastiano lächelte.

»Ich will denen nur beibringen, dass sie nicht einfach so andere Planeten überfallen und ungestraft davonkommen können«, erklärte Adam. Sebastiano hatte das Gefühl, das schon hundertmal gehört zu haben.

Der Anflug auf die Station. Auf der Seite, die irgendjemand »vorn« getauft hatte, blieben ihnen sechsunddreißig Minuten, bis der erste Sensor wieder funktionieren würde. »Hinten« waren es nur zweiundzwanzig. Natürlich hatten sie von vorn angegriffen, nachdem sie das herausgefunden hatten. Es war ihnen gelungen, dort einzudringen – und auf den ersten zehn Metern zu sterben. Vorn war eine zuverlässig funktionierende Falle. Die Einsatzteams hatten auf jede denkbare Weise ausprobiert, dem Ausbruch grellweißen Lichtes zu entkommen, der sie wieder und wieder verdampfte wie Schneeflocken.

Bis Yen irgendwann gesagt hatte: »Wir sollten es von hinten versuchen. Zweiundzwanzig Minuten sind eine halbe Ewigkeit. Wenn das Ding symmetrisch ist, sehen die Ladeschleusen dort genauso aus wie vorn.« Sie waren immer in weniger als zehn Minuten drin gewesen.

Der Marsch durch die Korridore, die keiner menschlichen Logik folgten. Die automatischen Fallen, von denen sie nicht wussten, ob es tatsächlich Fallen waren oder nur unverständliche Maschinerien, die von ihnen keinerlei Notiz nahmen. Adam war gut darin, sich all das zu merken. Er hatte ein fotografisches Gedächtnis. Genau deshalb war er in diesem Programm.

Die Fliegenklatsche. Ein großes flaches Ding, das umklappte, wenn man darunter trat. Sie verkeilten den Mechanismus. Irgendwo in den Tiefen der Station machte sich ein Roboter auf den Weg, um die Störung zu beseitigen. Sie mussten im nächsten Segment der Station sein, ehe er eintraf. Sonst räumte er auf.

Eine Lichtdusche aus Alphastrahlen, die die Zellen des Körpers kochte, wenn man hineingeriet. Erntemaschinen, jene grausigen Dinger, die irdische Biomasse innerhalb von Minuten in Matsch verwandelten, den ihre beweglichen Rüssel einsaugten. Raster aus Laserstrahlen. Bodenplatten, die sich plötzlich in Luft auflösten und tiefe Schächte freigaben, die dank künstlicher Schwerkraft an ihrem anderen Ende sehr tödlich waren. Gase, die das Material der Raumanzüge auflösten. Und das Material, aus dem Menschen gemacht waren gleich mit. Förderbänder, aus denen unversehens schwere, scharfkantige Haken ausklappten.

Nie sahen sie die Fremden. Nie gerieten sie in ein Gefecht. Die Fremden schienen sie, sobald sie nicht mehr in einem Raumgleiter saßen, einfach zu ignorieren. Im Gegensatz zu Maschinen. Keine Drohne war je tiefer als ein paar Meter in die Station eingedrungen. Innerhalb von Sekunden verlor die Basisstation den Kontakt.

Adam hob die flache Hand, signalisierte den anderen beiden, dass sie stehen bleiben sollten. Helena schaltete auf Normalgeschwindigkeit, eine reflexartige Bewegung ihres rechten Zeigefingers. Ein Ding mit sechs langen, elastischen Beinen kreuzte den Weg des Intrusionsteams. Anfangs hatten sie geglaubt, das wären die Fremden, bis sie auf ihrem Weg auf ein defektes Exemplar gestoßen waren. Ein anderes Ding hatte die Außenhülle geöffnet und schraubte darin herum. Roboter. Roboter, die überall in der Station unterwegs waren, um Dinge zu tun. Sie kümmerten sich nicht um Menschen, wenn diese ihnen nicht vor den mechatronischen Füßen herumstanden. Hindernisse, die im Plan der Station nicht vorkamen (und, wie Yen vermutete, nicht mit anderen Robotern kommunizierten), wurden aus dem Weg geräumt, verdampft.

Helena glich das Ereignis mit allen anderen gleichartigen Robotern ab. Es gab keine Korrelation. Die Dinger tauchten an den unterschiedlichsten Orten und ohne einen Zusammenhang mit anderen, rhythmischen Vorgängen in der Station auf. Zumindest hatten sie noch keinen gefunden, der mehr als eine Zufallskorrelation gewesen wäre.

Weiter. Adam schaute nach links, rechts, oben, unten.

»Hinter uns kommt eins«, warnte Sebastiano. Ein Quietschen in seiner Stimme verriet seine Anspannung.

Adam fluchte und lief in den Gang nach rechts, aus dem das andere Ding gerade gekommen war. Yen und Sebastiano beeilten sich, ihm zu folgen. Ding Nummer zwei bog nach rechts ab, dem ersten hinterher.

»Der Plan sieht vor, dass wir geradeaus weitergehen«, sagte Sebastiano. »Soll ich?«

»Mach. Warte auf der Kreuzung.«

Dort war genug Platz, dass Adam an den anderen beiden vorbeigehen und wieder die Führung übernehmen konnte.

Manche Korridore waren so eng, dass die Haut ihrer Schutzanzüge an den Wänden scheuerte. Andere waren breit wie eine vierspurige Autobahn. Beide waren gefährlich. Man konnte sich den Anzug aufreißen – oder von einer riesigen Maschine umgefahren werden. Der Gang geradeaus war mittelbreit, aber stockfinster, zumindest im sichtbaren Bereich. Die Sensoren zeigten Strahlung im mittleren Infrarotbereich an.

»Ich erinnere mich nicht an diesen Gang«, sagte Adam, und seine Worte hörten sich an, als wühle er noch in seinem Gedächtnis herum. »Wir müssen auf der Kreuzung den Unfall gehabt haben.«

Die anderen beiden murmelten eine Zustimmung. Sie schalteten das Nachtsichtmodul ein, und die Umgebung leuchtete in einem tiefen Rot auf. Der Gang war leicht gekrümmt. Jedenfalls sah man nicht, wo er endete. An den Seiten entlang zogen sich Rohre und ein merkwürdiges, etwa schulterhohes Gitter.

Adam berührte mit dem Handschuh die Wand zur Rechten und deutete dann eine Wellenbewegung an.

Yen zog ein flaches Gerät aus der seitlichen Beintasche und drückte die Schmalseite gegen die Wand. Ein winziger Zeiger begann, Wellenlinien auf einen Papierstreifen zu zeichnen. Keine Elektronik. Elektronische Geräte versagten häufig in der Station. Selbst die Funkgeräte fielen an manchen Stellen aus. Gab es Muster in den Ausschlägen? Irgendetwas Verwertbares? Adam hatte einen Blick darauf geworfen, einen Blick wie den einer Kamera.

Helena kopierte die Erinnerung. Es war zu wenig. Sie versuchten, die Muster zu analysieren, aber sie hatten nie genug Daten, und außerdem waren sie zu ungenau. Niemand hatte je einen der beschriebenen Papierstreifen zu Gesicht bekommen. Sie hatten nichts als einen flüchtigen Eindruck.

Die drei gingen weiter, und nichts geschah. Die Totenstille in der Station war das Schlimmste. Keine Luft, kein Schall. Die schweren Maschinerien auf der oberen Ebene bewegten sich völlig lautlos. Die drei Kundschafter sprachen nur das Nötigste, weil sie nicht wussten, ob die Station die elektronische Kommunikation belauschte. Mit jedem Schritt wurde Adam nervöser. Er konnte mit plötzlichen Gefahren umgehen, aber nicht mit völliger Ereignislosigkeit.

Eine Ewigkeit später drehte er sich um. Die Infrarotlampen der beiden anderen blendeten ihn für einen Augenblick, aber das System regelte die Helligkeit der Anzeige herunter. Er breitete die Arme aus, und seine Hände berührten links und rechts die Wände. Yen und Sebastiano nickten. Der Gang verjüngte sich zu einem sehr langen Trichter.

Schließlich endete der Gang. In der Stirnwand befand sich nur ein schmales, fünfeckiges Loch, zu schmal für Adam.

»Lass mich«, sagte Yen. Sie quetschte sich an ihm vorbei. Die Schutzanzüge verhakten sich ineinander, und sie mussten sich im Gang zurück arbeiten, bis er breit genug war, um sie zu lösen.

Schutzanzüge überprüfen, seitlich, auf vorstehenden Kram, notierte Helena. So etwas durfte nicht passieren.

Adam befestigte das Seil an Yens Anzug. Dann kletterte sie in das Loch. Adam ließ langsam Seil nach, nur so weit, dass er ihren Zug spürte. Die Zeit dehnte sich zu einer Ewigkeit.

»Was ist?«, fragte er schließlich.

»Scheißeng«, kam es zurück. »Nichts sonst.«

Eine weitere Ewigkeit, dann ein sehr kurzer Schrei, und das Seil erschlaffte.

Adam zog daran und spürte keinen Widerstand. »Yen?«

Keine Antwort. Nichts.

»Verdammt«, sagte Sebastiano.

Adam zeigte ihm das Ende des Seiles. Es schien verbrannt zu sein, soweit man das im schwarz-roten Bild des Nachtsichtmoduls erkennen konnte. Er schüttelte den Kopf.

Sebastiano legte die Linke auf die Wand. Mit der rechten Hand zeigte er eine starke Wellenbewegung an. Die Vibration verstärkte sich. Adam folgte seinem Beispiel und nickte.

»Raus«, sagte er.

Sie rannten. Wenn die Station ihre Aktivität hochfuhr, wurde es gefährlich.

Adam sah nur ein Gitter aus Blitzen vor sich, grell blauweiß, schmerzhaft nach der roten Dämmerung des Nachtsichtgerätes. Sebastiano stürzte und blieb reglos liegen.

»Seb?«

Keine Antwort.

Adam fluchte innerlich. Der Gang war ein Fehler gewesen, und wenn er nicht zurückkehrte, würde das nächste Team in die gleiche Falle laufen.

Blitze zuckten vor ihm hin und her. Er schaltete das Nachtsichtmodul aus und wartete bewegungslos. Mit einem Mal spürte er einen Druck in der Blase. Stress, redete er auf sich ein, das ist nur der Stress. Aber es wurde nicht besser.

Schließlich hörten die Blitze auf. Adam sah auf die Uhr. Es waren lediglich sieben Minuten vergangen. Vorsichtig machte er einen Schritt nach vorn. Nichts geschah. Auch auf dem Hinweg war nichts geschehen, aber das musste nichts bedeuten. Niemand wusste, ob die Station auf die Menschen in ihrem Inneren reagierte oder einfach nur unverständliche Dinge tat.

Schritt für Schritt tastete er sich in Richtung Hintereingang, immer wieder innehaltend. Wenn er nicht zurückkehrte, wäre alles umsonst gewesen. Er zwang sich, langsam zu gehen. Er stieg über das Hindernis am Boden und versuchte, nicht daran zu denken, dass es vor diesen sieben Minuten noch Sebastiano gewesen war. Es gelang ihm nicht.

Der Gang schien länger geworden zu sein. Viel länger. Adam zählte seine Schritte. Endlich sah er einen hellen Fleck, den Ausgang auf die Kreuzung. Nicht entspannen, ermahnte er sich. Es ist vorbei, wenn ich im Shuttle sitze und außer Reichweite der Waffen bin. Noch ein Schritt, noch einer …

An dieser Stelle endete die Erinnerung. Unmittelbar bevor Adam aus dem Gang getreten war, war das letzte Datenpaket gesendet worden. Dass es kein Weiteres gab, hieß, dass er kurz darauf gestorben war. Unglücklicherweise gab es keinerlei Hinweis darauf, wodurch er ums Leben gekommen war.

Helena seufzte und drehte sich um. Da war die Tür mit dem grünen Notausgangschild. Sie trat hindurch, und vor ihren Augen tauchte das Labor auf. Für einen Augenblick hatte sie das Gefühl zu fallen, aber es verlor sich rasch. Ehe ihr Magen reagieren konnte, hatte sie ihren Blick im Raum verankert. Alles war stabil.

Sie las den Tracker aus und ließ den Computer den Weg des Teams modellieren. Der Gang war ein Problem. Stirnrunzelnd markierte ihn Helena rot. Sie musste die gesamte Erinnerung löschen, weil es keine logische Fortsetzung gab. Die drei wären nie einfach umgekehrt, und wenn sie Yens Eindringen in den engen Schacht nicht löschte, dann konnte sie auch Yens Tod nicht löschen, und dann war die Ressource verbrannt – nicht nur ganz real, sondern auch metaphorisch.

Sie kopierte einen Teil des Blitzgewitters in umgekehrter Richtung in die Erinnerung – ein flüchtiger Blick in den Gang, der eine Gefahr bestätigte, die eine andere Gruppe gemeldet hatte. Eine Gruppe, die leider unmittelbar nach dem Einsatz verstorben war … Sie durchsuchte die drei Profile nach dieser Story, aber offenbar hatte sie sie noch nicht verwendet.

Noch einmal tauchte sie in die virtuelle Erinnerungswelt ein. Am Ende von Sebastianos Leben war nichts Verwertbares – er war den Gang entlang gerannt, und dann gähnte einfach ein schwarzes Loch.

Und Yen … Es war klaustrophobisch eng in der Röhre. Yen hatte die ganze Zeit mit dem Gedanken gekämpft, sie könnte stecken bleiben und weder vorwärts noch rückwärts aus der Röhre herauskommen. Wieder und wieder erinnerte sie sich an das Seil, dessen Ende ihre beiden Kameraden hielten. Und wenn es riss? Helena bewunderte den Mut der jungen Frau, die ihrer Angst zum Trotz immer weiter gekrochen war. Plötzlich spürte sie eine unerträgliche Hitze. Die akute Stressreaktion hatte einen letzten Datentransfer getriggert.

Diesmal musste sich Helena in Erinnerung rufen, dass sie sich nur geistig umdrehen musste, dass Gedanken unmöglich in einen

Lüftungsschacht feststecken konnte. Sie zitterte, als sie aus dem virtuellen Raum kam. In ihren Albträumen würde sie sich an diese Erfahrung erinnern. Noch dazu war es komplett nutzlos gewesen. Yen hatte praktisch nichts als die Wand unmittelbar vor ihrem Gesicht gesehen, und es war kaum möglich, auch nur die Strecke abzuschätzen, die sie in die Röhre eingedrungen war.

Helena suchte einen anderen Erinnerungsfetzen aus ihrem Archiv. Ein sechsbeiniger Roboter, der den drei Kundschaftern entgegengekommen war, Einsatz sechzehn. Das war ein plausibles Ende für die Mission, auch wenn es nicht recht erklärte, wie sie aus der Station wieder herausgekommen waren.

Einige Zeit erwog sie, den gesamten Missionsplan in der Erinnerung zu modifizieren, den Plan, der sie in den Gang geschickt hatte. Aber die Gefahr, dabei etwas zu übersehen, war ihr zu groß. Wenn Adam in den Gang hineinschaute und dort die Blitze zwischen den Wänden sah, dann wäre es eine logische Entscheidung, den Gang als gefährlich zu markieren und stattdessen geradeaus weiter zu gehen. Dazu musste sie die Erinnerung nur minimal modifizieren und das Ende anflicken.

Ein Rettungsteam hatte sie da herausgeholt. Team ETA. Drei Gestalten in Schutzanzügen und Alicias Stimme: »Alles gut. Wir bringen euch in Sicherheit. Alles wird gut.« Ein Shuttle, hellgraue, gekrümmte Decke, viel Licht, ein kräftiger Mann mit rasiertem Schädel, Tom. Er holte sie aus den Anzügen, und Alicia stülpe ihnen die Sauerstoffmasken über. Ephraim tauchte nicht auf. Er flog das Shuttle. Jeder kannte Team ETA. Die Walküren, die die toten Krieger nach Walhalla brauchten, nur dass Walhalla ein Server war. Es war Routine.

Den Merge der Erinnerungen der vorherigen einunddreißig Einsätze übernahm die KI. Gefährliche Abzweigungen blockte Helena sofort nach der Mission, um zu verhindern, dass das Team auf Ideen kam und wieder in die Falle lief. Sie bereinigte akribisch alles, was nicht zu ihrer Version des Endes passte. In den Imagos überlagerten sich einunddreißig Bilder des Eingangs, Achtundzwanzig Mal die Fliegenklatsche, dreiundzwanzig Mal die Lichtdusche aus Alphastrahlen, neunzehn Mal ein Loch im Boden. Sie wurden von Mal zu Mal genauer, reicherten sich mit Details an. Kein normaler Mensch würde sich so gut an irgendetwas erinnern, aber niemand wundert sich, wenn er etwas zu gut kann.

Helena rieb sich die Augen, obwohl fast alles in ihrem Gehirn stattgefunden hatte. Es war eine irrationale Reaktion. Sie stand auf und lief im Labor auf und ab, hob sich auf die Zehenspitzen und dehnte sich.

»Kaffee«, seufzte sie, und die Maschine begann, zu knirschen und zu fauchen.

Helena hatte keine Ahnung gehabt, was auf sie zukam, als sie sich freiwillig als psychologische Betreuerin für Einsatzkräfte gemeldet hatte. Sie hatte Menschen helfen wollen, Traumata zu überwinden. Sie hatte immer Menschen helfen wollen; deshalb hatte sie Psychologie studiert. Und jetzt ... Sie dachte den Gedanken nicht zu Ende. Sie hatte ihn schon viel zu oft gedacht.

Da draußen starben Menschen, weil die Eos-Kolonien mit einem Feind konfrontiert waren, den keiner verstand. Jeden Tag starben Menschen, die nicht wieder auferstehen würden. Das war genug Motivation. Sollte genug sein.

Eine halbe Stunde drückte sie sich vor der Arbeit, indem sie Yen Chaos Erinnerungen an das Dorf aufbesserte. Sie schrieb eine Erinnerung mit einem Spätsommertag, Vögeln, die sich zu großen Schwärmen zusammenfanden, und einer Schulfreundin, Yu. Die beiden hatten Beeren geerntet und sich aus Blüten Kränze geflochten. Für einen Nachmittag waren sie Fruchtbarkeitsgöttinnen gewesen. Es war eine romantische Erinnerung. Helena hatte eine Ausrede dafür. Beim vorletzten Einsatz hatte Chao gesagt, sie könne sich immer weniger an das Dorf erinnern. Es komme ihr vor wie ein Traum. In der wirklichen Welt gäbe es weder Vögel noch Blumen, nur den Krieg und das Monster von Station, das in der Kälte und Leere des Alls hinge.

Das war zu nahe an der Wahrheit.

Sie würde die nächsten drei Tage damit verbringen, die Aufzeichnungen aller drei wieder und wieder anzuschauen. Die KI tat das Gleiche, aber sie neigte dazu, seltsame Dinge wichtig zu finden – einen Tropfen auf dem Boden, einen Kratzer an irgendeiner Wand, nur weil er bei einunddreißig früheren Missionen nicht dort gewesen war. Helena zog die Persönlichkeiten ihrer drei Verluste an wie einen Pullover. Sie versuchte zu fühlen, was die drei gefühlt hatten.

Klaustrophobie induzieren?, notierte sie auf ihrem virtuellen Pad. Das konnte ein Fehler sein – oder auch nicht. Hätte Yen Chao sich ein klein wenig vor der Öffnung in der Wand gefürchtet, dann hätte sie nicht versucht, dort einzudringen. Sie hätte überleben können.

Jedenfalls für eine Viertelstunde oder so.

Aber die ganze Station war eine Falle. Wenn sie es übertrieb, würde Chao eine Psychose entwickeln und die Mission gefährden. Helena runzelte die Stirn und trommelte mit den Fingern auf den Tisch. Yen Chao sollte Angst vor genau dieser Öffnung haben. Was, wenn sie Yens Erinnerung als die eines anderen …? Nein, Adams Erinnerungen.

»Mache mir aus dem Mindstream von Hunter, Markierung sieben, eine Rekonstruktion, die wirkt wie die Animation eines Berichtes«, sagte sie. Die KI begann zu arbeiten. »Nebenbedingung: Ersetze Yen Chao durch eine andere Persönlichkeit, bevorzugt männlich. Und mach mir einen Kaffee.«

Vielleicht würde Yen nicht in diese Falle gehen. Vielleicht würde der Gang keine Blitze schleudern. Sie konnten auch den Missionsplan ändern und den ganzen Gang blockieren. »Ich brauche eine zweite Animation aus Hunters Mindstream, Alvarez' Tod und die Blitze. Ersetze Alvarez durch eine deutlich kleinere Person. Und achte auf die verdammten Namensschilder. Keine Namen, nur abstrakte Zeichen.«

Sie sah Yens persönliche Dinge durch. Der Katalog war ernüchternd. Es gab nichts Nutzloses darin. Das hätte ihr früher auffallen müssen. Yen brauchte etwas, das ihr bewies, dass das Dorf existiert hatte. Helena starrte an die Wand. Ein Geschenk der besten Freundin. Ein winziges Plüschtier, oder? So ein daumengroßes Irgendwas. »Plüschtiere«, sagte sie, »kleine Plüschtiere.«

Die KI bot ihr eine Auswahl an – Küken, Saurier, Hund, Ameisenbär … Helena grinste. Ameisenbär?! Was noch? Aber der winzige Kerl mit der überlangen Nase sah tatsächlich aus wie etwas, das man von einer besten Freundin bekam. Er war speziell. Sie tippte auf das Bild. Irgendwo im Komplex begann ein Drucker zu arbeiten. »Und nutze ihn ein bisschen ab«, sagte sie, »wie etwas, das man drei, vier Jahre mit sich herumgeschleppt hat.«

Sie rührte eine Erinnerung zusammen, ein Nachmittag mit Jinjin auf dem Rummel. Die Mädchen hatten Lose gezogen. Yen hatte sich einen riesigen hellblauen Elefanten gewünscht, aber ihre fünf Lose waren alle Nieten gewesen, während Jinjin einen Ball und den Ameisenbären bekommen hatte. Sie hatte ihn Yen zum Trost geschenkt, und Yen hatte sich nie von ihm getrennt.

Das war gut, eine Erinnerung zum Anfassen. Helena fügte eine zweite hinzu: eine verschrumpelte, wurmstichige Eichel von dem Baum, unter dem Yen zum ersten Mal geküsst worden war. Sie kippte alles an Emotionen hinein, was die KI zu bieten hatte. Das

sollte reichen, um Yen den Glauben an das Dorf wiederzugeben. Den Glauben an ein Dorf, das nie existiert hatte.

Am dritten Tag schickte sie Justine eine Nachricht, dass es an der Zeit war, Adam aus dem Koma zu holen.

Sie ging hinüber in den Geburtskanal. »Am dritten Tage auferstanden von den Toten«, murmelte sie. Der Satz beschrieb so unheimlich genau ihre Arbeit, dass sie ihn nie wieder vergessen hatte.

Adam lag wie immer in einem Lazarettbett, umringt von medizinischen Gerätschaften. Der Bettbezug war orangegelb, der Raum in einem freundlichen Hellgrün gestrichen – mit weißen Blumenornamenten. Sehr optimistisch. Positive Farben.

Adam Hunter war blass. Sie waren alle blass, weil es auf dem Planeten nur spärlich Sonnenlicht und eine ungesunde Atmosphäre gab, in der man ohne Sauerstoffmaske nicht überlebte, aber Adam war blasser. Sein Gesicht hatte nichts Heldenhaftes. Es war ein wenig unsymmetrisch, die Nase schief und zu lang. Sein schmutzigblondes Haar klebte verschwitzt an seiner Stirn. Helena strich ihm behutsam mit dem Zeigefinger über die bartstoppelige Wange. Sie hatte schon so oft an seinem Bett gesessen und ihm gut zugeredet. Sie liebte ihn, wie man einen Sohn liebt, und sie hoffte so sehr, er würde derjenige sein, der irgendwann das Monster im verzauberten Schloss erschlug. Man erwartet immer zu viel von seinen Kindern.

Seine Augenlider flatterten. Schließlich öffnete er sie und schaute sich um.

»Hallo Adam«, sagte Helena.

»Wie schlimm …?«, hustete er mehr, als dass er sprach.

»Alles gut«, sagte sie. »Ich bin Helena, die Traumapsychologin. Wie fühlst du dich?«

Sie wusste, was er tun würde. Er spannte seine Muskeln an, einen nach dem anderen, er drehte vorsichtig den Kopf. »Könnte schlimmer sein. Da ist ein beißender Schmerz in meinem rechten Oberschenkel … und Durst.«

»Nichts, was die Reha nicht wieder hinkriegen würde.«

Sie induzierten diese Schmerzen mutwillig, der Glaubwürdigkeit wegen. Tatsächlich konnte man sie einfach abschalten. Helena reichte ihm die Trinkflasche mit isotonischem Getränk, die griffbereit neben dem Pulsmonitor stand.

Adam schluckte gierig. »Die anderen?«

»Ihr hattet einen Unfall, aber Team ETA hat euch herausgeholt.« Das gute, alte Team ETA: Ephraim, Tom und Alicia, die rettenden

Engel. Jeder wusste, dass es sie gab, obwohl keiner sie je gesehen hatte. Weil sie nicht existierten, ebenso wenig wie Jinjin und das Dorf. »Ihr seid bald wieder wie neu.«

Der Mann lächelte. Er glaubte, sich an die Rettung zu erinnern. Gehirne waren so unzuverlässig.

»Erzähl mir alles, was du drinnen erlebt hast.«

Adam, der Mann mit dem fotografischen Gedächtnis, berichtete akribisch genau – bis zu dem Punkt, an dem sie in den Gang abgebogen waren. »Wir haben in den Gang geschaut, und es wirkte nicht gefährlich. Nichts bewegte sich. Die Wände vibrierten leicht, aber das tun sie fast überall.« Er nickte zur Bestätigung und nahm einen Schluck aus der Flasche.

»Dann sind wir den Gang geradeaus weitergegangen, wie es der Plan vorsah. Danach kann ich mich an nichts erinnern. Wahrscheinlich Gehirnerschütterung. Vielleicht weiß Yen etwas. Sie war ein oder zwei Meter hinter mir.«

»Du hast uns sehr geholfen. Wie werden eine Simulation herstellen und sie dir, Yen und Sebastiano zur Kontrolle zeigen. Du kennst das.«

Er nickte.

»Und jetzt ruhe dich aus. Dein Körper braucht viel Schlaf, um gesund zu werden.« Sie lächelte ihn an, und er lächelte zurück.

Auf dem Flur lehnte sich Helena an die Wand und atmete heftig. Adam war so gesund, wie ein Mensch nur sein konnte. Er brauchte keinen Schlaf. Er war fabrikneu; man hatte gerade erst die Frischhaltefolie entfernt.

Und er würde nicht länger als einen Monat leben, einen Monat Reha und dreiundsiebzig Minuten. Einsatz. Vielleicht auch vierundsiebzig, vielleicht zweiundneunzig.

Helena fühlte sich nach diesen Gesprächen ausgelaugt und müde. Sie kannte Adam besser als er selbst. Sie erinnerte sich an die Dinge, von denen er keine Ahnung hatte. Vor allem erinnerte sie sich daran, wie er einunddreißig Mal gestorben war.

»Wir müssen schneller werden«, sagte Direktor Cheung. »Wozu braucht es einen vollen Monat Reha? Die Einsatzeinheiten sind völlig gesund.« Er sagte nicht Leute oder Menschen.

»Sie müssen lernen, mit ihren Körpern umzugehen, sehr gut damit umzugehen. Wir können uns keine Aussetzer leisten«, widersprach einer der Techniker aus der Repro. »Und nein, die Körper sind nicht identisch. Sie sind nur sehr ähnlich. Die Reizleitung ...«

Er winkte resigniert ab.

»Es ist eine Sache der Plausibilität«, fügte Beth hinzu, eine Kollegin Helenas. »Wir würden keinen Schwerverwundeten sofort nach dem Aufwachen aus dem Koma in den Einsatz schicken. Sie können sich in der Reha austauschen und eine gemeinsame Erinnerung an den Einsatz entwickeln, eine glaubhafte Story. Team ETA ist, wenn sie einige Zeit zusammen trainiert haben, viel plastischer und gegenwärtiger für sie als unmittelbar nach dem Aufwachen. Sie bestätigen sich gegenseitig.«

Der Direktor machte eine ungeduldige Handbewegung. »Das ist hier kein Sanatorium. Wir brauchen endlich Ergebnisse. Wir hocken seit zwei Jahren hier auf diesem Planeten, und wir haben nur einen Bruchteil der Station modelliert. Das geht so nicht. Jede Minute, die wir hier vertrödeln, kostet Menschenleben.«

Beth gab nicht so schnell auf. »Wenn sie an ihrer Hintergrundstory zu zweifeln beginnen, werden die Einsatzeinheiten unzuverlässig. Sie sind nicht blöd. Sie wissen, dass sie ein enormes Risiko eingehen, wenn sie die Station betreten. Ohne Motivation läuft das nicht.«

»Ihr manipuliert ihre gesamte Erinnerung. Ihr gebt ihnen eine Kindheit, Eltern, Geschwister, Teddybären ... Und ihr wollt mir einreden, dass ihr verdammte vier Wochen Reha nicht simulieren könnt? Zapft sie an während der Reha und spielt die Erinnerung dem nächsten Team ein. Das kann nicht so schwer sein, oder?«

Cheung gab ihnen keine Gelegenheit zu weiteren Argumenten. Er hatte eine klare Erwartung geäußert, und damit schickte er sein Fußvolk wieder an die Arbeit.

»Du hast völlig recht«, sagte Helena leise zu Beth. »Das wird nicht funktionieren. Und es ist ... nicht richtig.« Sie erinnerte sich an ein Team aus den Anfangstagen, das in Panik geraten war und versucht hatte, die Station zu verlassen und auf den Planeten zurückzukehren. Nie würde sie das Gefühl schwarzen Entsetzens vergessen, als die drei statt des Shuttles nur noch eine Trümmerwolke vorgefunden hatten. Die Station zerstörte jedes einzelne Shuttle, und eine Rückkehr war nicht vorgesehen. Keiner würde je den Einsatz überleben.

Sie überwachten die Einsatzeinheiten ohnehin, damit keiner wegen einer posttraumatischen Belastungsstörung vom Dach sprang und so wertvolle Ressourcen zerstörte. Nicht dass es möglich gewesen wäre, vom Dach zu springen. Aber ehe sie das Team diesmal in die

Reha-Sektion schickten, brachten sie zusätzliche Kameras und Mikrofone an. Das Modell würde ein höllischer Aufwand sein, wenn es einigermaßen glaubwürdig vier Wochen ersetzen sollte. Menschen konnten damit leben, dass sie sich nur an Bruchstücke ihrer frühen Kindheit erinnern konnten, aber wenn sie nicht wussten, was sie vor zwei Tagen gegessen hatten, wurden sie unruhig.

Helena besuchte das Team täglich und sprach mit ihnen über ihre Erinnerungen an die Station, über Gefühle, über den Rettungseinsatz, über die Schmerzen, die langsam abflauten, und über die Ängste, die das knappe Überleben hinterlassen hatte.

»Ich erinnere mich nicht, was geschehen ist, nachdem wir den Gang auf der rechten Seite passiert hatten«, sagte Yen. »Der Roboter muss zurückgekommen sein. Das …«, sie schüttelte zweifelnd den Kopf, »das tun sie sonst nie.« Neben ihr saß ein kleiner Ameisenbär mit winzigen runden Augen auf dem Tisch.

Sebastiano starrte in die linke obere Zimmerecke, wenn er sich zu erinnern versuchte. Er starrte und murmelte schließlich: »Nichts. Es fühlte sich alles normal an. Ich habe mich gewundert, dass der Seitengang so ruhig war. Da war einfach gar nichts. Danach ist alles grauer Nebel.«

»Du hast nicht mitgekriegt, wie sie uns rausgebracht haben?«, fragte Yen. »Nicht einmal Adams Schreie?«

Sebastiano schüttelte den Kopf. »Muss bewusstlos gewesen sein.«

Adam schaute sie zweifelnd an. Er erinnerte sich ganz offensichtlich nicht daran, geschrien zu haben. Helena sah, wie er auf den Schmerz in seiner Hüfte lauschte, ein fernes Echo einer brutalen Verletzung.

Sie machte sich eine mentale Notiz: Schreie. Woher kommen diese Schreie?

In dieser Zeit machte sie genau die Arbeit, für die sie sich vor einer Ewigkeit gemeldet hatte: Sie half, Traumata zu überwinden.

Nach zwei Wochen teilte man ihr drei andere Verluste zu. Sie hatten den Gang vorschriftsmäßig ignoriert, waren geradeaus weitergegangen und in eine Säuredusche geraten. Amira war es gelungen, sich unter irgendeine Maschinerie zu werfen und zu überleben. Aber die drei Minuten, die sie da gelegen und beobachtet hatte, wie ein Rinnsal der ätzenden Flüssigkeit ihr immer näher kam, hatten ihre Widerstandskraft überfordert. Als die Dusche aufhörte, rannte sie panisch zurück und geradewegs in den nächsten Roboter. Aus. Die Erinnerung war voller Schreie, die Amira nicht gehört haben konnte. Das Audiosystem ihrer beiden Begleiter war sofort ausgefallen, und in den Gängen gab es kein Gas, das Schreie transportieren konnte.

Helena hatte Mühe, bis zum Nachmittag und ihrem Besuch bei Adam, Yen und Seb die Erinnerungen zu verdrängen und professionelle Zuversicht auszustrahlen. Manchmal kam es ihr vor, als hätte sie jedes menschliche Gefühl in sich abgetötet und funktioniere wie eine KI – nach Algorithmen, die Erfolg versprachen. Keine Sympathie, kein Mitgefühl, nur Programm. Sie sind schon tot, beschwor sie sich selbst, ehe sie die Tür öffnete, sie wissen es nur noch nicht. In ihr breitete sich eine große, kalte Leere aus.

Sie haben noch nie existiert.

Die drei kamen mit dem Trauma klar. Sie hatten eine Aufgabe – die Menschheit retten. Und sie wussten, dass immer jemand bereit sein würde, sein Leben für sie zu riskieren, wenn sie in Not gerieten. Ihre Charaktere waren bewundernswert resilient, echte Wertarbeit. Helena fragte sich, wie der Stab reagieren würde, wenn einer von ihnen eine wirkliche posttraumatische Belastungsstörung entwickeln würde und den Dienst quittieren wollte. Würden sie einen Nichtmenschen ziehen lassen? Und wenn – in welches fiktive Leben hätte er zurückkehren sollen? Aber Helena machte keine Fehler. Sie funktionierten.

Deshalb stiegen sie nach vier Wochen mit entschlossenen, heldenmütigen Gesichtern in das Shuttle und flogen dem kurzen Rest ihres Lebens entgegen.

Am nächsten Morgen lagen sie im Ordner »Verluste« in Helenas Inbox. Sie wusste, dass sie die Aufzeichnungen durchsehen und bereinigen musste. Die Guten ins Töpfchen, die Schlechten ... Die Schlechten blieben ihr für immer erhalten. Das Einsatzteam erinnerte sich nicht, nur sie selbst.

Bereits am Nachmittag kam eine Anfrage von Direktor Cheung: Wann sie denn mit der Bereinigung fertig sein würde?

Helena versuchte, ihn zu vertrösten. Sie hatte immer die gesamte Strecke in der Station angesehen, nicht nur die paar neuen Minuten, die neuen Meter am Ende der Aufzeichnung. Sonst hätte sie nie gemerkt, wenn Erinnerungen löchrig wurden und eines Ameisenbären bedurften.

»Wir haben keine Zeit für solchen Kleinkram«, polterte der Direktor und hing eine Aufzählung der jüngsten Verluste an – etwas, das Helena nach Kräften verdrängte. Man konnte sich nicht konzentrieren, wenn man ständig darüber nachdachte, wie viele Menschen starben, während man sich Ameisenbären und Blumenkränze ausdachte.

Der Direktor verlangte mehr Tempo.

Helena verlangte Kaffee vom Raum, hoffend, dass er die Übelkeit verdrängen würde. Sie schloss die Augen und zählte bis zehn. Dann bis zwanzig. Sie wollte nicht schon wieder in die Station, sie wollte nicht schon wieder dem Team beim Sterben zusehen. Einundzwanzig. Helena nahm das Interfacekabel und verband es mit der Buchse in ihrem Schädel. Und dann ging sie hinein.

Es war einer der schlimmeren Einsätze. Adam war in eine monströse Heckenschere geraten, die ihm beide Beine abtrennte. Sie hatten versucht, ihn zu retten. Sebastiano hatte den Anzug an die Reste seiner Oberschenkel festgeklebt, um den Sauerstoffverlust zu verringern. Adam schrie. Yen und Sebastiano schleppten ihn zum Ausgang der Station. Sie waren zu sehr darauf konzentriert, das schreiende, stöhnende, blutende Bündel um die Unebenheiten im Boden herum zu manövrieren. Sie waren zu sehr damit beschäftigt, den Horror von sich fernzuhalten. Yen fuhr zusammen, als etwas gegen ihr Bein stieß. Im gespenstisch roten Licht erkannte sie es nicht sofort.

»Seb?«

Keine Antwort.

»Seb?« Sie schrie, als sie den Militärstiefel am Ende des Etwas erkannte. Dann packte sie Adam unter den Achseln und schleppte den Rest des viel größeren Mannes weiter. Sie keuchte, schluchzte und schrie, aber sie gab nicht auf, bis sie am Schott angekommen war.

Helena wusste, was kommen würde.

»Nein!«, schrie Yen.

»Du … hast es geschafft«, stieß Adam hervor. »Du hast es wirklich …«

»Schnauze!«, kreischte Yen. Dann sank sie auf die Knie und schlug mit den Fäusten auf den Boden. Wo das Shuttle hätte sein sollen, trieb ein einzelner, absurd unbeschädigter Sitz in einer Wolke von Kleinschrott. Yen schluchzte.

Sie hielt Adams Hand, bis sein Griff plötzlich schlaff wurde. »Adam?« Keine Antwort. Kein Stöhnen mehr, kein Wimmern, nur das unverständliche Vibrieren des Bodens. Yen saß drei Stunden im offenen Schott und wartete auf Team ETA. Dann kippte sie langsam nach draußen, und ehe die Laser der Station sie zerstrahlen konnten, riss sie den Helm vom Kopf.

Helena zog keuchend das Kabel aus der Buchse. Sie versuchte, auf die Beine zu kommen, strauchelte und stürzte zu Boden. Ihr Magen zog sich krampfhaft zusammen, und sie erbrach alles, was sie am Morgen gegessen hatte. »Tee«, stöhnte sie, und das Labor machte sich an die Arbeit.

Helena schleppte sich zum Waschbecken, spülte ihren Mund aus und wusch ihr Gesicht. Sie starrte in den Spiegel und erkannte sich kaum wieder. »Ich kann das nicht mehr«, sagte sie zur Welt im Allgemeinen.

»Soll ich Hilfe holen?«, fragte das Labor.

»Nein«, erwiderte Helena, obwohl sie sich nach nichts mehr sehnte als nach einem Menschen, der sie in den Arm nahm und ihr versicherte, dass alles gut werden würde.

Aber nichts wurde jemals gut.

Natürlich verbrannte sie sich die Zunge mit dem Tee. Es war ein triviales Ungeschick, aber sie brach in Tränen aus, unfähig, mit dem Schmerz umzugehen. Sie brauchte eine halbe Stunde, bis sie sich aufraffen konnte, das Erbrochene auf dem Boden aufzuwischen.

Danach machte sie sich daran, die Reha des letzten Teams in die Erinnerung einzupflegen: einfache, ungefährlich Verrichtungen, hilfsbereite Pflegerinnen, Erfolgserlebnisse. Für den Moment war die Welt in Ordnung, zumindest wenn sie nicht an die Gründe für diese Erlebnisse dachte. Mit dem letzten Einsatz hatten sie nur dreieinhalb Minuten Erkundung gewonnen, keine zwanzig Meter. Ein Leben pro sieben Meter.

Am Abend, zwei Stunden nach dem Ende ihrer normalen Schicht, hatte sie zum ersten Mal in fast drei Jahren das Gefühl, die notwendige Sorgfalt außer Acht gelassen zu haben, irgendetwas übersehen zu haben. Ihr Schädel brummte, sie war hundemüde, ausgelaugt bis auf die Knochen. Auf dem kurzen Weg nach Hause – ein Wohnblock mit winzigen, standardisierten Appartements – schlief sie fast im Gehen ein.

»Ich weiß nicht«, sinnierte Sebastiano, während das Shuttle sie zum Hintereingang der Station brachte. »Ich habe das Gefühl, das alles schon einmal erlebt zu haben.« Entgegen seiner Gewohnheit wirkte er unruhig und vielleicht sogar ein wenig verängstigt. Sein linkes Bein wippte nervös und trieb Adam fast in den Wahnsinn.

Adam spürte noch immer einen dumpfen Schmerz im rechten Oberschenkel. Er konnte sich nicht erinnern, was genau passiert war. Eine Verletzung sollte einprägsam genug sein, um sie nicht zu vergessen. Aber das war sie nicht. Er erinnerte sich vage an schlimmere Schmerzen und wie er versucht hatte, sein Atmen in den Griff zu bekommen.

»Hat uns Team ETA da rausgeholt?«, fragte Adam. »Ich muss sofort ohnmächtig geworden sein.«

»Ich …«, begann Yen und verstummte. Sie hatte keine Ahnung, was sie hatte sagen wollen. Verzweifelt schlossen sich ihre Finger um den winzigen Ameisenbären, ein Geschenk ihrer Freundin Jin-jin, die ebenso tot war wie der Rest ihres … Das Dorf kam ihr so unwirklich vor, als sei es ein Ding aus einer Geschichte, die sie gelesen hatte. Hier draußen im All schien nichts anderes zu existieren als die unendliche Leere und die Station. Und der blaue Ameisenbär.

»Ich weiß, es ist verrückt«, sagte Sebastiano zu Yen, »aber ich denke immer, ich könnte Oriana da drin finden. Irgendwo in diesem Monster könnte sie sein. Und warten.«

»Ich sag dir Bescheid, wenn ich sie irgendwo sehe«, erwiderte Yen.

Sebastiano lächelte unsicher. Sein Bein wippte schneller.

Das Shuttle schwenkte automatisch, um im Schatten der Station zu bleiben.

»Ist es nicht komisch, dass wir uns alle drei an nichts erinnern?«, fragte Adam, ohne die beiden anderen anzusehen. »Ich meine, ich gehe immer vornweg. Fast immer.« In seinem Gedächtnis blitzte ein Bild auf: Yen, wie sie die Beine voran in einen Schacht kletterte. Es irritierte ihn, dass er es keinem Ort in der Station zuordnen konnte. »Ihr müsstet euch doch erinnern, was mir passiert ist. Ihr müsst doch … Ihr habt mich rausgeschleppt, oder?«

»Ich schätze, wir hatten einen Schock. Helena hat gesagt, man kann das Gedächtnis verlieren, wenn etwas Schlimmes passiert ist und die Psyche Angst hat, sich zu erinnern. Oder so ähnlich. Wenn sie es sagt, klingt es logisch.« Yen zuckte mit den Schultern.

Sie schlossen die Helme ihrer Anzüge, kontrollierten die Sauerstoffzufuhr, die Funkverbindung, das Nachtsichtdisplay. Dann schleusten sie sich aus.

Adam wusste, wie der Öffnungsmechanismus des Schotts funktionierte. Sie hatten ihn unten auf dem Planeten nachgebaut und daran geübt. Er wusste es. Aber es fühlte sich falsch an. So als fehlte etwas Wichtiges. Seine Finger in den dicken Handschuhen glitten über die Verriegelung und rutschten weg. Da sollte, dachte er, ein Vorsprung sein, in den man das erste Gelenk des Handschuhs einhängen konnte. Es war da, aber seine Finger gehorchten nicht.

»Kreuzdonnerwetter!«, fluchte er.

»Was ist?« Yen. Besorgt.

»Vierzehn.« Sebastiano. Über den Helmfunk klang seine Stimme blechern, wie ein Computer. Eine automatische Zeitansage.

»Nichts ist!«, blaffte Adam. Ein zweites Ich schüttelte vorwurfsvoll den virtuellen Kopf. Du ärgerst dich über dich selbst, nicht über Yen. Statt sich zu konzentrieren, versuchte er, sich zu erinnern, ob er an den Händen verletzt worden war.

Endlich fand er die Kante und presste die ersten beiden Finger von unten dagegen, bis sich ein Teil des Schotts bewegte. Es schien zu klemmen.

»Fünfzehn«, sagte Sebastiano.

Als wüsste ich nicht, dass mir die Zeit davon läuft. Liege ich im Schaukelstuhl, oder was? Adam kämpfte mit seinem Ärger und seinen Fingern. Sie krallten sich hinter einen Hebel, zogen. »Komm schon, na los, komm.«

Das Schott flog auf und hätte ihn ins All katapultiert, wäre nicht Yen da gewesen und hätte ihn am Ärmel gepackt und gehalten. Adam fragte sich, ob er krank sein könnte. Aber wovon? Es zog schmerzhaft in seinem Oberschenkel, als er ins Innere der Station kletterte. Verletzt. Ja. Aber doch nicht krank.

»Siebzehn«, sagte Sebastiano und schob Yen nach drinnen, ehe er selbst sich durch das Schott zog. Ihm war schwindlig. Die Rotation der Station erzeugte eine Pseudogravitation, auch wenn sie geringer war als auf dem Planeten. Der Wechsel machte ihm zu schaffen. Er horchte in sich hinein.

Sie waren gerade einmal dreizehn Minuten in der Station unterwegs gewesen, als ein Roboter Sebastiano von hinten erwischte. Yen reagierte auf seinen abgehackten Schrei und sprang, ohne zu denken, hinter den nächsten Vorsprung in der Wand. Ein riesiges, metallenes Ding schoss durch die Nische und zerquetschte die kleine Frau.

Adam fuhr herum und sah hinter sich den Roboter vom Typ Spinne, aber weder Seb noch Yen. Ein warmer Fleck klebte auf dem eisigen Boden. Der Mann würgte. Er rannte den Gang hinunter. Seine Füße gehorchten ihm nicht. Sie fühlten sich taub an. Er strauchelte, versuchte, sich an der Wand abzustützen. Ein Blitz schoss aus dem Metall und verdampfte Adams rechten Arm. Eisige Kälte drang in den Anzug. Raus, dachte er, raus, raus, raus.

Aber hinter ihm kam der Roboter. Also rannte er weiter, besinnungslos vor Schmerz, Angst und Kälte, rannte, bis er in ein bodenloses Loch stürzte.

Ich hätte das wissen müssen, dachte er, während er fiel.

Helena ahnte, was im Labor auf sie wartete. Sie war in der Nacht wieder und wieder aufgewacht, weil sie Adams halben Körper gesehen hatte. Und den Sessel mit dem losen Gurt, wie er im All trieb. Einen Militärstiefel mit etwas darin, das ein Bein gewesen war. Es war wie ein Karussell aus einem Horrorfilm.

Ich will das nicht mehr, dachte sie, während sie wie jeden Morgen zu dem Gebäude ging, das die Form eines Uterus hatte, wenn man es aus der Luft sah. Sie ging langsam, so langsam, dass es gerade noch ein Gehen war und kein Herumstehen. Die einheimischen Pflanzen links und rechts der Auffahrt sahen aus wie Gespenster – sie hatten eine ungesund blaue Farbe. Normalerweise nahm sie das gar nicht wahr.

Ich will das nicht mehr, dachte Helena, und sie legte die linke Handfläche auf den Scanner. Drinnen schaute sie in den Retinascanner, zog sich, während sich die innere Tür öffnete, die Sauerstoffmaske vom Gesicht und schloss das Ventil. Wie oft hatte sie das schon getan?

Wie oft hatte sie die Augen fest auf den steril grauen Fußboden gerichtet, während sie an den riesigen Glasfenstern vorbeieilte? Es half nicht. Adams Gesicht tauchte aus dem Grau auf, ein Gesicht wahnsinnig von Schmerzen. Ihr wurde übel. Der Flur schien sich länger und länger zu dehnen.

Nicht nachdenken. Nicht hinsehen. Nichts fühlen. Sie würgte. Der ganze Korridor stank nach Blut. Ein heißes Gefühl brandete von ihrem Magen aus nach oben, Speichel schoss ihr in den Mund, und dann erbrach sie ihr spärliches Frühstück. Sie lehnte mit der Stirn an der Wand und atmete heftig.

»Was ist?«, fragte jemand hinter ihr.

»Ich kann nicht mehr.«

»Warte. Du bist gleich im Labor. Da kannst du dich setzen.« Beth. Sie packte Helena mit erstaunlicher Kraft und zog sie weg von der stinkenden Lache, hin zur Tür. »Sag deinen Spruch.«

»Ich bin die Auferstehung und das Leben«, nuschelte Helena.

»Ernsthaft? Das ist deine Passphrase? Komm, spül dir erst einmal den Mund aus.«

Helena hätte gern geweint, aber jetzt schämte sie sich dafür. Leise, fast unhörbar, fragte sie das Labor: »Wie lange?«

»Vierzehn Minuten und achtundvierzig Sekunden«, sagte die freundliche Maschinenstimme.

»Wie?«

»Vierzehn Minuten und achtundvierzig Sekunden.«

»Scheiße.«

Sie spürte Beths Hand auf ihrer Schulter, die sie in Richtung des Waschbeckens schob. Es war gut, den ätzend sauren Geschmack aus dem Mund zu haben, aber der Blutgeruch blieb.

»Es liegt nicht an dir«, sagte Beth. »Der Chef wollte nicht auf uns hören. Wir haben halb fertige Soldaten da rausgeschickt, mit Erinnerungen, die sie nicht glaubten, und Körpern, die ihnen nicht gehorchten. Wenn wir auf einem formellen Eignungstest bestehen ...«

»Ich kann das nicht mehr«, seufzte Helena.

Beth bestellte ihr einen Kaffee, drückte ihn ihr in die Hand. »Trink. Dann sieht die Welt freundlicher aus. Ich kümmere mich um das Formelle. Wenn sie ordentlich trainiert sind ... Du warst immer die Beste mit deinen Teams.«

Mit einem aufmunternden Lächeln verschwand Beth aus dem Labor. Aus der Welt. Sie ließ Helena mit ihren neuesten Toten allein.

Sie waren völlig umsonst gestorben.

»Ich muss das nicht ansehen«, sagte Helena. Es klang wie eine halbe Frage. »Sie haben nichts gesehen, was für uns irgendeinen Nutzen hat. Wir können das einfach löschen.«

»Soll ich die Aufzeichnungen wirklich löschen?«, fragte das Labor.

»Nein.« Sie wusste, dass es falsch war. Jede Information, ausnahmslos jede, wurde ausgewertet. Sie suchten immer noch nach Mustern im Verhalten der Station, nach einem Tag-Nacht-Rhythmus, nach irgendetwas, das helfen konnte, sie zu verstehen.

Also setzte sie sich auf ihren Arbeitsstuhl, entfernte die Abdeckung der Buchse in ihrem Schädel und verband sie mit dem Interfacekabel. Wohin? Adams Aufzeichnung war um achtundzwanzig Sekunden länger als die anderen beiden. Sie quälte sich durch vierzehn Minuten und achtundvierzig Sekunden, sie spürte die Angst, die Verzweiflung, als Adams Hände nicht das taten, was sie hätten tun sollen, als seine Beine ihm nicht gehorchten. Den Zweifel. Die Hilflosigkeit. Und schließlich einen kurzen Moment bodenloser Panik.

Sie tauchte schwer atmend aus der Aufzeichnung auf. Für Sekunden schien das Labor unwirklich. Die bunten Bilder an der Wand – fremde, falsche Erinnerungen. Der Kaffee war inzwischen kalt geworden. Auf dem Arbeitstisch stand eine Schachtel. Jemand hatte mit großen Buchstaben »Erinnerungsersatz« darauf geschrieben. Helena zog sie heran und schaute hinein: ein Dutzend kleiner, blauer Ameisenbären. Sie waren putzig mit ihren winzigen Kulleraugen über der riesigen Nase und ihren unbeholfenen Beinen. Es war unmöglich, sie nicht zu mögen. Behutsam nahm sie einen aus der Schachtel.

In diesem Moment begriff sie, dass sie auch nur Verschleißmaterial waren, so wie Yen, wie Sebastiano und wie Adam, ein Symbol des Todes.

»Ich bin Hel«, sagte sie, »die Herrin der Verdammten. Und ich schicke sie wieder und wieder ins Fegefeuer.«

Dann ging sie aus dem Labor, den Korridor entlang, an dessen Seite die Tanks standen. Diesmal schaute sie hin. Körper. Männer und Frauen, große, kleine, damit für jede Situation der passende Mensch verfügbar war. Sie waren alle schon tot, sie wussten es nur noch nicht. Sie wussten noch nicht einmal, dass sie für eine kurze Zeit leben würden – wie Eintagsfliegen, nur nicht so sorglos.

Hel kannte die Körper: die kleine Yen, den langen Sebastiano, den breitschultrigen Adam, die große Amira, den kräftigen Hakan, den schmalen Paul. Sie kannte sie besser, als sie selbst sich kannten, weil jede ihrer Erinnerungen aus Hels Hirn stammte. Sie sah sie wachsen, sie lehrte sie Gehen und Denken, und sie schickte sie in den Tod. Wieder und wieder und wieder.

Am Ende des Ganges blickte sie in den Retina-Scanner, und die Tür öffnete sich mit einem leisen Knarren. Sie legte die linke Hand auf das Sensorfeld der äußeren Tür. In diesem Moment schien es fast magisch, wie die gläserne Tür zur Seite fuhr.

Man konnte die Luft des Planeten atmen. Sie enthielt lediglich zu wenig Sauerstoff für einen Menschen. Hel ging hinaus in die Dunkelheit der frühen Nacht. Sie taumelte. Die Lichter des Wohnblocks auf der anderen Seite des Platzes breiteten sich aus wie Feuerwerk, verschwammen. Endlich verschwand der Blutgeruch. Die Büsche links und rechts des Weges blühten, und der Gesang eines Vogels drang durch die Finsternis. Eine Nachtigall? Sie war so müde. Unfähig zu einem weiteren Schritt setzte sie sich an den Stamm eines der einheimischen Bäume. In dieser Nacht würde sie keine Albträume haben.

Justine runzelte die Stirn, als sie Beth in der Tür stehen sah. »Helena?«

»Helena.«

»Die Zyklen werden kürzer.«

Beth nickte. »Die Beschleunigung, die Cheung verlangt hat ... Eine einzige Scheiße.«

Justine bestellte schwarzen Tee bei ihrem Laborraum und drückte Beth eine Tasse in die Hand. »Eines Tages wird sie es bemerken. Sie weiß, was sie tut.«

Beth trank einen Schluck und seufzte. »Was soll ich machen? Sie ist gut, wirklich gut. Sie hält ihre Teams stabil, weil sie sich mit ihnen identifiziert. Und sie ist instabil, weil sie sich mit ihnen identifiziert. Ich kann sie nicht retten, ohne sie zu zerstören.«

Justine war von Herzen froh, dass es nicht ihr Problem war. Sie mussten die Station der Fremden knacken, und sie lieferte das Menschenmaterial dafür. Das war gute, saubere Biochemie, nicht mehr und nicht weniger. Für die Seelen waren andere zuständig. »Mach ein Exemplar Helena Ariko fertig für die Geburt«, sagte sie zu ihrem Raum.

DIE AUTORIN: Heidrun Jänchen (*1965), ist Physiker, arbeitet als Systemarchitekt in der optischen Industrie und lebt in Jena. Hat ein Krimidrehbuch, 1.33 Fantasyromane, den SF-Roman »Simon Goldsteins Geburtstagsparty« und zahlreiche Storys, u. a. den Erzählungsband »Willkommen auf Aurora«, veröffentlicht und gemeinsam mit Armin Rößler ein gutes Dutzend Science-Fiction-Anthologien herausgegeben. Kurd-Laßwitz-Preis für »Ein Geschäft wie jedes andere« (in »Lotus-Effekt«, Wurdack 2008), Deutscher Science-Fiction-Preis für »In der Freihandelszone« (in: »Emotio«, Wurdack 2011).

DIE ZEICHNERIN: Gaby Hylla zeichnet schon ihr ganzes Leben, zuerst Ölbilder, später Fantasy und SF Grafiken die im PC entstehen. Mitarbeiterin bei der Fanserie »DORGON« aus dem Perry Rhodan Universum. Weitere Informationen: gabyhylla-3d.de

TUE BUSSE!
MUETTER
FEHLER
SÜHNE
SCHULD
FEHLER
SÜHNE
SCHULD
DU!
DU
DU
DU
DU

Sarah Raich

Der Termin

Diesmal würde sie es durchziehen müssen, das wusste sie. Sie ging in die Garderobe und ordnete ihre Tasche. Würde sie etwas zu lesen brauchen, würde sie warten müssen?

Taschentücher, sie packte lieber zwei Pakete ein. Das stand sogar auf der Empfehlungsliste. Und eine Flasche Wasser. Obwohl dort, so wie sie gehört hatte, etwas zu essen und zu trinken angeboten wurde. Aber Wasser und einen Müsliriegel, oder etwas Traubenzucker trug sie seit der Schwangerschaft bei sich. Hatte in den Jahrzehnten danach einfach nicht damit aufgehört. Denn nachdem der eigene Körper immer etwas verlangt hatte, hatte das Kind immer etwas verlangt – oder etwas verlangen können – und etwas zu essen konnte eine kritische Situation entschärfen, sie konnte noch heute die erleichterte Entspannung fühlen, wenn ein Traubenzuckerbonbon aus einem quengelnden Kind ein ruhiges Kind zauberte, wenigstens für eine Viertelstunde.

Auch wenn jetzt niemand mehr diese Art von Aufmerksamkeit von ihr brauchte, niemand mehr die kleine immer etwas klebrige Hand in ihre Tasche schob, es war eine Gewohnheit geworden. Sie tastete in der Tasche nach dem Riegel, fühlte seine zerknickte Verpackung. So lange trug sie ihn schon herum. Sie wusste nicht einmal die Geschmackssorte. Sollte sie nachschauen? War das wichtig?

Ihre Beine wurden weich, verweigerten sich für einen Moment. Sie ließ sich auf den Läufer sinken. Wartete, dass das Zittern, die Übelkeit vorbei gingen.

Auch eine Sache, die sie gelernt und nie wieder aufgegeben hatte.

Aushalten.

Warten.

Durchhalten.

Das Allermeiste ging vorbei. Man musste nur lange genug warten. Es half sowieso nichts, sich aufzuregen. Sie schloss die Augen, beobachtete die Übelkeit, die sie für einige Momente zu überrennen drohte. Würde sie sich erbrechen müssen?

Warten.

Aushalten.

Durchhalten.

Die Beschwerden klangen ab, es blieb ein schwimmendes Gefühl in der Magengegend.

Nein, den Müsliriegel würde sie nicht brauchen. Aber sie ließ ihn, wo er war.

Sie schaute auf die Uhr. Der vom Institut eingesetzte Timer gab ihr noch zehn Minuten, bis sie das Haus verlassen musste, aber sie sollte lieber jetzt gehen, vielleicht würde sie noch eine Pause machen müssen, wenn ihre Beine wieder weich werden würden. Und sie wollte nicht auf dem Weg von einer Patrouille eingesammelt werden. Sie nahm ihre Tasche. Es war ihre letzte Gelegenheit. Die letzte Möglichkeit, freiwillig zu gehen. Sollte sie dieses Mal nicht auftauchen, dann würde sie festgesetzt bis zum Durchlauf der Prozedur. Und auf all ihren Profilen würde sie markiert werden als rtp – reluctant to progress.

Und auch wenn sie alt war und es für sie nicht mehr viel Bedeutung hatte, so konnte es doch unangenehm werden, hier und da, vielleicht nahm sie ihre Ärztin bei Gesundheitsbeschwerden nicht mehr so ernst, in ihrer Sportgruppe könnte es sich rumsprechen und vielleicht würde man sie schneiden, ja, sie hatte schon gehört, dass rtps ihre Wohnung verloren, weil die Vermietungsfirma argumentierte, wer nicht lernwillig sei, könnte sich vermutlich auch in einer Hausgemeinschaft nicht gut einfügen. Sie hatte zwar ihr eigenes Haus, aber wer wusste schon, wer alles von einer Markierung mit rtp erfuhr und was die Leute daraus machten.

Außerdem. Es war ja nicht so, dass sie nicht lernen wollte. Es war nur. Sie wusste nicht. Würde sie das aushalten.

Warten.

Durchhalten.

Sie drückte sich hoch. Noch sieben Minuten. Sie ging lieber jetzt.

Der Weg war ihr als fußläufig gangbar zugewiesen worden. Und das stimmte. Das wollte sie gern tun. Zu Fuß gehen tat gut. Klärte die Gedanken. Machte sie leichter. Und wenn sie das Denken gar nicht aushielt, konnte sie einfach die Schritte zählen, die Worte in ihrem Kopf dazu wie ein Lied und schon driftete die Schwere beiseite, die Schwere, bei der sie manchmal dachte, sie könne sich gar nicht mehr auf den Beinen halten.

Sie hatte immer Zweifel an ihrer Mutterschaft gehabt. Hatte immer diese Gedanken mit sich geschleppt. Dass sie nicht geeignet war dafür. Hatte Dinge getan, die sie später immer wieder durchgehen musste und ihr nur ein Urteil blieb: Du bist eine schlechte Mutter.

Wieder dieses Puddinggefühl in den Beinen. Eine schwindelige Hitze, die in ihr aufstieg. Sie wusste, ihr Kinn wackelte jetzt ein wenig. Und für einen Moment sah sie sich von außen, eine bemitleidenswerte Alte, mit schlecht sitzendem grauen Haar, Falten im Gesicht, am Hals, fleckigen Händen, diesem Wässrigen in den Augen. Eine, die zu früh gealtert war. Eine, die den Fortschritt verpasst hatte. Die neuen Altersverzögerungsmaßnahmen waren für sie zu spät gekommen.

Die Figur plump von den Jahren, auch wenn sie nicht dick war, der Körper bekam eben eine gewisse Schwere, wenn die Zellschädigungen zu weit vorangeschritten waren.

Wer sie sah, sah eine, die es hinter sich hatte. Und das hatte sie doch auch. Aber jetzt. Musste sie also zur Prozedur.

Es gab natürlich einen schickeren Namen dafür. Empathische Emotionsrekapitulation. Aber die Frauen in ihrem Alter nannten es nur: Die Prozedur.

Die meisten ihrer Freundinnen und Bekannten hatten es schon hinter sich. Also, jene die Kinder hatten. Die anderen. Waren fein raus. Wieder einmal. Dieser Gedanke kam mit einem Gefühl der Bitterkeit über sie, bevor sie ihn eingefangen bekam. Sie liebte ihr Kind.

Sie wartete an einer Ampel, bis es Grün wurde und dann noch ein bisschen länger. Blickte auf die Uhr. Sie hatte schon zwei Minuten von ihrem Puffer aufgebraucht. Sie setzte ein Bein auf die Straße, überquerte die weißen Blockstreifen auf dem grauen Asphalt. Dann nach rechts, an dem hübschen Café vorbei, das ihre Tochter so liebte. Es war ein Fusionsgeschäft mit Blown, einem der großen Hersteller von Unterhaltungselektronik und dort konnten alle, die wollten neue Geräte ausprobieren, wie diese Scheiben, die man sich an die Schläfen setzen konnte, und dann musste man die Dinge, die man am Computer machen wollte, nur noch denken.

Sie hatte gehört, es gab auch Orte, an denen man die Prozedur ausprobieren konnte. Mit einer Person gemeinsam, die dem zustimmte.

Sie konnte sich nicht vorstellen, dass es irgendwen gab, der das freiwillig tat. Oder sie hatten Wege, alles so zu kuratieren, dass es ganz sicher niemandem wehtat.

Ja, vielleicht, wenn ein Paar sich nur an die rosarotromantischen Anfangstage erinnern wollte. Dann konnte man sich natürlich zeigen, wie man einander gesehen hatte. Damals. Als man blind gewesen war für die Mitesser, den ständig offenstehenden

Mund und den Hang zu Schuppen. Als jedes Wort aus dem Mund der anderen Person wie eine Offenbarung geklungen hatte.

Sie hoffte jedenfalls, dass alle Ehen mal so begonnen hatten. Irgendwie war sie eben doch eine Romantikerin. Und ja, auch deshalb blieb sie stehen, um der Sonne zuzuschauen, wie sie mit den Blättern der Platanen auf dem Weg verstecken spielte und ein flirrendes Schattentheater auf dem Gehsteig aufführte.

Ihre Beine drohten nachzugeben. Wieder. Sie hatte nicht gedacht, dass es so schwer werden würde. Sie setzte sich auf eine Bank. Vier Minuten hatte sie noch gut.

Sie konnte das weiße Gebäude des Zentrums für Psychologie schon sehen. Hübsch sah es aus. Es hatte etwas Erhabenes. Ja doch. Und ihre Tochter. Sie sagte ja. Es habe etwas wirklich Gutes, das Ganze. Sie solle sich dem doch öffnen. Die Empathische Emotionsrekapitulation könne auch ihr etwas geben. Heilung. Eine Chance der Verarbeitung. So solle sie es doch sehen. Eine Chance. Auch für sie. Und das wollte sie ja auch. Sich öffnen. Die Chance sehen. Nur war es so schwer auszuhalten. Sie hatte doch alles weggeordnet. Auch das, von dem sie sicher gewesen war, dass sie sich niemals davon erholen würde.

Die Nächte fast ohne Schlaf. Die endlosen, endlosen, endlosen Tage, die keine Ankerpunkte hatten außer den Ess – und Schlafbedürfnissen. Eines anderen Menschen. Die Tage, an denen sie manchmal ihre eigene Existenz vergaß, nur noch eine Hülle war, die Funktionen ausführte, ein Leben erhielt, das nicht ihres war, denn ihres hatte sich aufgelöst, in dieser Hülle war es leer, noch nicht einmal ein Wind war da mehr gewesen, der über eine leere Ebene strich, es war ein Vakuum geworden, das hin und wieder implodierte und zu Tränen zerrann.

Die Tage, an denen sie gedacht hatte, etwas von ihrem alten Leben zurückbekommen zu haben, und dann war doch alles wieder verschwunden, weil sie zu sehr gebraucht wurde, jemand krank geworden war, und das war fast noch schlimmer gewesen als das Vakuum davor.

Diese Wut.

Oh. Diese Wut.

Sie hatte sie eigentlich ganz gut weggeordnet. Hatte ja weitergemacht. Immer weiter.

Warten.

Aushalten.

Durchhalten.

Nur selten ploppte eine Erinnerung auf. An tränenüberflutete Wangen. Kind. Und Geschrei. Sie.

Dann die vielen Tage, an denen nichts lief, das Kind nicht redete, es nur Probleme gab, sie wusste nicht mehr welche, Schule, Freundschaften, später Liebe, sich rausschleichen mitten in der Nacht, Zimmer vollkotzen, heimlich rauchen, irgendwas davon in wechselnden Kombinationen und sie stand vor dieser Wand, es wurde erwartet, dass sie diese Probleme löste, dass sie einen unsichtbaren Zauberstab besaß, den sie nur schwingen musste und dann würde das Kind heile sein und artig wieder durchlaufen.

Sie hatte keinen Zauberstab gehabt. Hatte mit leeren Händen vor einem Gift und Galle spuckenden Kind gestanden. Allein. Aber sie hatten alle überlebt. Hatte durchgehalten. Und irgendwann war es besser geworden, es gab einen Schulabschluss und einen Auszug und wohl so etwas wie ein halbwegs funktionierendes Leben.

Und sie war noch Jahre später aufgewacht mit dem überraschten Gefühl, nicht mehr bodenlos müde zu sein. Ein bisschen einsam vielleicht, ja. Aber nicht mehr mit dem Gefühl, den Tag nur kriechend zu überstehen. Und sie hatte sich einen Schrank vorgestellt, in dem sie all diese anderen Stunden und Tage und Jahre verstaute. Sie wurden nicht mehr gebraucht. Sie hatte es geschafft. Auf die andere Seite.

Klar, sie war noch immer Mutter. Und sie mochte ihr Kind. Wirklich. Sie liebte den Menschen, der ihre Tochter geworden war. Freute sich über Besuche. Freute sich, hinzufahren. Genoss, ihr beim Leben zuzuschauen. Und war zufrieden damit, dass ihr eigenes Leben viel kleiner war, als sie es früher erwartet hatte. Unbedeutend und leise. Aber sie hatte es überstanden. Hatte es geschafft.

Und ja, sie war sehr dafür, dass das, was sie durchlitten hatte, sich ändern sollte. Sie hatte mit den Nachbarn spontan auf der Straße angestoßen, als endlich das Wellbeing der Menschheit ins Zentrum rückte. Als die Politik neu strukturiert wurde, um die Erkenntnisse in Neurologie, Psychologie und Soziologie und irgendwelcher anderen Wissenschaften, die sie nicht mehr ganz sicher erinnerte.

Sie hatte sich gefreut. Auch wenn es für sie alles ein bisschen spät kam. Nun ja.

Und nun wollte ihre Tochter ein Kind. Doch Kinder. Kinder bekam keiner mehr einfach so. Zu viel Schmerz war in den letzten Jahrhunderten in Familien angesammelt worden. Zu viel wusste man mittlerweile darüber, wie sich psychischer Schmerz einschrieb in die DNA, die Nervenbahnen, in die Telomere, über Generationen hinweg. Wie jede und jeder verdammt dazu war zu wiederholen, was er hatte besser machen wollen.

Nein, Kinder bekam man nicht mehr einfach so. Kinder konnten nur die bekommen, die eine Aufarbeitung hinter sich gebracht haben. Und alle, die ein Kind bekommen wollten, hatten ein Recht auf transgenerationale Aufbereitung. So war es verankert, im neuen Gesetz für eine psychisch gesunde Bevölkerung. Und sie war dafür. Sie fand das alles richtig. Sie hätte sich gewünscht, dieselbe Möglichkeit als Mutter gehabt zu haben.

Und sich vielleicht auch einfach dagegen zu entscheiden. Jetzt. Wo die Dinge so ganz anders gesehen wurden.

Aber sie war irgendwie in diese seltsame Lücke gefallen. Die Generation, die alle Belastungen noch erlebt hatte – und das im Zeitalter der Auflösung aller Sozialkontrakte – und der von den Neuerungen nur noch die Prozedur blieb. Die Trümmereltern. So nannten sich manche. Die Ruinensteine sauberklopfen. Aber in den neuen Häusern würden andere leben.

Sie lachte trocken und still. Und natürlich machte sie auch das allein. Ihr Mann war vor vier Jahren gestorben. Bevor ihre gemeinsame Tochter entschieden hatte, selbst Mutter werden zu wollen. Natürlich.

Sie hatte noch zwei Minuten. Die Tür in greifbarer Nähe.

Wer einmal eingewilligt hatte in die emotionale Aufbereitung der Familiengeschichte, der konnte nicht mehr zurück. Eigentlich konnte man der Prozedur sowieso nicht entkommen. Alle, die Kinder geboren hatten, hatten die Pflicht, sich ihrer Elternschaft und den Auswirkungen zu stellen. Es gab wenige, die eine Ausnahmegenehmigung erhielten, denen die Prozedur erlassen wurde – obwohl das Kind einen Fortpflanzungswunsch hatte. Schwere psychische Erkrankungen wie Schizophrenie zum Beispiel konnte zu einer Ausnahmegenehmigung führen. Sie war nicht schizophren, in keiner Weise schwer psychisch krank. Obwohl sie sich oft genug genau so gefühlt hatte, als Mutter.

Das hatte sie der Psychologin beim Einordnungsgespräch gesagt. Und die hatte geantwortet: »Ja, das ist typisch für ihre Generation von Müttern.« Sie hatte nicht gewusst, ob das ein Kompliment, eine Anklage oder einfach nur eine Feststellung gewesen war. Und sich nicht getraut, zu fragen.

Vermutlich war auch das typisch für ihre Generation von Müttern.

Sie legte die Hand an den Griff der Tür. Der Scanner erkannte ihre Fingerabdrücke und markierte sie als zum Termin erschienen.

Sie schob die Tür auf.

»Denken sie an die Enkelkinder, die Sie bald haben werden. Eine enge Beziehung zu den Großeltern wird in unserer neuen Welt ebenfalls gefördert. Denken Sie daran«, hatte die Psychologin zum Abschluss ihres Gesprächs gesagt.

Ja. Enkelkinder.

Sie dachte an ihre stille Wohnung. An die Reisen, die sie machen wollte. Dachte daran, dass sie es geschafft hatte. Die ganze Einsamkeit. Die ganze Überforderung. Der ganze Schmerz, die ganze Enttäuschung, die viele, viele Wut, die niemand hatte hören wollen. Sie hatte es fast geschafft.

DIE AUTORIN: Sarah Raich, aufgewachsen im ländlichen Niedersachsen und Tirol, schreibt Gedichte, Kurzgeschichten und Romane für Erwachsene und Jugendliche, zuletzt erschienen das Jugendbuch »EQUILON« bei dtv und der historische Roman »Hell und laut« über das Leben der ersten deutschen Dichterin Hrotsvit von Gandersheim. Ihre Bücher sind für mehrere Preise nominiert, unter anderem für den Fantastikpreis der Stadt Wetzlar (All that's left) und stehen auf der Hotlist der Unabhängigen Verlage (Hell und laut, Marix Verlag). Sie lebt mit ihrer Familie zurzeit in München.

DIE ZEICHNERIN: Gabriele Behrend, Jahrgang 1974, lebt und liebt mit Gatten und Kater in Düsseldorf. Neben der Arbeit schreibt sie Kurzgeschichten und Romane, die hin und wieder mit Preisen ausgezeichnet wurden – und manchmal auch eine Weihnachtsgeschichte. Wenn etwas vom Tage übrig bleibt, liest und zeichnet sie oder lässt die Seele baumeln. Kurzum: Sie genießt ein schönes buntes Leben!

Bonnie Jo Stufflebeam

Die Beschädigten

Übersetzt von Michael K. Iwoleit

Ich kann meinem Job nicht entkommen. Überall sehe ich Werbung für die Firma. In der U-Bahn, auf den Gehsteigen, wo unser Firmenlogo in den Beton gemeißelt ist, auf den sprechenden Werbetafeln, die in den AdZones der Innenstadt verschlungene Körper von makellosen Männern und Frauen zur Schau stellen. Ich bin gut in meiner Arbeit. PlayMatez sehen echt aus und fühlen sich echt an: warme Haut, ein sauberer, aber unbestreitbar menschlicher Geruch. Nur ist »echt« nicht das Wort, das wir benutzen. Natürlich fühlen sie sich echt an. Schließlich sind sie echt. Damit meine ich, dass sie sich genauso anfühlen wie Menschen aus Fleisch und Blut. Sie gehen, reden und ficken genauso.

Außer die Beschädigten.

Die Beschädigten essen mit den Händen. Sie essen, was immer man ihnen vorsetzt – altes Maisbrot, Milchpulver, wiederhergestellte Rinderschnitzel –, und mehr verlangen sie nicht. Sie haben diesen entrückten Gesichtsausdruck, wenn man sie anspricht, so als ob sie den Nutzen einer Antwort berechnen. Wenn die Beschädigten sprechen, dann sprechen sie weitgehend in Rätseln – von denen ich annehme, dass sie immer Rätsel bleiben werden.

Ich arbeite im dem Gebäude, wo die PlayMatez produziert werden, sowohl die Beschädigten wie auch die, die einwandfrei funktionieren. Es ist ein fünfzig Stockwerke hoher Wolkenkratzer am Rande des Industriebezirks, der fast genauso aussieht wie jeder andere Bezirk, dicht gepackte glänzende Gebäude, zwischen denen Fußgänger über schmutzige Gehsteige hasten. Nur dass der Industriebezirk in Smog getaucht ist, den der täglich zehn Stunden strömende Verkehr ausstößt, und dass ständig das Wummern der Anlagen in den Gebäuden zu hören ist. Unsere Firma ist nur eine in einer langen, durchweg schwarzen Reihe unidentifizierbarer Fabriken. In den Untergeschossen schuften menschliche und robotische Arbeiter an den Fabrikationsstraßen. Ich bin nur zweimal da unten gewesen. Die Körper der Arbeiter bestehen nur aus Knochen und Muskelmasse; unsere Roboter sind aus biotechnisch erzeugten menschlichen Muskeln konstruiert. Daraus und aus Cyberskin, unserer eigenen patentierten Verschmelzung von Silikon und Haut. Von Menschen lassen sich die Roboter nur noch unterscheiden, indem man sich ihr Inneres ansieht. Es ist mein Job, zu wissen, wie dieses beschaffen ist. Ich entwerfe die inneren Netzwerke, forme Därme aus Schläuchen. Meine Arbeit wird millionenfach vervielfältigt.

Meine Werkstatt im dritten Geschoss besteht aus Beton und Stahl. Außen an der Tür ist eine Silbertafel mit meinem Namen in Großbuchstaben angebracht: ROBIN KIRKLAND. Der Raum verfügt über ein Fenster, das ich mit lila Vorhängen behangen habe, damit er etwas wohnlicher aussieht. In gedämpftem Tageslicht bearbeite ich Muskelgewebe mit einem Schnitzmesser. Ich biege Mikrofilamente in Formen, die im Blutkreislauf eingesetzt werden können. Ich arbeite allein, über einen Tisch gebeugt, der die ganze Rückwand der Werkstatt einnimmt, und bearbeite die Teile, die mir hereingereicht werden, bis sie zufriedenstellend aussehen. Dann setze ich sie vorsichtig in die PlayMatez-Plastikgussform ein, um mich zu vergewissern, dass sie die richtige Größe haben.

Sobald alle Teile, von der oberen Muskelschicht abgesehen, beisammen sind, lege ich meist eine Pause ein und schau mir alles ausgiebig an. In der Gussform greifen dünne, grüne Kabel wie eine Hand in den Kopf und verzweigen sich kreuz und quer durch den Torso und bis in die Arme und Beine. Sie befördern kein Blut durch den Körper – die PlayMatez sind blutlos –, aber Wärme. Im Handbuch steht, dass die Kabel, wenn sie aktiviert sind, blau wie Adern glühen. Mit einigen Organen halten wir uns nicht auf. Jene, die Abfallstoffe ausfiltern, sind nutzlos, denn alle verzehrte Nahrung wird unbeschädigt durch die Darmschläuche befördert und ausgeschieden wie bei einem Menschen, nur am Stück. Die Fähigkeit zu essen ist nur Theater. Wenn ich mit dem Betrachten fertig bin, decke ich alles mit einer letzten Muskelschicht ab und fädele die Kabel hindurch.

Der Werktisch ist in Stationen unterteilt, eine Station für jedes Teil, Haut und Knochen ausgenommen. Eine andere Frau arbeitet an der Haut. Die Technik für diese Teile stammt nicht von mir. Sie sickert aus dem fünfzigsten Stock herunter. Ich überlege mir lediglich neue Möglichkeiten, alles zusammenzufügen, die Roboter authentischer aussehen zu lassen. Außerdem schnitze ich Herzen.

Aber auf hundert PlayMatez, die am Ende normal funktionieren, kommt ein Defekt. Es ist eine Störung im System, und wie das Ticken einer Uhr tritt es in regelmäßigen Zeitabständen auf. Die Beschädigten haben kalte Haut, durch eine Fehlfunktion der Verkabelung. Und eine seltsame Ausdrucksweise, wie ich schon sagte, die Art, wie sie sprechen.

Die Beschädigten werden nicht mit den übrigen verkauft. Sie werden, männliche wie weibliche, an Spezialwerkstätten und Großabnehmer abgesetzt. Das Management weiß, was diese Käufer mit ihnen machen. Wir ignorieren ihre wedelnden Finger, wenn wir an Straßenecken in weniger betuchten Stadtvierteln, wo die Mehrheit von uns Fabrikarbeitern wohnt, an ihnen vorübergehen. Niemand darf mich dabei sehen, wie ich solche Beschädigten mitnehme. Diejenigen, die ich in der U-Bahn auflese, wo sie in Ecken kauern und die Haut von Ratten abnagen. Obwohl sie nicht essen müssen, wurden sie darauf programmiert. Am Steuerpult gibt es einen Schalter, wo man dieses Verhalten ausschalten kann, aber die meisten Leute haben Angst, sie anzufassen, und in der U-Bahn sind die Beschädigten nur schwer von Obdachlosen zu unterscheiden. Ich weiß das, denn ich fühle mich zu ihnen hingezogen.

Der Erste, er war ein Damien II. Er trug seinen Namen auf der Innenseite des Oberschenkels, und wenn ich im Halbdunkel meines Apartments den Saum seiner Unterhose anhob, um ihn zu finden, schlug er meine Hand weg.

»Was ist schwarz und weiß und frech?«, sagte er.

»Ich weiß nicht. Was denn?«, fragte ich, aber er lachte bloß. Er sah seltsam aus, und natürlich war er schön. Sie sind alle schön. Aber seine Schönheit, anders als die der anderen Damien IIs, wirkte erzwungen. Er hätte nicht schön sein sollen. Er war zu kaputt, um schön zu sein. Als ich ihn fand, streifte er durch die Straßen wie ein verlorenes Kind. Er konnte nicht älter sein als drei, aber natürlich war er so gebaut, dass er wie fünfundzwanzig aussah. Seine Modellreihe war vor fünf Jahren auf den Markt gekommen und wurde immer noch produziert, sollte aber bald eingestellt werden. Der massige Körper der Damien IIs hatte helle Gesichtszüge, helle Haut und Augen und Haar, und er neigte zu Schwindelanfällen. Bei den Beschädigten äußerte sich dieser Schwindel in einer Unfähigkeit, clever zu sein, und seine Rätsel wiederholten dasselbe Muster.

»Was ist weiß und lila und Sonnenschein?«, sagte er.

»Hast du Hunger, Damien? Möchtest du etwas Pasta?«

Er nickte. Ich bereitete ihm Pasta aus der Dose zu. Während er jede Spaghetti einzeln aß, mit den Fingerspitzen hochhob und sich in den offenen Mund fallen ließ, sah er nicht auf seinen Teller, sondern in das abgedunkelte Schlafzimmer auf der anderen Seite des Apartments.

Ich hatte damals wenig Erfahrung im direkten Umgang mit den Beschädigten. Ich fragte ihn, ob er etwas sah. Er antwortete nicht, bis sein Teller leer war. Der Klecks Tomatensoße, der sich ganz unten angesammelt hatte, blieb unberührt.

»Wenn der Blinde die Blinden nicht anführen kann, an wen wenden sie sich dann?« Für einen Moment presste er seine Lippen zu einem schmalen Streifen zusammen. Dann verfiel er in ein ausdrucksloses Grinsen. »Was ist weiß und weiß und überall ganz weiß?«

Er war weiß, überall. Wenn er sich auszog, waren sogar seine Brustwarzen so hell, dass sie im Dunkeln leuchteten. Ich mochte sein Weißsein. Es hielt mich auf Distanz von Erinnerungen, die ich lieber vergessen hätte, die aber in den rauen Stößen jedes Mannes lauerten, ob menschlich oder nicht: die Erinnerung an einen warmen und dunklen Körper neben mir, den bitteren Geruch von Ölfarbe und Terpentin, den dunkle Büschel von Körperhaar verströmten.

Statt Flüche stöhnte der Damien II Unsinn, Worte, die anscheinend zufällig aus seinem Sprachspeicher ausgewählt wurden: Streifen, Dartscheibe, Kiel, Ausbruch. Hätten Nachbarn dies gehört, wäre ihnen klar gewesen, was wir machten. Ich machte mir allerdings keine Sorgen, dass wir belauscht wurden. Die Leute hören kaum noch hin, zu vertieft in das ständige Gemurmel ihrer YouChannels.

Wenn er schlief, stellte ich mir vor, wie seine Kabel aussahen, das blaue Glühen in ihm. Ich fragte mich, wie sein Atem aussah, wenn er aus den Lungen strömte, die ich gefertigt hatte. Wie seine Haut aufklaffen würde, um mein Meisterwerk zu enthüllen. Ich fuhr mit dem Finger seinen Rücken hinunter und stellte mir vor, mein Finger sei ein Messer.

Ich behielt Damien II für sechs Tage, bevor ich mir Sorgen machte, dass sein Besitzer, wer immer es sein mochte, nach ihm suchen würde, denn er sah zu sauber aus, um einfach ausgesetzt worden zu sein. Schließlich war es ein Diebstahl der höchsten Kategorie, weil PlayMatez nicht nur einen materiellen, sondern als wertvolle Gefährten auch einen emotionalen Wert hatten. Außerdem war er nicht das, was ich suchte, nicht so richtig. Ich wollte einen, dessen Rätsel mich schaudern ließen. Wie dieser Maler einmal, als er mich bekleidet skizzierte und mir dabei das Gefühl gab, als könne er all die unsichtbaren Stellen malen, die ich ihm nie zeigen würde. Worte, die mich öffnen und mein Inneres bloßlegen würden. Ohne dies konnte ich es nicht auf mich nehmen, für jemanden zu sorgen. Doch wenn ich es fand, sagte ich mir, würde ich ihre Hand halten und sie beschützen, selbst wenn ihre Selbstzerstörung einsetzte. Was bei den Beschädigten unausweichlich war. Sie nutzten ihre Rätsel ab, bis sie keine Worte mehr bilden und nicht einmal mehr die komplizierten Muskelbewegungen eines Lächelns bewältigen konnten. Um ehrlich zu sein: Ich wollte zusehen. Ich wollte Zeuge ihrer Zerstörung sein. Es faszinierte mich und stieß mich ab.

Es war mir nicht erlaubt, selbst ein PlayMate zu kaufen. Wegen des Interessenkonflikts – wir haben einen entsprechenden Vertrag unterschrieben. Wenn wir Zuneigung zu einer unserer Schöpfungen entwickeln würden, könnte das unsere Entscheidungen beeinflussen. Wir könnten versucht sein, Dinge zu ändern, die wir gern ändern würden, Modelle zu erschaffen, die wir wollten, nicht Modelle, die die Öffentlichkeit wollte.

Stattdessen empfanden wir nichts für die Modelle, an denen wir arbeiteten. Jeder Arbeiter war nur für einen so kleinen Teil des Produkts verantwortlich, dass die Distanzierung leichtfiel.

Nach der einen Woche mit Damien II nahm ich so viele Beschädigte mit nach Hause, wie ich finden konnte. Keiner von ihnen bot mir das, was ich suchte. Ich nahm einen Ken V mit, einen originalen Matthew und sogar einen Max II, um mir darüber klar zu werden, was ich wollte. Sie waren natürlich alle verrückt, aber ihre Rätsel waren oft eintönig, dieselben alten Sprachspielereien. Uninspiriert. Zufällig. Der Max II schien sogar eine Vorstellung davon zu haben, wo er war, was er war. Seine Rätsel waren nichts als Rätsel.

»Ich werde mich um dich kümmern, meine Clementine«, sagte er und führte mich zurück ins Bett. »Ich werde die Decke wie Rosen kreisen lassen.«

Nachdem ich sie freigelassen hatte, sah ich zu, wie sie wieder in die Welt hinauszogen, zurück in ihre U-Bahnhöfe oder das Zuhause, wo niemand auf sie achtete. Ich war nicht traurig, sie gehen zu sehen. Einige, das wusste ich, waren wahrscheinlich als defekt betrachtet und in Schränke gestellt worden, nur um zu entkommen, wenn ein neugieriges Kind sie einschaltete. Wenn ich wusste, dass sie kein Zuhause hatten, in das sie zurückkehren konnten, öffnete ich das Steuerpult links oben auf ihrer Brust, überging die roten Skalen und den Speicherschacht und schaltete ihren Hunger aus.

Die Wahrheit ist, dass ich nicht weiß, wohin sie gingen, wenn ich sie gehen ließ, und dass ich nicht weiß, woher sie kamen, bevor ich sie vom Boden aufhob oder aus den Abfallcontainern davontrug. Ich säuberte sie. Jedes Mal ließ ich eine Badewanne einlaufen und weichte sie ein, wischte ihnen den Dreck aus den Gesichtern, von den geschundenen Körpern, nicht wie eine Mutter, sondern wie eine kalte Fremde, die ihnen einen kalten Gefallen tat. Ich zog ihnen saubere Kleidung an, die einst dem Maler gehört hatte; er hatte sie zurückgelassen. In seiner Kleidung sahen die Beschädigten so aus, als könnten sie in unsere Fabrik marschieren und ihren Lebensunterhalt selbst verdienen. Die normalen Exemplare konnten das natürlich. Das geschah mit den meisten, wenn sie nicht mehr erwünscht waren. Sie konnten ihre Produktionskosten zurückzahlen und ein eigenständiges Leben führen. Die Beschädigten allerdings nicht. Sie könnten niemals arbeiten.

Das war es, was ich mir sagte, als ich schließlich einen aufschnitt: dass er in der Welt hilflos und allein sein würde. Ich versuchte nicht, auf seinen Namen zu sehen, als ich es tat. Ich wollte einfach nur das Innere sehen. Es kribbelte mir in den Fingern. Und als er nackt auf dem Bauch in meinem Bett lag und schnell einschlief, holte ich ein Messer aus der Küche und schnitt der Länge nach seinen Rücken auf, genau da, wo ich wusste, dass die Naht verlief. Ich zog die Haut nur so weit ab, wie es nötig war, um hineinzusehen. Ich nahm an, es würde weniger schmerzen, wenn ich die alte Nahtwunde öffnete. Denn diese PlayMatez fühlen Schmerzen. Zwar in geringerer Intensität, aber sie fühlen sie. Das gehört zu den Dingen, die sie so glaubhaft machen.

Die leuchtenden Kabel im Inneren verliehen dem Licht, das von den Straßenlaternen durch mein Fenster hereinfiel, eine blaue Tönung. Es ist nie dunkel in der Stadt. Ich konnte die Kabel in das dicke rote Muskelgewebe eingebettet sehen.

Ich zog die Hautlappen weiter auseinander, sodass ich den ganzen oberen Rücken betrachten konnte. Ich wollte wissen, ob meine Handarbeit ihn zu einem Beschädigten gemacht hatte, aber alles andere sah aus, wie ich es schon einmal gesehen hatte. Ich schob die Muskeln beiseite, damit ich die darunterliegenden Organe sehen konnte. Er war ein neueres Modell, wenn auch nicht das allerneueste, deshalb waren die Kabel ein wenig dick, und seine Lungen hatten die Farbe von Erbrochenem. Ich hatte seitdem diese beiden Probleme gelöst, beim Blick aufs Herz entdeckte ich allerdings etwas, das ich noch nicht geändert hatte, etwas, von dem ich gar nicht gewusst hatte, dass es einer Änderung bedurfte: Das Herz pulste von allein, eine von seinem Rhythmus unabhängige

Bewegung. Ich sah das rote Gewebe, wie es bumm, bumm machte, dann puls, bumm, bumm, dann puls, bumm, bumm, dann puls. Es schien mit diesen zusätzlichen Pulsen mehr Energie aufzuwenden, als es sollte, nutzlose Energie. Die Pulse schienen den Körper nicht in geringster Weise zu beeinflussen.

Ich berührte das Herz. Es fühlte sich unter meinem Finger wie ein feuchter Schwamm an. Es war zum Teil aus einem Schwamm gefertigt. Aus größerem Abstand hätte es wie ein menschliches Herz ausgesehen, ein birnenförmiger Klumpen mit einer einzigen Öffnung an der Oberseite, wo die Kabel angebracht waren, um Energie einzuspeisen. Plötzlich stöhnte er, und seine Innereien bebten. Ich geriet in Panik. Ich zog meine Hand zurück und versuchte, die Hautlappen wieder zusammenzudrücken, aber ich hatte nicht die richtigen Werkzeuge. Ich wich zurück. Er bewegte sich auf dem Bett. Ich konnte nicht zusehen, wie er aufstand. Wenn er aufstand, hätten Teile von ihm aus dem Rücken hervorquellen können; die Wirbelsäule, wie der Rest seiner Knochen an der Haut befestigt, hätte ihn nicht vor dem Zusammenfallen bewahren können. Ich zögerte, trat vor, dann griff ich wieder in seinen Körper und riss eine Handvoll Kabel heraus. Sie sprühten Funken in meinen Händen und wurden dunkel. Sein Herz schlug immer langsamer und blieb stehen, der letzte Puls gleichmäßig und kräftig.

Ich hörte, wie sein Mechanismus zum Stillstand kam, und dann lag er reglos in meinem Bett. Ich entfernte die Kabel, verstreute sie über die Bettdecke und sah in ihr Gewirr hinunter. So kannte ich sie am besten. Ohne Haut.

Seinen Körper warf ich, in eine schwarze Mülltüte gehüllt, draußen in den Müllcontainer. Es erschien mir wie ein schmutziges Klischee, und obwohl ich wusste, dass die Außerbetriebnahme eines Beschädigten kein Verbrechen darstellte, hatte ich das Gefühl, dass man mich erwischen würde. In dieser Nacht schlief ich nicht. Stattdessen dachte ich an den Beschädigten, dem ich bei der Selbstzerstörung zusehen würde. Ich fragte mich, ob ich wirklich jemand anderen bei etwas zusehen wollte, was ich mir selbst angetan hatte, als der Maler mich verließ. Aber der Gedanke erschien mir zu scharfsinnig, deshalb schüttelte ich ihn ab.

Das Herz gab mir zu denken. Ich verstand nicht, warum es Überstunden einlegen sollte. Als meine Schicht vorbei war, ging ich zum U-Bahnhof. Ich fand einen jungen Mann, der mit mehreren weiblichen Exemplaren ängstlich in eine Ecke gekauert schlief, mit

Dreck im Gesicht. Die Fremden in Bahnhof dachten vermutlich, dass ich für eine Notunterkunft arbeitete, also versuchte ich, mich auch so zu verhalten. Ich tätschelte seine Hand, als wir gingen.

»Ach, Schätzchen«, sagte ich. »Wir haben dich im Handumdrehen repariert. Der Hungerschalter wird umgelegt. Du wirst sauber gemacht. Und ja, mein Herr, du bekommst sogar ein sauberes Bett.«

Niemand sah mir in die Augen. Was die Damen in den Notunterkünften tun, wird nicht als Wohltätigkeit betrachtet, sondern als eine Bürde, die die Leute nicht mittragen wollen. Aber natürlich, vergegenwärtigte ich mir, arbeitete ich nicht in einer Notunterkunft. Ich arbeite für die Firma, die ihn in diese Lage gebracht hat.

Wieder zu Hause ließ ich, nachdem der Christopher sich bis auf die Haut ausgezogen hatte, das Badewasser einlaufen und führte ihn hin. Ich schrubbte allen Schmutz weg und fragte mich, wie er in so kurzer Zeit derart verdrecken konnte. Es war erst einen Monat her, seit wir seinen Prototyp produziert hatten. Er muss eines der ersten dreihundert Modelle gewesen sein, höchstens.

Was bedeutete, dass ungefähr zwei weitere Beschädigte wie er bereits draußen unterwegs waren.

»Am Anfang bin ich süßer Zucker, in der Mitte eine Rose, an meinem Ende ein Schätzchen. Was bin ich?«, sagte er, als ich ihm aus der Badewanne half. Sein schlaffer Penis schlug gegen die Innenseite meines Oberschenkels.

»Oh Gott«, sagte ich. »Dir hat man auf jeden Fall etwas gegeben, womit du angeben kannst.«

Es hatte einen Vorstoß in Richtung empfindungsfähiger Modelle gegeben. Ich stellte mir vor, dass seine Rätsel daher rührten, eine Kombination all der Liebesworte, die man ihm einprogrammiert hatte. Es langweilte mich. Ich wollte etwas, das auf verworrene Weise einen tiefgründigen Sinn ergab. Etwas, das ich möglicherweise in einem Gedicht gelesen hätte – wenn ich denn überhaupt Gedichte gelesen hätte.

Ich erlaubte ihm nicht, sich anzuziehen. Ich legte ihn ins Bett. An seiner Seite schlug mein echtes Herz wie wild. Als ich seinen Atem im Schlaf hörte, tief und rasselnd, schnitt ich ihm den Rücken auf.

Er war so neu, dass seine Kabel glänzten. Das Herz, das neuste Modell, pulste genauso wie die anderen. Ich griff hinein und umschloss es mit der Hand. Ich ignorierte die Bewegung seines Körpers. Ich riss das Herz heraus. Riss die Kabel heraus. Häufte sie auf dem Bett auf. Der Körper war stumm und still. Ich versteckte das

Herz in der Schublade meines Nachttischs. Ich saß da und starrte auf das Gewirr der Adern. Das Werk meiner Hände. Ich hätte mir nie vorstellen können, dass es so schön aussah. Immer noch glühte es blau vor Leben.

Ich tat dies wieder und wieder, am nächsten Abend und dem danach. Es begann, sich wie ein Teil einer Routine anzufühlen. Ohne es, ohne die ausglühende Asche künstlichen Lebens neben mir, konnte ich, wie ich feststellte, nicht einschlafen.

Dann fiel mir etwas anderes auf. Er war ein älteres Modell, eines der ältesten, und als ich sein Herz herauszog, bekam es Risse. Ich entdeckte in dem komplizierten Wirrwarr etwas, das ich nicht angefertigt hatte: ein kaum wahrnehmbares fleischfarbenes Kästchen. Ich entfernte es, und es verschrumpelte in meiner Hand wie ausgequetscht. Es war ein kleiner Quader, wie ein Sarg für eine Küchenschabe, aus einem Material gefertigt, das ich noch nie gesehen hatte, nahezu durchsichtig und von derselben Konsistenz wie die Silikonhaut. Im Inneren steckte etwas Hartes.

Ich grub meine Fingernägel in das Kästchen, und die fleischartige Substanz ließ sich ziemlich leicht abkratzen. Ich stelle mir vor, dass es sich nach ein paar Jahren mit dem Pumpen von Energie ringsum von selbst abgenutzt hätte. Ich konnte mir nicht erklären, wie es überhaupt so lang durchgehalten hatte. Nachdem ich das Weiche entfernt hatte, hielt ich eine harte Metallschraube in der Hand, nicht viel größer als mein kleiner Finger und braun verrostet. Ich drehte sie zwischen den Fingern. Sie roch nach feuchtem Kupfer. Ich hob sie an meinen Mund und streckte die Zunge aus. Sie schmeckte nach Blut – eindeutig Kupfer.

Ich verstand es nicht. Warum war sie da?

Ich durchstöberte mein Apartment, sammelte alle Herzen ein, die ich im Nachttisch, im Schrank, im untersten Fach des Kühlschranks aufbewahrt hatte. Ich riss sie alle auf, und in jedem einzelnen fand ich das gleiche Kästchen. In einigen war es weniger abgenutzt, nicht so leicht aufzukratzen, und in anderen noch mehr. Ich sammelte die Schrauben auf einem Haufen und starrte sie verwundert an. Ich wunderte mich so lang, bis mir die Augen tränten. Und dann schlief ich.

Ich träumte von Kabeln, die mich umschlossen. Sie krochen unter dem Bett hervor und bedeckten mich. Sie umhüllten mich so fest, dass ich nicht mehr atmen konnte, so wie ein verzweifelter Liebhaber seine Geliebte umklammert. Ich rang nach Luft, als ich aufwachte.

Ich nahm eine der Schrauben mit zur Arbeit, und alle zehn Minuten griff ich in meine Tasche, um sie zu berühren, nur um sicher zu sein, dass sie noch vorhanden war. Ich wollte mehr wissen. Aber es gab keine Möglichkeit, es auf mich gestellt herauszubekommen. Ich musste mich offenbaren. Ihnen sagen, was ich getan hatte. Reinen Tisch machen. Ich konnte meinen Job verlieren. Ohne meinen Job hätte ich nichts.

Ich ging nach Hause. Aber nicht bevor ich einen weiteren PlayMate fand, den ich mitnehmen konnte.

Sein Name, so stand es auf dem Oberschenkel, war Lachlan 1.0. Er war ein mittelaltes Modell aus der Zeit, als die Firma versuchte, ihr Image zu modernisieren. Das hatte sich schnell erledigt, als sie begriffen, dass die Leute aus dieser Welt entführt und in eine klassische Welt versetzt werden wollten, von der sie nur gelesen hatten. Lachlan 1.0 schnitt bei den Tests nicht besonders gut ab. Kurz nach seiner Entwicklung wurde er auf Lachlan I upgedatet. Die bereits produzierten Modelle wurden auf den Markt gebracht, verkauften sich aber schlecht.

Es war einfach nicht dasselbe. Der Lachlan war von Kopf bis Fuß modern. Er hatte metallisches Haar, zu einer Bürstenfrisur geschnitten. Das Haar von dem, den ich fand, war schmierig, mit Dreck befleckt. Alle Lachlans hatten ein X in einen der Vorderzähne geprägt und ein durchbohrtes, so weit gedehntes Loch im Ohrläppchen, dass man eine Teetasse hineinstecken konnte. Derjenige, den ich nach Hause mitnahm, hatte allerdings sein Piercing entfernt und ein verschrumpeltes Loch zurückgelassen. Sein Modell war dünn, schlaksig, anders als die übrigen PlayMatez. Deshalb passte er besser zu jungen Leuten. Er konnte, so hatte die Firma gehofft, eine große Kundenbasis von alternativen Jugendlichen anlocken, die einzige Zielgruppe, die wir noch nicht überzeugt hatten. Wie sich herausstellte, hatte die Firma keine Ahnung. Sie programmierten ihn so, dass er dumme Sachen sagte, die die hippe Jugendsprache imitieren sollten. Sie programmierten ihm einen leidenschaftlichen Widerstand gegen Autoritäten ein. Sie trainierten ihn auf alles, was Leute bei einem Roboter nicht sehen wollten.

Äußerlich bot er allerdings eine angenehme Abwechslung. Über seinen Oberkörper tanzte ein lebendiges Tattoo, zusammengesetzt aus winzigen LEDs, ein Ozean von Tinte, der über seinen Brustkorb rollte. Seine Haut streckte sich straff wie eine Leinwand über seinen Körper. Als ich ihm ein Handtuch reichte, bedauerte ich, dass er sich bedeckte.

Ich schlug vor, ins Schlafzimmer zu gehen, wo ich sehen wollte, wie sich seine Einzigartigkeit als künstlich erwies. Im Inneren würde er wie alle anderen aussehen. Er hätte ebenso eine Schraube in einem dieser Kästchen im Herzen.

»Hast du Pips hier?«, fragte er. Er ging durch die Badezimmertür und durch den Wohnbereich – mein Apartment war im Gemeinschaftsbereich ein offener Raum ohne Türen – in die Küche. Er durchsuchte die Schränke, die sich an einer Wand aneinanderreihten. Er öffnete den Kühlschrank und begutachtete seinen Inhalt. »Ich leere in der Nacht auch gern eine Schale Müsli, wenn du nichts dagegen hast.«

Auf einmal war ich nervös. Er sprach ganz normal. Aber er hatte diese beschädigte Erscheinung, das schon, und seine Stimme klang wie ein Echo dessen, wie sie sein sollte, tief und trällernd. Unterwegs hatte er nicht ein Wort zu mir gesagt, bis auf eine seltsame Bemerkung: »Wie befördert ein Zug jemanden aus der Unterwelt?« Jetzt bat er um Pips und Müsli, die ich beide nicht im Haus hatte.

Und er hatte sich von mir einfach so baden lassen. Wäre er nicht beschädigt gewesen, hätte er Einwände erhoben. Er hätte Konversation gemacht, mich nach meinem Namen gefragt.

»Ich habe ein bisschen Whisky«, sagte ich. »Altes Zeug. Es ist nicht mehr viel da, aber du kannst ihn gern haben.«

Ich deutete auf den Schrank. Er goss zwei Gläser ein und reichte mir eins.

»Sieh mal an«, sagte er und probierte einen Schluck. »Es ist nicht höflich, so etwas anzubieten.«

Ich leerte mein Glas in einem Zug. Er füllte nach.

»Lachlan, richtig?«, fragte ich. »Wie geht es dir heute Abend?«

Er hatte mir immer noch nicht in die Augen gesehen. Er schaute in sein Glas, dann über die Schränke.

»Besser, nachdem der ganze Dreck abgewaschen ist.«

»War das Bad angenehm?«

Dann tat er es endlich, sah mir direkt in die Augen. »Allerdings«, sagte er mit einem Zwinkern.

Ich ließ mich auf meinen Esszimmerstuhl niedersinken. Meine Hände zitterten. Ich stellte mein Glas ab.

»Du nicht?«, fragte er. »Ich dachte, darum ging es faktisch.« Er starrte wieder auf dieselbe Stelle an den Schränken.

»Suchst du etwas?«, fragte ich.

»Weißt du, ich habe mich gefragt, was eine unhöfliche Frau wie du sich dabei denkt, Leute von der Straße aufzulesen. Ich habe ehrlich gedacht, du würdest mich in eine dieser Notunterkünfte bringen. Ich dachte, ich hätte ein Festmahl vor mir. Was du hier hast, sind Kartoffelflocken und Sahneschnitten. Darf ich mir was nehmen?« Er nahm eine Packung Sahneschnitten aus dem Schrank, packte eine aus und schob sie sich in einem Stück in den Mund. »Du bist doch nicht eine dieser Frauen, oder?«, fragte er mit vollem Mund.

»Nein«, sagte ich und zupfte an meinen Nägeln. »Bist du Polizist? Ein Bevollmächtigter der Firma? Bist du geschickt worden, um zu überprüfen, dass ich mich nicht mit euresgleichen abgebe?«

»Ob ich ein Polizist bist?« Er lachte. »Warum? Bist du ungezogen gewesen?

»Natürlich nicht.« Ich leerte das zweite Glas. »Also ein Bevollmächtigter?«

»Du arbeitest wohl für die Firma? Sieh mal an. Ich finde, was du hier machst, ist wirklich ungezogen, stimmt's?«

»Ich habe nichts anderen getan, als dir ein Bad zu geben und ein paar Drinks zu spendieren.« Ich sah das Handtuch an, das er sich um die Hüfte geschlungen hatte. »Möchtest du etwas zum Anziehen haben?«

Er zuckte die Achseln. »Ich nehme an, dass ich mich hier sowieso irgendwann ausziehen werde. Wenn ich dein Fabrikat kenne.«

»Ich habe dich nicht gebeten, hier nackt herumzulaufen. Ich habe wirklich nur versucht, dir zu helfen. Ich dachte, du wärst ein Beschädigter.«

Er grinste. Sein Zahn war unter dem X abgesplittert.

»Das könnte ich sein, wenn du willst.« Er sah mich wieder an. »Was wollen Frauen?« Er lachte. »Das ist genug Rätsel für die Welt. Was ist die Quadratwurzel einer Frau?« Er hob die Whiskyflasche und schüttete sich etwas in den Hals. »Was brennt, wenn es untergeht, und singt, wenn es aufsteigt?«

»Hör auf damit«, sagte ich, schaute zur Tür und dann ihn wieder an. Ich überschlug meine Beine und stellte sie wieder nebeneinander, wrang meine Hände. »Ich habe versucht, dir zu helfen. Ich habe dich nicht hergebracht, damit du dich über mich lustig machst.«

»Ich brauche deine Hilfe«, sagte er. »Ich habe so viel Energie. Ich muss wissen, wie ein Mensch tickt.«

Als er auf mich zukam, versuchte ich nicht, mich abzuwenden. Er war nicht beschädigt, das konnte ich sehen, nicht so wie die anderen. Aber etwas in ihm war verloren gegangen, und ich wollte unbedingt herausfinden, was es war. Ich wollte ihn ohnehin aufschneiden. Ich wollte wissen, was da drin vor sich ging. Ich wollte diesen Körper auf meinem Bett haben.

Er schob mich am Esstisch vorbei, durch die Tür ins Schlafzimmer und auf das Bett. Bis er sich mühelos entkleidet hatte und mein Rock abgelegt auf dem Boden lag. Die Wärme seines Körpers beunruhigte mich. Ich schloss die Augen und stellte mir den Maler vor. Seine dämmerfarbene Haut. Seine traurigen braunen Augen. Aber der Maler war immer lautlos und stetig gewesen, wenn wir uns liebten. Lachlan aber stöhnte und zappelte. Dann kam der unbehagliche Moment, als ich ihm sagte, dass ich fertig war, was seinen eigenen Krampf auslöste. Sie waren so gemacht, dass sie kamen, wenn wir es ihnen sagten. Er zuckte unter mir.

Hinterher wartete ich darauf, dass er einschlief, aber die Uhr tickte über drei Uhr morgens hinaus, und er sang neben mir immer noch, ein vulgäres Trinklied.

»Schläfst du nicht?«, fragte ich.

»Nicht viel«, sagte er. »Nicht wenn mich jemand so anschaut.«

Ich versuchte, ihm etwas vorzuspielen, aber in dem Moment, als ich die Augen schloss, nickte ich wirklich ein.

Als ich aufwachte, hatte er sich über mich gebeugt, ein Knäuel Kabel in den Händen.

»Ich verstehe, warum du besorgt warst«, sagte er, »dass ich ein Polizist sein könnte. Weißt du, ich glaube, es gibt gar kein Gesetz dagegen.« Er ließ die Kabel auf meinen nackten Bauch fallen. »Es sei denn, natürlich, du arbeitest für die Firma. Du darfst keinen eigenen PlayMate besitzen. Das heißt, wir reden hier von einem Diebstahl. Und obendrein ist es Zerstörung gestohlenen Eigentums, wenn du sie so auseinandernimmst. Die höchste Stufe der Zerstörung, scheint mir – die Zerstörung künstlicher Intelligenz.«

Ich setzte mich auf. Unter ihm bedeckten die restlichen Kabel, die ich aufgehoben hatte, den Boden meines Schlafzimmers, unterm Bett hervorgezerrt und vom Bett bis zur Tür verstreut. Die Schubladen in meinem Nachttisch und der Kommode standen offen. Auch aus ihnen quollen Kabel.

»Nein, weißt du, das ist meine Arbeit. Ich modelliere diese Kabel«, sagte ich, mit einem Anflug von Schwindel und bebendem Herzen.

»Sieh mal an. Wenn das stimmt, Miss Robin Kirkland, müssten Sie doch wissen, dass die blaue Farbe nur durch Benutzung entstanden sein kann.«

»Natürlich«, sagte ich. »Natürlich weiß ich das. Es ist offensichtlich, dass sie mir nach der Demontage gegeben wurden. Damit ich einen Blick auf meine Arbeit werfen kann.«

»Ich begreife allerdings nicht, warum eine anständige, unhöfliche Frau wie du uns die Innereien herausreißt. Was findest du da drin?«, sagte er mit harter Stimme.

»Wirst du dich an die Firma wenden? Wirst du's ihnen melden? Ich konnte die Schweißperlen auf meiner Stirn spüren. Das Zimmer war heiß. Ich versuchte, mich aufzusetzen, aber mir war zu schwindelig.

»Das sollte ich. Um meine eigene Haut zu retten, nicht wahr?« Dann trat ihm ohne jede Vorwarnung wieder dieser leere Ausdruck ins Gesicht, so als habe er dieses Zimmer noch nie gesehen. »Aber es wäre nicht so. Ich wäre nur noch Kabel und Dreck, wäre ich doch. Klar, könnte sein, dass sie dich rauswerfen, aber ich – was könnte mich zum Schweigen bringen außer Dreck?«

Es klang wie ein Gedicht.

»Nein, ich werde es der Firma nicht melden. Nicht wenn du mir erklärt hast, worauf du gestoßen bist.«

Die Worte kamen mir mühelos über die Lippen. Ich wollte es ihm erklären, damit er mich nicht meldete, damit er nicht schlecht über mich dachte, damit er mich verstand, und sei es nur ein bisschen. Also erzählte ich ihm alles, anfangen mit dem ersten unklaren Drang, beschädigte PlayMatez mit nach Hause zu nehmen – dass mir gefiel, wie die Resultate meiner Arbeit unter mir lebendig und pochend aussah, und dass ich etwas Kaltes brauchte, woran ich mich festhalten konnte, weil ein warmer Körper, so wie seiner, mich nur an den Maler erinnerte – bis zu einem unwiderstehlichen Verlangen, in ihr Inneres zu schauen, zu entdecken, woher die Kälte eines Körpers herrührte. Ich erzählte ihm von den bedeutungslosen Pulsen ihrer Herzen und wie ich die fleischfarbenen Kästchen mit den Schrauben darin gefunden hatte. Als ich am Ende meines Berichts anlangte, sah er mich an, als hätte ich ihm gesagt, dass ich starb.

»Weißt du, ich fühle, wie ich verschleiße«, sagte er. »Macht mir ganz schön Angst. Du weißt, ich bin keiner von ihnen, den Beschädigten Aber ich habe gesehen, was aus meinen Fabrikaten wird. Meistens dauert es zu lang. Wir werden in Schränken zurückgelassen oder in Abfallcontainer geworfen.« Er warf mir einen Blick zu, bei dem ich mich für einen Moment fragte, ob er mich die ganze Zeit beobachtet und die Mülltüten gesehen hatte, die ich hinaustrug. »Aber diejenigen von uns, die immer noch angeschaltet werden, sind meistens irgendwann beschädigt.« Er zuckte die Achseln. »Zwei bis fünf Jahre, wenn wir pfleglich behandelt werden.«

»Die Resultate meiner Arbeit sollten länger halten. So sind sie entworfen.«

»Was ist mit diesen Schraubenkästchen? Welche Lebensdauer ist für sie vorgesehen?«

»Ich fertige sie nicht«, sagte ich. »Ich weiß nicht, woher sie kommen.«

»Mir scheint, wir sind nicht dafür gemacht, lang zu halten. Ich glaube, eine vertrauliche Beziehung verläuft nach höchstens fünf Jahren im Sande.«

»Wie alt bist du?«

»Fünf. Und ein halb.«

»Du siehst gut aus für dein Alter.«

Aus der Nähe betrachtet waren seine Augen grau wie der Smog draußen, seine Augenwimpern lang und schön. Vielleicht war es mir wegen der Dunkelheit nicht früher aufgefallen. Oder vielleicht hatte ich mich selbst davon abgehalten, weil ich keine Bindung entwickeln wollte.

»Ich will nichts über dich wissen«, sagte er. »Aber ich will wissen, was in mir ist.«

Ich schüttelte den Kopf. »Das könnte ich nicht.«

»Nicht das, du verrückte Frau. Ich will arbeiten gehen.«

Wir fuhren mit der U-Bahn hinüber, sobald das Gebäude geschlossen hatte. Ich hatte einen Schlüssel für meine Nachtschichten, der uns die Eingangstür öffnen würde, aber wir würden damit nur bis zu meiner Werkstatt kommen. Lachlan sagte, dass ich mir keine Sorgen machen sollte, und obwohl ich nicht wusste, ob ich ihm vertrauen konnte, war es mir gleichgültig. Ich war müde; was wir taten, bereitete mir ein mulmiges Gefühl im Magen, wie es nicht mehr vorgekommen war, seit der Maler und ich uns schweigend auf dem Küchenboden geliebt hatten. Also führte ich Lachlan durch das Foyer, schlich mit ihm an den Kameraaugen vorbei. Wir fuhren mit dem Aufzug in den fünften Stock. Wir stiegen aus. Dies waren die Türen, die zu den Leuten gehörten, die nichts mit den Händen taten. Sie beobachteten und fällten Entscheidungen, aber sie rührten nie einen von ihnen an, jedenfalls nicht in einem beruflichen Kontext.

Lachlan ging voran. Wie sich herausstellte, war er schon einmal hier gewesen. Er war, gab er flüsternd zu, von der Firma beauftragt worden. Sie hatten mich gesehen. Hatte ich denn wirklich geglaubt, dass sie mich nicht sehen würden? In der U-Bahn, wenn ich die Beschädigten von Boden aufhob, sie mit mir in den Zug zerrte.

Er wusste, wo die Akten aufbewahrt wurden.

Ich hatte Lust auf dieses Abenteuer. Ich wollte nach Hause zurücklaufen. Ich wollte Lachlan an die Wand drücken und ihn nehmen. Mein Atem stockte. Aber ich wusste, was wir finden würden. Dieser Ausflug war wirklich nur Theater. Ich wusste, dass ich meinen Job verlieren würde, früher oder später, und Lachlan wusste, dass er sich selbst verlieren würde. Natürlich programmierte die Firma unsere Roboter so, dass sie früher oder später ausfielen. Natürlich war vorgesehen, dass die Kästchen biologisch abgebaut wurden und die Schraube im Herzen freigesetzt würde, wo sie Gewebe durchlöchern und irreparabel schädigen würde. Firmen produzierten schon seit vielen Jahren Produkte, die nach einiger Zeit ausfielen. Mit Kühlschränken hatte es angefangen, und nun waren wir hier.

Aber warum wurden einige von ihnen gleich beschädigt produziert? Wenn die Firma sie absichtlich produzierte, waren sie vielleicht für Leute wie mich bestimmt, selbst so kaputt, dass sie keine unbeschädigten Dinge um sich haben wollten? Ich hoffte fast, dass dies der Fall war. Es bedeutete, dass es genug Leute wie mich gab, um einen Markt für sie zu betreiben.

Als wir an der Bürotür standen, grub Lachlan einen Fingernagel in die rechte Seite seiner Brust und zupfte sein Steuerpult auf. Er steckte seinen Finger hinein und zog einen quadratischen Chip heraus, so klein wie ein Zahn. Zuerst dachte ich, es sei seine Speicherkarte, aber das war nicht der Fall. In einem ähnlichen Pult neben der Tür befand sich ein Schlitz, in den er den Chip hineindrückte. Die Tür sprang mit einem Klicken auf. Wir traten ein.

»Wie hast du das gemacht?«, fragte ich.

»Also ich vor ein paar Jahren hier war, um meinen Papierkram zu erledigen, habe ich gesehen, wie sie das gemacht haben. Ich erkannte die Technik. Und da habe ich mir selber einen gebastelt«, flüsterte er, obwohl wir allein waren. »Die Kameras habe ich auch angehalten.«

Der Aktenschrank war abgeschlossen – die Firma bewahrt ihre Dokumente außerhalb der Computer auf Speicherscheiben auf, aus Angst vor Hackern, Konkurrenten und Freiheitsrechte-Organisationen. Lachlan stocherte mit einer Haarspange im Schloss herum. Ich

wollte lachen, brachte es aber nicht über mich, Lärm zu machen. Im Inneren fand er mehrere kreisrunde Scheiben, die in Form und Größe an Golfbälle erinnerten, mit Datumsetiketten versehen, die bis in die Anfangszeit der Firma zurückreichten. Er ließ sie in eine Tasche fallen, die er mitgebracht hatte. Wir verließen das Gebäude auf demselben Weg, wie wir es betreten hatte.

Anschließend, als wir durch die Straßen liefen, die Tasche an mich gedrückt, spürte ich die Luft im Gesicht, und es fühlte sich an wie damals, als ich ein Kind war, als ich dann eine junge Frau war, verliebt in einen Mann aus Fleisch und Blut, dessen Kleidung nun den Roboter verhüllte, der vor mir lief. Ich musste mehrmals eine Pause einlegen, um Atem zu schöpfen. Lachlan lief auf dünnen Beinen voraus.

Der Maler hatte auch dünne Beine gehabt. Er hatte sich immer wie ein Schatten durch mein Apartment bewegt. Er war auch kaputt gewesen. »Depression erscheint mir als ein so dürres Wort«, hatte er mir oft im Dunkel gesagt, »und es ist ein so dürres Gefühl.« Er gab dieses Kaputtsein an mich weiter. Er träumte von anderen Ländern, vom Laufen über einen grünen statt einen grauen Boden. Als er eine Gelegenheit dazu bekam, ging er.

»Komm mit mir.« Wir hatten im Bett gelegen. Von draußen hörten wir das gedämpfte Geschrei der Anzeigetafeln, die vier Häuserblöcke weiter in der AdZone ansprangen. Ein Lärm, an den man sich gewöhnte. Er behauptete, dass er sich nie daran gewöhnt hatte, nie daran gewöhnen würde. »Du musst hier raus.«

»Ich kann nicht«, sagte ich und drehte mich auf die andere Körperseite. Wie konnte ich gehen ohne eine Garantie, dass wir es schaffen würden, ohne eine Garantie, dass das Leben auf der anderen Seite besser sein würde? Seine Dunkelheit war schön, aber er würde mich ersticken in einer Welt, wo ich nichts war, außer sein. Schließlich ist ein Ort nur ein Ort. Dort würde es nichts geben, das mich in eine andere Art von Person umformen konnte.

Ich ging nicht mit ihm. Er ließ mich zurück.

In meinem Apartment sah Lachlan die Dateien durch, indem er nacheinander die Speichermedien in sein Steuerpult einsteckte. Als er fand, wonach wir suchten, öffnete ich die Dateien in meinem Computer. Ich hatte recht und doch unrecht; die Beschädigten waren kein Fehler. Oder besser, sie waren kein so großer Fehler, wie die Firma die Leute gern glauben gemacht hätte. Sie waren, wie die Dateien besagten, ein unglücklicher Begleitumstand der eingebauten Alterung, des biologisch abbaubaren, fleischfarbenen Kästchens, der Schraube, die die Firma in das Herz jedes PlayMatez platzierte, sodass sie nach rund fünf Jahren ruiniert waren und den Kunden veranlassten, einen Ersatz zu erwerben. Ohne die eingebaute Alterung würde der Stamm zufriedener Kunden der Firma zufrieden bleiben – es gäbe keinen Grund für sie, einen anderen PlayMate zu kaufen, wenn der erste immer noch funktionierte – und die Firma keine Gewinne mehr erzielen. Pro Modell kostete es sie zusätzliche zehn Dollar, um die Schraube einzusetzen. Nur in einigen Modellen, den Beschädigten, stieß der Körper den Fremdkörper ab. Er war nicht einprogrammiert worden und war deshalb nicht Teil des Systems, wie die Elektronik es kannte. Selbst innerhalb der fünf Jahre, die es dauerte, bis die Schraube sich gelöst hatte, waren solche Modelle außerstande, ordnungsgemäß zu funktionieren.

Manche könnten denken, überlegte ich, als ich den Text durchlas, dass die Beschädigten die klügeren Modelle sind. Sie wussten, dass mit ihren Teilen etwas nicht stimmte, und sie wollten nicht so tun, als sei dem nicht so.

»Robin, wie konnten sie es wissen?«, fragte Lachlan und warf die Scheibe aus dem Computerlaufwerk aus. »Wie ist das möglich?« Er trank noch ein Pips aus. Die leere Flasche klirrte über den Betonboden, auf dem wir saßen. Die Scheiben waren rings um uns verstreut wie Kieselsteine.

»Keine Ahnung«, sagte ich. Mir war, als müsste ich mich bei ihm entschuldigen. Aber ich hatte auch das Gefühl, dass er ebenfalls gewusst haben musste, was wir finden würden, und deshalb nahm ein Teil von mir an, dass er die ganze Zeit danach gesucht hatte.

»Die faktische Frage ist, wie kann ich es aus mir entfernen?«

Es gibt keine Möglichkeit, wollte ich sagen. Wenn die Haut erst aufgetrennt ist, gibt es keinen Weg zurück.

»Wir könnten es öffentlich machen. Wenn die Leute es wüssten, würden sie vielleicht …«, sagte er.

»Vielleicht«, sagte ich.

Er kniff die Augen zusammen. »Du glaubst, sie wissen es bereits?«

Meine Hand lag auf seiner Schulter. Seinen Augen fehlte das lebhafte Funkeln menschlicher Augen. Wenn er sprach, merkten die Leute, dass die Anzahl der Dinge, die er sagen konnte, begrenzt war; ihm stand nur eine begrenzte Anzahl möglicher Kombinationen von Buchstaben und Zittern, möglicher Stimmlagen zur Verfügung. Seine Kabel würden ausbrennen, und es würde kein Grab für ihn geben. Schrottplätze würden die Friedhöfe der Beschädigten sein, und wenn alle Aufzeichnungen unserer Zeit verloren und von uns allen nur noch Knochen übrig waren, hätten die Beschädigten keine Namen, denn sie hatten auch keine Knochen. Ihre Teile würde man einschmelzen, um mehr Dinge zu fertigen, mit denen Menschen die leeren Räume in ihren Schlafzimmern, ihren Werkstätten füllen konnten. Ich bemerkte, dass sich Lachlans Haut unter meiner Handfläche kalt anfühlte.

»Wir sollten es ihnen sagen. Wir sollten es wenigstens versuchen.«

Er hatte ein Grinsen im Gesicht, das ich noch nie bei ihm gesehen hatte, dümmlich und mit großen Augen. Dies, schien es zu sagen, war eine vollkommen neue Art von Abenteuer. Dabei konnten wir ums Leben kommen.

Aber ich wusste die Wahrheit: dass er sich zu viele Filme auf den YouChannels angeschaut hatte, zu viele Thriller, in denen Korruption immer verhängnisvolle Konsequenzen hatte. Ich hielt ihn bei Laune, denn ich mochte das Grinsen. Es erinnerte mich an ein Grinsen, das ich früher gekannt hatte. Mein eigenes.

Als wir ins Bett gingen, redete er, als habe er Aufputschmittel geschluckt. Während die Nacht verging, wärmten seine Worte das Zimmer auf. Ich trat in einen Raum zwischen den Träumen ein. Seine Worte waren weniger sinnvoll.

»Und dann fragte ich natürlich, warum sonst sollte eine Tür wie ein Nymphensittich sein? Und der Chef sagte, Nymphensittiche fliegen nur am Abend fort in den Norden. Und da wusste ich natürlich, wie auch sonst, dass ein Nymphensittich insofern wie eine Tür ist, als er auch wie ein Schreibtisch ist.«

Ich brummte im Schlaf: »Was ist ein Nymphensittich?« Es war ein Wort, das ich nicht kannte, und ich war überrascht, dass er Worte kannte, die ich nicht kannte.

Ich wartete auf seine Antwort, aber es kam nur Schweigen. Als ich die Augen aufschlug, war er verschwunden. Für einen Moment fragte ich mich, ob ich ihn mir eingebildet hatte. Dann hörte ich das Geräusch im Badezimmer, ein Klirren, als ob jemand ein einen Nagelknipser fallen gelassen hatte.

Ich ging zu ihm. Das Badezimmer hatte ein Fenster, und das Licht von der Straße fiel über seinen nackten Körper. Ich sah ihn kaum beleuchtet im Spiegel. Sein Tattoo verzerrte sich, der Ozean wurde aufgewühlt. Er stand am Waschbecken, die Hände nah am Gesicht, und der schien etwas von der Innenseite seiner Hand abzukratzen, dort wo die Lebenslinie war. Mich befiel der Drang, sehen zu wollen, ob sich seine Lebenslinie wirklich nur für eine Spanne von höchstens fünf Jahren hinzog, eine Illusion natürlich, wenn sich jemand in der Firma darüber Gedanken gemacht hatte; ob die Linie den wahren Stand der Dinge wiedergeben oder das zeigen würde, was die Kunden gern sehen wollten.

Ich blieb nah bei ihm stehen, so nah, dass ich seine saubere Haut riechen konnte, den leichten Moschus seiner Unterarme. Den Geruch hatten sie gut hinbekommen. Ich wollte seine Lebenslinie sehen. Ich wollte ihm dabei helfen, jede Narbe abzuwaschen, die auf irgendeine Weise diese Linie beschädigt hatte. Aber als ich nah genug war, um ihn zu berühren, sah ich es: eine Schere im Waschbecken, ein ausgezacktes Loch von der Größe eines Knopfes in seiner Handfläche und Lachlan, der die Haut aufriss, die Wunder vergrößerte, bis die ganze Handfläche offenlag.

Ich wollte ihn aufhalten, aber ich war gebannt von der Schönheit dieses glühenden blauen Kabels im Dunkeln, im Spiegel. In seinem Spiegelbild erzeugte das Licht einen Schatten seiner Silhouette, aber ich konnte mich auf nichts anderes konzentrieren als auf die Perlen von Licht, die uns in überkreuzten Linien anfunkelten. Sie sahen aus wie die auseinandergezogenen Stränge einer Doppelhelix.

»Bin ich ein Nymphensittich?«, fragte er. »Bin ich schön? Bin ich faktisch? Bin ich kaputt?«

Das waren Fragen, auf die ich keine Antwort hatte.

»Bin ich schön?«, fragte er wieder. Er blickte in seine beschädigte Hand, während seine andere Hand die Kabel im Inneren packte. Er zog, und ein Kabel zerriss. Der Ausdruck seiner Augen im Spiegel wurde distanzierter, kälter, als ich sie je gesehen hatte. Ich schlang meine Arme um ihn und half ihm, das Blaue aus seinem Körper zu ziehen. Während wir beide zogen, verwelkte er, bis nur noch synthetische Haut und Muskeln auf dem Boden lagen. Ich schälte die Haut ab. Ich hielt sein Herz in der Hand. Die scharfe Kante der Schraube ragte aus dem Muskel, durch den sie sich schließlich hindurchgearbeitet hatte.

Ich antwortete nie auf seine Rätsel. Die Information behielt ich für mich, die Speicherscheiben schickte ich in einem versiegelten Plastikbeutel zurück. Ich ging fort, zog in eine andere graue Stadt, wo ich einen neuen Job fand, der mich überallhin verfolgte. Ich versuchte, die Kälte zu meiden. Ich ließ die Beschädigten zurück.

DIE AUTORIN: Bonnie Jo Stufflebeam ist die Autorin des Horrorromans »Grim Root«, der Kurzgeschichtensammlung »Where You Linger & Other Stories« und der Horrornovelle »Glorious Fiends«. Ihre Kurzgeschichten und Gedichte sind in über 90 Publikationen wie *Popular Science*, *Lightspeed* und *LeVar Burton Reads*, sowie in sechs Sprachen erschienen. Nachts ist sie zweimalige Finalistin beim Nebula Award. Tagsüber arbeitet sie als Narrative Designer und schreibt Spiele für Handys. Sie lebt mit ihrem Partner und einer mysteriösen Anzahl von Katzen in Texas.

DER ÜBERSETZER: Michael K. Iwoleit wurde 1962 in Düsseldorf geboren und lebt heute in Wuppertal. Er absolvierte eine Ausbildung als biologisch-technischer Assistent, studierte Philosophie, Germanistik und Sozialwissenschaften und ist seit 1989 freier Autor, Übersetzer, Kritiker und Herausgeber vor allem im Bereich Science Fiction und phantastische Literatur. Er ist Mitbegründer und Mitherausgeber der Magazine Nova und InterNova, veröffentlichte fünf Romane, einen Erzähl – und einen Essayband sowie zahlreiche Erzählungen, die in insgesamt acht Sprachen übersetzt wurden. In der SF-Szene wurde er vor allem für seine Novellen bekannt, für die er fünfmal mit dem Deutschen Science Fiction Preis und zweimal mit dem Kurd Laßwitz Preis ausgezeichnet wurde.

DIE ZEICHNERIN: Jaana Redflower kommt ursprünglich aus Mülheim an der Ruhr, hat in Essen Kommunikationsdesign an der Uni Folkwang studiert (mit künstlerischem Schwerpunkt), lebt nun in Witten. Sie ist Künstlerin, Musikerin und Autorin. Derzeit entsteht zu ihrem neuen Cyberpunk-Musikprojekt, den Gamma Rats, ein Roman. Infos zu allen Projekten gibt es unter www.jaana-redflower.de.

Sonya Dorman

Das tiefste Blau in der Welt

Übersetzt von Marianne Labisch

Es war eine kleine schalenförmige Vase in einem tiefen Blau. Die weiblichen Kurven schmiegten sich in ihre Handflächen, als sie sie trug. Sie hatte alte Schuhe an, einen alten, aber adretten Rock und eine zerlumpte Bluse. Alles, was sie in ihren Händen trug, war die Vase. Sie war vollkommen leer.

»Wir sind da, Liebes«, sagte die Oberin und schob sie dabei in den langen, hohen Schlafraum. Streifen von Sonnenlicht von den hohen Fenstern des alten Gebäudes glitten über die Schulter des Mädchens und ließen ihre Zöpfe in Gold und Rotbraun erstrahlen. Zwei Mädchen am anderen Ende des Raumes, die gemeinsam auf einem Bett saßen, spielten ein Spiel. Die Oberin führte das neue Mädchen zu einem unbelegten Bett, auf dem eine makellose kalkweiße Bettdecke lag. Neben dem Bett stand ein kleines Holzgestell mit zwei Schubladen. Die Hände des Mädchens glitten mit der Vase darüber, hielten sie in den Sonnenschein, um sie in tiefem Blau erstrahlen zu lassen, und dann in den Schatten. Schließlich stellte sie die Vase ab, setzte sich auf das Bett und legte die leeren Hände in den Schoß.

»Mädchen«, sagte die Oberin zu den anderen beiden, »Das hier ist Anna.«

Sie drehten sich um und sahen Anna an, weder feindlich noch freundlich, nicht einmal neutral. Anna schaute weiter auf ihre eigenen Hände. Schmal mit brauner Haut an den Knöcheln und gelber Hornhaut an den Handflächen.

»Mädchen«, wiederholte die Oberin mit warnendem Unterton. Sie standen auf, kamen rüber und trugen fade, uninteressierte Gesichter zur Schau.

»Hallo, Anna«, sagten sie. In diesem Moment brach draußen ein Höllenlärm los, und die beiden Mädchen und Anna auch schauten durch die schweren Fensterrahmen auf die Rakete, die vom Raumhafen hinter der fernen Mauer aufstieg. Der Himmel hatte die klare Farbe einer Flamme wie bei brennendem Alkohol. Die Rakete stieg auf, hinterließ zerrissene Luft und die betäubten Ohren der Zuhörer und drei junge Gesichter, in denen sich Sehnsucht und Verlust spiegelten.

»Ja, du kannst sie die ganze Zeit starten sehen«, sagte die Oberin mit falscher Fröhlichkeit. »Macht euch mal miteinander bekannt. Die anderen werden bald von der Schule zurück sein.«

Nachdem sie den langen Raum verlassen und die schwere Tür hinter sich ohne ein Geräusch geschlossen hatte, blickte Anna auf und sah die anderen beiden an. Sie hatten verschlossene Gesichter, alle drei, aber eins der stehenden Mädchen mit schräg stehenden braunen Augen in einem süßen Gesicht beugte sich zu dem Neuzugang runter und fragte: »Wo?«

»Mars«, antwortete Anna, »Letzte Woche auf dem Mars.«

Schlaksig und blond balancierte das andere Mädchen am Rande der Schönheit, war aber noch nicht komplett darin eingetaucht. Sie drehte den Kopf weg. »Mein Vater ist immer noch im Orbit«, sagte sie. Sie war stolz. Der Stolz hörte sich wie ein scharfes Messer in ihrer Stimme an, die sie noch nicht so unter Kontrolle hatte, wie ihre Gesichtszüge.

Das Mädchen mit den braunen Augen fragte: »Wie alt bist du?«

»Vierzehn«, antwortete Anna und schaute zu der leeren blauen Vase.

»Dann wirst du nicht länger als ein Jahr hier sein«, sagte die Blonde und versicherte ihr: »Ich bin fast so weit, gehen zu können. In einem Monat bin ich fünfzehn. Lupe ist so alt wie du.«

»Wo gehst du hin?«, fragte Anna.

Das blonde Mädchen lächelte und plötzlich reifte ihr Gesicht zu wahrer Schönheit, kühl und stolz, das Gesicht einer Frau. »Zur Hochzeitsbank.«

»Sofort?«

»Nein, Dummkopf«, sagte Lupe und setzte sich neben sie. »Conny muss zuerst für ein Jahr auf die andere Schule gehen. Weißt du das nicht?«

»Ich weiß gar nichts«, gab Anna zu.

Conny zuckte die Schultern. Sie ging zum Fenster und lehnte eine Hand gegen die bruchsichere Kunststoffscheibe. Dort gab es nichts zu sehen, außer die Wände von riesigen Gebäuden und darüber den Himmel, in den ihre Väter verschwunden waren. Aus der Ferne erklangen plötzlich jüngere Stimmen.

»Die Kleinen werden bald hier sein«, sagte Lupe. »Wir sind die Ältesten.«

Conny war zurückgekommen und sah neugierig auf die blaue Vase. Sie bewegte eine Hand, als ob sie sie anfassen wollte, und Anna sprang aus dem Bett und schrie vor Angst und Abwehr. »In Ordnung«, sagte Conny zu ihr. »Alles in Ordnung. Ich habe es nicht so gemeint.«

Lupe zeigte auf die Vase und fragte: »Vom Mars?«

Anna neigte den Kopf. »Nein«, flüsterte sie. »Nein, er hat sie für meine Mutter aus dem Flachland mitgebracht.«

»Hat sie wieder geheiratet?«, fragte Conny.

Annas Kopf neigte sich weiter, ihre braunen Zöpfe hingen ihr über die Schultern. »Nein.«

»Sie muss«, sagte Conny mit einer harten Stimme.

Anna antwortete: »Ich weiß, aber sie hat es nicht getan.«

Lupe sagte: »Wenn sie unter fünfunddreißig ist, muss sie. Oder sie geht ins Gefängnis.«

»Sie ist ins Gefängnis gegangen. Heute Morgen ist sie gegangen, als sie mich holten.«

»Das ist nicht fair«, sagte Conny und hob Annas Kopf mit einer Hand hoch und blickte sie böse an. »Unsere Mütter mussten sofort heiraten, warum sollte sie also nicht müssen? Der Krieg frisst die Männer und wir müssen mehr Männer produzieren. Was nimmt sie sich für Rechte raus?«

»Sie hat es sich ausgesucht«, schrie Anna und schlug Connys Arm weg. »Sie hat das Recht zu wählen.«

Wieder hörten sie die großartige und überwältigende Explosion von Krach vom Raumhafen und die drei Mädchen drehten sich zum Fenster. In tiefstem Schweigen sahen sie das Kriegsschiff in den strahlend blauen Himmel aufsteigen und in Richtung Kampf verschwinden. Lupe schluckte. Conny strich ihr blondes Haar aus dem Gesicht.

Anna legte ihre Hände sanft je auf eine Seite der Vase und wärmte sie.

Die Schlafsaaltür schwang auf und eine Reihe jüngerer Kinder betrat den Raum, lachend und miteinander redend. Ein Mädchen weinte, ihr Gesicht war nass und schmutzig, und die anderen schubsten sie, drückten und zogen, schwärmten aus wie Welpen im Gehege. Die Oberin kam rein und sortierte sie zügig durch, schickte das weinende Kind auf die Krankenstation und die anderen zum ruhigen Spielen auf ihre Betten.

Als die untergebracht waren, kam sie zu den älteren Mädchen. »Habt ihr euch angefreundet?«, fragte sie fröhlich. »Ich bin sicher, dass du, Lupe, Anna durch den Tag helfen wirst, bitte. Conny, du wirst oben im Büro gewünscht.«

»Ich?«, rief sie und sprang ins Licht. »Ich bin fertig? Jetzt?«

»Ich weiß nichts darüber, meine Liebe«, sagte die Oberin. »Ich glaube nicht, dass du schon fertig bist, dein Geburtstag war noch nicht. Aber sie wollen dich sehen.«

Ohne einen Blick zurück ging Conny schnell aus dem Raum, durch die offene Tür und sie konnten sie die Stufen hinauf rennen hören, die zum Büro führten.

Lupe schaute verängstigt aus. »Sie werden sie nicht jetzt schon nehmen?«, wandte sie sich bittend an die Oberin.

»Ich glaube nicht, meine Liebe.« Die Oberin schüttelte den Kopf. Sie verließ den ruhigen Raum und als sie die Tür schloss, wurde die Stille tiefer und tragend, so als ob jedes Kind den Atem anhielte. Die, die gespielt hatten, beendeten ihre Spiele. Diejenigen, die sich liegend ausgeruht hatten, setzten sich auf. Sie warteten gespannt auf ihren Betten in zwei Reihen, in allen Größen, Figuren, Farben von Fünf bis Fünfzehn. Zwanzig Mädchen starrten aus dem Westfenster, wo die untergehende Sonne durchstrahlte und sie fast erblinden ließ. Der Boden, die Fenster, Kinder, die Luft, alles erzitterte mit der Explosion. Ein Schiff schoss aus ihrem Sichtfeld hinauf und verschwand.

Nach und nach kehrten sie zu ihren Spielen zurück. Lupe saß immer noch auf Annas Bett, und als Anna sich schließlich setzte, berührte sie Anna sanft mit den Fingern. »Wir werden Freunde sein«, sagte sie. »Wir sind gleich alt. Vielleicht werden wir in der gleichen Gruppe zur Heiratsbank gehen.«

Anna drehte ihren Kopf weg und betrachtete die dunkelblaue Vase. »Vielleicht«, sagte sie.

Ein Mädchen, ungefähr zehn, mit stämmigem Körper, kam langsam rüber zu ihnen, drückte sich in den engen Raum zwischen Annas Bett und dem nächsten, reckte ihren Kopf auf dem langen Hals vor und starrte auf die Vase. »Hey,«, sagte sie, »Das ist eine schöne Farbe.«

»Ja«, stimmte Anna zu.

»Darf ich sie berühren?«

»Nein.«

Das junge Mädchen blickte Anna mit einem Ausdruck zwischen Spott und Traurigkeit an. »Etwas Besonderes, hm?«

»Sie gehört mir«, erklärte Anna.

Das Kind fragte: »Wo?«

»Mars.«

»Meiner hat seine genau hier bekommen. Das Schiff ging hoch, als sie es betankten. Es war noch nicht einmal gestartet. Genau hier. Du kannst es sehen, wenn du aus dem Fenster schaust.«

Anna schloss die Augen. »Wie kannst du nur darauf gucken?«, fragte sie flüsternd.

»Ich soll gucken, weißt du? Was denkst du, warum man uns gerade hier untergebracht hat? Wir werden geschult. Ich bin seit vier Jahren hier. Ich bin es gewohnt, es mir anzusehen. Dir werden sie das auch noch beibringen. Man zählt fünfzehn Männer für jedes Schiff, das startet, ein Schiff alle halbe Stunde zwischen Sonnenauf- und -untergang. Zähle die Söhne, die deine Mutter hat, und die Söhne, die du haben wirst, nachdem du ein paar Mal zur Heiratsbank gegangen bist. Das wird hier gelehrt.«

»Du gehst besser zurück zu deinem Bett«, sagte Lupe zu dem Mädchen. »Ich glaube nicht, dass du an deinem ersten Tag hier darüber hättest reden wollen.«

»Oh, ich kann mich nicht mal mehr an den ersten Tag erinnern«, sagte das Kind und blickte zurück auf die Vase. »Es ist eine schöne Farbe«, sagte sie. »Ich glaube, das ist das tiefste Blau der Welt.« Nach einer Pause fuhr sie fort: »Ich habe vier Brüder. Ich werde vier Söhne haben.«

»Geh jetzt«, sagte Lupe und gab ihr einen leichten Schubs.

Das Mädchen blieb, schaute von der Vase zu Anna und zurück zur Vase. Auf dem Regal stand außer der Vase nichts, kein Spielzeug oder Bild, keine Kriegsmedaille, wie auf den anderen Regalen. »Hast du gar nichts?«, fragte das Kind mit einer schrillen Stimme. »Keine Bücher oder Kleider oder Medaillen? Nur die Vase?«

»Nur die Vase«, sagte Anna.

Das Kind verwandelte sich augenblicklich in ein wildes kleines Wesen und wich zurück. »Dann ist deine Mutter im Gefängnis«, schrie sie. »Sie wollte nicht noch einmal zur Hochzeitsbank gehen, sie ist im Gefängnis. Das hat sie sich ausgesucht. Du hast gar nichts.«

Ein Rascheln ging durch den Raum, als die anderen Mädchen sich umdrehten, um ihnen zuzuhören und Anna abzuschätzen. »Gefängnis.«

»Freiwillig ins Gefängnis«, zischten sie.

»Anna hat nichts.«

»Wer hat sie die Vase behalten lassen?«

Anna schnappte sich die Vase, bemühte sich selbst in der Verzweiflung, sie behutsam zu behandeln, und hielt sie zwischen ihren kleinen Brüsten vor ihnen verborgen und in Sicherheit. Sie beugte sich dermaßen darüber, dass sie in die Vase atmete. Mit geschlossenen Augen atmete sie sehr sachte, füllte den leeren blauen Raum mit ihrem Atem, der sofort über die bauchige Form floss und sich über den schmalen Hals ergoss. Sie spürte die runde Form, wärmte sie mit ihren Händen, war aber zu ängstlich sich zu bewegen, und blieb vornüber gebeugt, atmete endlos in die dunkle Öffnung und fühlte ihren eigenen Atem aufsteigen und zurück über ihr Gesicht fließen.

Ein Gong erklang plötzlich, vibrierte durch den Raum und die Kinder standen von ihren Betten auf, als die Oberin die Tür öffnete. »Es ist Essenszeit«, sagte Lupe zu Anna.

Anna hob den Kopf und setzte sich zurück auf ihre Fersen.

»Komm schon«, sagte Lupe. »Das Essen willst du nicht verpassen. Wir gehen zusammen runter und ich zeige dir alles.«

Anna schüttelte den Kopf.

In einem geschäftsmäßigeren Ton, der den forschen Ton der Oberin imitierte, sagte Lupe: »Jetzt komm schon. Du musst essen, du darfst keine Mahlzeit verpassen, es sei denn, du wärst krank. Du wirst dich dann auch besser fühlen.«

»Nein«, widersprach Anna. »Ich will gar nichts.«

Freundlich und sanft versuchte Lupe sie zu überreden, zog sie an den Armen und Handgelenken, die um die Vase herum gekrümmt waren und sie an ihren Körper pressten. »Anna, bitte komm, sie sind schon alle unten zum Essen. Bis morgen früh werden keine Schiffe mehr von diesem Feld starten. Es gibt nichts mehr zu sehen, bis morgen früh um sechs. Bitte, Anna. Wir sind gleichaltrig. Wir können Freunde sein. Ich werde mit der Oberin sprechen, damit wir gemeinsam zur Hochzeitsbank gehen können.«

Anna öffnete die Augen und setzte sich aufrecht hin, mit hartem Mund und weiß an den Mundwinkeln. »Ich wähle«, sagte sie klar und deutlich. »Ich wähle das Gefängnis.« Sie erhob die Stimme und schrie: »Ich wähle Gefängnis. Ich werde nicht zur Hochzeitsbank gehen, ich werde keine Söhne bekommen, ich werde die Schiffe nicht beim Abheben beobachten, ich wähle das Gefängnis, den Untergrund für den Rest meines Lebens wie meine Mutter.«

Lupe war voller Ekel langsam von ihr abgewichen und zitterte vor Angst. Sie ging einige Schritte zurück, unfähig ihren Blick von der Vase zu lösen, die Anna an sich gedrückt hielt, die fast farblos erschien in der aufkommenden Finsternis.

Die Oberin kam schnell durch die immer noch geöffnete Tür herein und sagte: »Mädchen, ihr seid zu spät fürs Essen -« Sie unterbrach sich. »Was ist los?«

»Ich wähle das Gefängnis«, sagte Anna und stellte die Vase still auf das Regal und drehte ihr den Rücken zu.

»Mein Gott«, sagte die Oberin. »Oh, Kind, du weißt nicht, wovon du redest.«

»Doch, weiß ich wohl. Untergrund, vierzehn Stunden am Tag arbeiten und ich kann nie wieder zurück an die Oberfläche kommen, aber das ist es, was ich wähle. Ich gehe jetzt.«

»Du kannst jetzt nicht gehen«, sagte die Oberin. Völlig durcheinander machte sie erst schiebende Bewegungen mit ihren Händen und dann Zugbewegungen, als ob sie Anna an sich ziehen wollte. »Dummes Kind, du weißt echt nicht wovon du sprichst«, sie kam während des Sprechens näher an Anna ran. »Armes Kind«, sagte sie. Dann drehte sie sich um und sagte: »Lupe, bitte gehe runter in den Speiseraum.« Lupe ging raus. Die Oberin kam zu Anna und machte immer noch unruhige Bewegungen mit ihren Händen. »Anna, du kannst jetzt noch nicht wählen.«

»Ich habe das Recht, zu wählen«, presste Anna zwischen den Zähnen hindurch.

»Natürlich nicht, du dummes Mädchen«, sagte die Oberin. »Und wenn du dann wählen darfst, willst du garantiert das nicht, du weißt nicht, wovon du redest. Weißt du nicht, dass du so eine Wahl erst treffen kannst, wenn du bei der Hochzeitsbank gewesen bist?«

Annas Lippen bewegten sich, aber sie konnte die Worte nicht aussprechen. Die Lampen schalteten sich automatisch ein, in einer Reihe an der Decke und Anna und die Oberin blinzelten, um ihre Augen an die Veränderung anzupassen. »Nicht jetzt?«, fragte Anna schließlich. »Ich kann nicht einmal wählen? Ich habe keine andere Wahl?«

»Nein, nicht bis du bei der Hochzeitsbank gewesen bist. Es ist wirklich eine gute Sache. Das Gesetz beschützt dich. Später einmal wirst du herausfinden, dass es eine gute Sache ist.«

Anna eilte weg von ihr, stieß sich an einem Bett und rannte den Gang zwischen den weißen Kinderbetten entlang. Sie rannte über den Flur, die breiten Treppen runter. Ein Stockwerk, noch ein Stockwerk, am lauten Speisesaal vorbei, passierte den Kindergarten, vorbei an den vergitterten Toren der Krankenstation, noch eine Treppe runter in die große Eingangshalle, zur Haupteingangstür. Anna polterte dagegen in ihrer Panik und als sie sie verschlossen fand, sackte sie auf dem Boden zusammen.

Hinter ihr öffneten sich die Aufzugtüren und die Oberin trat heraus und kam zu ihr. Mit einem leichten Grunzen beugte sie sich über sie und hob sie auf die Füße. »Dummes Kind«, sagte sie. »Wir kriegen nicht viele wie dich.« Der Körper des Mädchens hing schlaff in ihren Armen.

»Auf geht's«, sagte die Oberin und half ihr, zum Aufzug zu gehen. Die Türen schlossen sich und sie begannen den langen Schacht aufwärts zu fahren. »Wir packen dich ins Bett und du wirst eine Runde schlafen. Du weißt nicht, wovon du sprichst, wenn du sagst, dass du runter willst in diese Fabriken, Gießereien, und womöglich noch in eine dieser Tankstellen für den Rest deines Lebens. Du wirst erwachsen und du gehst zur Hochzeitsbank wie alle guten Mädchen. Das ist, was ein nettes Mädchen will.«

Sie drehte Anna energisch durch den Gang zwischen den Betten. Als Anna sich widerstandslos gesetzt hatte, holte die Oberin ein Glas Wasser, und als sie zurück war, kramte sie aus ihrer Tasche eine Tablettenflasche. »Zwei«, sagte sie aufmunternd. »Schluck sie einfach runter und vergiss deine Sorgen.«

Anna schluckte sie mit ein wenig Wasser. »Und jetzt schläfst du dich erst mal aus«, sagte die Oberin und zog das kleine Kissen raus und knuffte es ein, zwei Mal, um es weicher zu machen. »Der erste Tag hier ist nicht für alle einfach«, sagte die Oberin. »Aber ich weiß, dass du ein gutes Mädchen sein willst.«

Als sie gegangen war, legte Anna sich hin. Ihren Kopf drehte sie zur Seite und starrte auf die Vase. Es war ein tiefes Blau, und schien mit unendlich großer Weite gefüllt zu sein, dabei war sie vollkommen leer. Anna schloss die Augen.

Anmerkung:

Eine Hochzeitsbank kann in den USA verwendet werden, wenn das Brautpaar im Freien heiratet. Die Bank wird benötigt, damit das Brautpaar sich setzen kann. Sie ist in der Regel aus Holz und kann ganz schlicht gehalten oder aufwendig verziert sein. Nach der Hochzeit kann sie zweckentfremdet werden.

DIE AUTORIN: Der vorangegangene Text stammt von Sonya Dorman, geborene Sonya Gloria Hess (1924–2005). Sie war eine SF-Autorin, die zwischen 1961 und 1980 circa zwei Dutzend SF-Kurzgeschichten veröffentlicht hat. Diese hier passte so gut in unsere Themenausgabe, dass wir ihre Agentur, die Virginia Kidd Agency, Inc. fragten, ob sie uns die Übersetzung und den Abdruck genehmigen würden. Unter der Voraussetzung, dass wir diesen Satz mit abdrucken:

erteilten sie uns die Genehmigung und zwar gratis. Was für diese Agentur recht unüblich ist. Daher bedanken wir uns an dieser Stelle noch einmal ganz herzlich für Erlaubnis.

DIE ÜBERSETZERIN: Marianne Labisch erblickte 1959 als Sonntagskind in München das Licht der Welt und wuchs in NRW, mitten im Ruhrpott, auf. Seit 2010 werden ihre Kurzgeschichten in Anthologien veröffentlicht. 2015 wurde »Revenge«, die erste Kurzgeschichte, die sie unter dem Pseudonym Diane Dirt schrieb, für den Deutschen Science-Fiction-Preis nominiert. Außerdem ist sie seit 2015 als Lektorin, Herausgeberin und Illustratorin tätig. Marianne Labisch ist Mitglied der Autorengruppe Phantastischer Oberrhein. Sie lebt mit ihrem Mann in Baden-Württemberg. Weitere Infos auf: mluniverse.wordpress.com

DIE ZEICHNERIN: Jaana Redflower kommt ursprünglich aus Mülheim an der Ruhr, hat in Essen Kommunikationsdesign an der Uni Folkwang studiert (mit künstlerischem Schwerpunkt), lebt nun in Witten. Sie ist Künstlerin, Musikerin und Autorin. Derzeit entsteht zu ihrem neuen Cyberpunk-Musikprojekt, den Gamma Rats, ein Roman. Infos zu allen Projekten gibt es unter www.jaana-redflower.de.

N3sVA Sekundär
GB 07

Die Mütter lassen uns nicht los – wir können uns sie schlechthin nicht aussuchen und sie begleiten uns, wenn alles seinen geregelten Gang geht, ziemlich lange. Häufig sterben sie jedoch vor uns, da meist Alter vor Jugend von dieser Welt geht. Die serbisch-amerikanische Autorin und politische Aktivistin Jasmina Tešanović verarbeitet im vorliegenden Essay, dessen erster Teil ein Auszug aus ihrem Buch »Matrimony« ist, das Sterben und den Tod ihrer Mutter. Sie hat ihre Heimat Serbien bereits früh verlassen, zog zunächst mit ihrer Mutter umher und war später in ihrem künstlerischen Leben auch viel unterwegs. Diese räumliche Beweglichkeit schlägt sich auch in ihrem Essay nieder, der sich bewusst nicht zu lange an einem Aspekt der Mutterliebe und Liebe zur Mutter aufhält. Tešanović nimmt stattdessen das eigentliche Wesen eines Essays ernst: Die Wanderschaft mit Gedanken von einem Ort der Fantasie zum nächsten. Dabei sind die Sätze von Tešanović nicht beiläufig, wie das bei den Pionieren des Essayismus durchaus gegeben war, wie etwa bei Michel de Montaigne (LEBEN). Die Autorin war immer auch Aktivistin und hat sich politisch für eine veränderte Wahrnehmung der Rolle von Frauen in der Gesellschaft eingesetzt. Wenn man die jeweiligen Machthaber in Serbien bedenkt, war das mit nicht wenig Widerstand verbunden. Im zweiten Teil des Essays beweist Jasmina Tešanović ihre Vorliebe für spekulatives Denken. Sicher wird sie mit ihrem Ehemann Bruce Sterling das eine oder andere interessante Tischgespräch in dieser Richtung führen. Der Willen, bis in tribalistische Zeiten zurückzugehen, beinahe ein urzeitliches Bild zu beschwören, regt zu weiteren Gedanken an. Ist ein Roman und Film wie »Solaris« nur eine Flucht vor Gefühlen, die wir immer schon hatten, weil sich seit den ersten Menschen am Geburtsvorgang an sich wenig geändert hat. Falls es Problematiken gibt, sind heute bessere Werkzeuge und Mittel zur Hand, sicher. Auch können Frauen ihre Embryonen zuvor untersuchen lassen, ob sich bereits Beeinträchtigungen zeigen. Aber wird es dadurch leichter? Immer noch kann kein Kind vorher gefragt werden, ob es zur Welt kommen möchte. Tešanović spitzt ihre eigene politische Theorie noch weiter und fragt, ob sie feministische Mutter sein kann, daraus eine feministische Tochter entstünde und so weiter? Aber wie war das mit Erbschaft, Vererbung und Heirat? Wo bleibt da der freie Wille des Menschen? »Kein Abschluss« stellt diese Fragen auf spannende Weise, weil die Autorin nachbohrt, auch in den alten Wunden und zu guter Letzt zeigt sich, ob es Abschlüsse geben kann oder nicht. Hier zeigt sich auch, dass Theorie nicht immer fern vom praktischen Leben sein muss. Wenn es um Mütter geht, dann kommt einem die eigene Theorie ganz schnell handgreiflich vor, ja, sie packt dich und wirft dich in dein Kinderzimmer zurück, von wo aus du das Schwimmen, Lesen und Schreiben noch mal von vorne lernen solltest.

Jasmina Tešanović

Kein Abschluss

Übersetzt von Dominik Irtenkauf

Vor fünfundzwanzig Jahren schrieb ich unter dem Titel »Matrimony« ein Buch, ein Tagebuch zum Sterben und zum Tod meiner Mutter. Das Buch fing wie folgt an:

November 1999

»Patrimony bedeutet Erbe, matrimony bedeutet Heirat: Wenn mein Vater stirbt, wird er mir ein Erbe hinterlassen, entweder ein Haus oder ein Sack voll Scheiße, je nachdem. Das Erbe in einer patriarchalen Gesellschaft bedeutet Geld. Wenn meine Mutter stirbt, wird sie eine matrimony hinterlassen: In einer patriarchalen Gesellschaft bedeutet das Heirat. Die zweite Bedeutung des Wortes betrifft ein Glücksspiel, ein Spiel mit den Schicksalskarten.

Meine Mutter stirbt, wird am Ende sterben, vielleicht heute Nacht, vielleicht in einem Jahr oder zwei. Jeden Tag verlasse ich die Klinik weinend, erinnere mich daran, wie sie sich immer um mich gekümmert hat, um meinen kleinen Babykörper, so wie ich mich nun um ihren kleinen alten Körper kümmere, dabei weinend und kotzend aufgrund tiefer Gefühle, die mich dabei begleiten, aufgrund ihres schönen Schädels, den ich endlich als den meinen erkenne. Weil ich realisiere, wie ähnlich und einzigartig wir sind und wie ich durch ihren Verlust allein sein werde. Ich habe zuvor nie wahrgenommen, dass ich nicht allein gewesen bin.

Meine Mutter wird mich mit diesem ausbleibenden Erbe allein lassen. Diese Einsamkeit, diese Angst davor, allein die Straße zu überqueren, ohne ihre Hand zu halten, hat mich vor dem Krankenhaus fast zum Opfer einer Tram werden lassen. Wenn sie nicht mehr da ist, glaube ich, wird sich niemand mehr für mein bloßes Leben interessieren. Jede andere Person, die mich aufgrund einer Eigenschaft liebt, aber nicht einfach mich und mein unverfälschtes Leben liebt, so, wie sie mich liebt und so, wie ich sie liebe. Wir kommen nicht miteinander aus, kamen nie gut miteinander aus, werden es auch nie ... Oh, ich wünschte nur, dass mich dieses gute Gefühl von Konflikt weiter begleite. Aber nein, die tief sitzende Angst, ihre Hand am frühen Morgen loszulassen, wenn sie zur Arbeit geht (damals bin ich drei Jahre alt.), ist stärker. Ich möchte ihre Hand nicht loslassen, ich möchte nicht allein gelassen werden, jeder andere ist jemand anderes Mutter. Sie, dieser kleine, verfaulende Körper, dünnes Gesicht, nutzlose Beine und gekrümmte Finger haben mir Leben gegeben und lassen mich nun allein. Werde ich stärker sein, werde ich glücklicher sein, werde ich mich verlieben? Werde ich eine bessere Mutter sein, werde ich mehr Kinder bekommen? Einige sagen, das wird sich ergeben. Aber das passiert auch ohne jedes Wort. Als ich die Straße entlanglaufe, versuche, nicht von unaufmerksamen Fremden oder Trams überfahren zu werden, da denke ich, das passiert nun alles mir.

Was auch immer es ist, ich befinde mich mittendrin. Ich muss stark sein, ich muss mutig sein, keine meiner Bekannten hat noch eine Mutter, ich bin nun ein großes Mädchen, ich muss für meine Familie stark sein … Aber stattdessen fange ich zu weinen an und schaue mich nach einer Apotheke um, um mir einige Tabletten zu besorgen. Ich habe zuvor nie Tabletten genommen und ich habe etwas Angst, dass sie mich beeinflussen, verändern könnten. Dass sie meine Anhänglichkeit und Liebe für meine Mutter und ihr bloßes Leben wegnehmen könnten. Ich schaue den Passanten ins Gesicht. Wissen sie etwas darüber? Können sie sich um mich kümmern? Verbergen sie etwas vor mir? Eine Mutter bringt ihren kleinen Sohn ins Krankenhaus, der von einer Tram erfasst wurde. Sie weint lese, aber rennt durch die Korridore der Klinik, als hätte sie kleine Räder an den Füßen. Blutspuren sind auf dem Boden zu sehen und ich folge ihnen, sie führen mich zum Tod, vermute ich.

Wir betreten die Traumastation. Ich suche ihre Augen, ich möchte dieser Passant sein, der ihr hilft, aber sie schaut mich nicht an, sie möchte weder Schmerz noch Informationen mit mir austauschen. Sie hat Besseres zu tun. Sie weiß etwas, das ich erst noch lernen muss: Wie kann ich trauern. Ich habe zuvor nie Friedhöfe, Krankenhäuser oder religiöse Rituale besucht oder ihnen beigewohnt. Ich weiß nicht, wie man sich mit Dingen von Leben und Tod sozialisiert. Ich habe stets sozialen Kontakt gehasst, es sei denn, um Spaß zu haben und zu lachen und zu reden und Wein zu trinken. Vielleicht sollte ich jetzt in diesem Augenblick genau das im Krankenhaus machen.

Meine Mutter fragt mich nach einem Bier, worauf die Krankenschwester mir antwortet: »Sind Sie verrückt?« Aber genau das passiert jetzt mit uns, wir werden beide verrückt: Wir wollen Bier trinken und uns im Tod verschwestern. Wenn er dann wirklich zuschlägt, wird es für uns leichter zu ertragen sein; wenn er wieder einmal an ihr vorbeischlägt, wird ein wenig Bier sicher auch nicht schaden.

Sie sagt einen ihrer Standardsprüche auf: Schau nach deinem Baby, Kinder geben niemals Ruhe. Ich weiß, was sie meint. Ich stehe niemals still, aber habe mich auch nie richtig bewegt. Ich hing immer an meiner Mutter, durch ihr doppeldeutiges Reden und ihre Aussagen mit versteckter Botschaft. Sie meint eigentlich: Gehe nicht weg. Ich bin niemals weggegangen, aber ich war auch nie da. Sie hat ein ziemliches Chaos in mir verursacht.

Mein Psychoanalytiker sagt: Deine Mutter war eine kalte Mutter, und sie hat auf dich ihr Päckchen aus Geheimnissen und Schmerzen abgeladen. Ich schrie laut, wehrte mich: Nicht meine Mutter! Keine Mutter kann je kalt sein, weil Kinder nicht wissen, was kalt ist. Sie kennen nur eine Mutter, und diese Mutter ist alles. Und das Bündel, nun, natürlich, vielleicht besteht daraus die Mutterschaft: ein Kartenspiel, das die Wechsel von Leben und Tod voraussagt. Meine Schatzkiste.

Sie möchte mich mit ihr nehmen, auf die andere Seite. Sie traut sich nicht, mich in dieser grausamen Welt zurückzulassen. Ich möchte nicht ohne sie auf dieser Welt zurückbleiben. Ich werde mit ihr gehen, wenn sie mich mitnehmen möchte, wenn sie mich mitnimmt. Mama, gib mir deine Hand. Aber sie sagt: Du hast auch eine Tochter, ich nehme dich nicht mit. Aber ich schreie: Ich will eine Tochter sein, nicht eine Mutter, nimm mich mit! Wir werden uns irgendwo da draußen ein schönes Leben aufbauen. Ich liebe dich, ich weiß, dass niemand sich je so um mich kümmern wird wie du und dass niemand je sich um dich so gekümmert hat, wie sie sollten, wie du nach mir und nach allem anderen geschaut hast. Das ist die Heirat, darum ist sie dem Erbe entgegengesetzt. Ihre Augen schließen sich langsam, sie kann das Licht nicht ausstehen, mich anschauen. Zu viel Liebe, ich weiß, und sie möchte mich nicht mitnehmen, aber ich werde trotzdem mitkommen. Es gibt hier nichts, das stark genug wäre, mich zu halten, auf der Erde, inmitten von Pflichten, Kritik, Liebe mit Grenzen.

Oh, dieser zarte süße Duft von uns, als wir zusammen Wein trinken und Mozzarella mit Tomaten am italienischen Strand essen. Ja, wir werden eines Tages dorthin zurückkehren, sage ich ihr. Alle

Tode ähneln sich, vielleicht sind sie sogar gleich, aber nicht der Tod der einzigen Mutter. Dieser ist immer neu und verschieden und einzigartig, so schlimm wie die ärgste Katastrophe auf der Erde.«

September 2024

Es war einmal ein Haus und sein Name war Casa Jasmina.

Es war ein Traumhaus der Zukunft. Ich hatte diesen Traum und erfüllte mir diesen in Turin in Italien. Das Problem war jedoch, dass das Haus leer gewesen ist! Keine Menschen, keine Dinge waren in ihm zu finden, nur Tauben, die durch zerbrochene Fenster eintraten. Aber wir hatten kabelloses Internet. Aber keine richtigen Kabel, auf denen sich die Tauben setzen konnten. Die Vögel der Stadt besetzten das Haus, als wäre es ihr eigenes.

Ich wollte meine Vergangenheit von den ererbten Sachen säubern, von einer dünnen Nadel bis hin zu riesigen Teppichen. Ich wollte meine tote Mutter von meinem Rücken abschütteln, mein geliebtes 200 Jahre altes Piano, das ich auf Anweisung meiner Mutter unaufhörlich spielen musste. Die Musik war immer noch in meinem Kopf, wie auch ihre zarte Stimme und ihre perfekte Tonhöhe, während sie mein Pianospiel mit einem Pfeifen begleitete.

Woher rührt dieses Verlangen, frei wie ein Vogel zu sein, wie eine Taube ohne Pflichten oder Kabel? Die Toten können mehr Präsenz zeigen als die Lebenden, vor allem, wenn du sie geliebt hast, vor allem, wenn es sich dabei um deine Mutter handelt, die erste Liebe deines Lebens, die Schule der Liebe für die Menschheit.

Ich wollte nicht mehr menschlich sein. Dieser Glaube starb mit meiner Mutter, der einzige Mensch, der sich um mein kleines Leben und meinen Körper als ein Leben, als einen Körper, kümmerte. Sie interessierte sich nicht, wie ich aussah oder was ich dachte, nur mein bloßes Leben war relevant für sie. Dieses Leben, das sie bewahren wollte. Aber liebe Mutter, es gibt kein Leben mehr, lass uns also über Roboter und Schwäne sprechen, Träume und Virtualität. Das ist meine Entscheidung, das ist mein Leben.

Casa Jasmina, dieser freie Raum ohne Menschen und Dinge, füllte sich mit einem Mal mit beidem. Besucher wollten an diesem Traum teilhaben. Wir wurden eine Familie, die unterwegs ist, »fantasia al potere«, unser Slogan, aber in unserem Heim gab es keine Kinder! Wir hatten aber ein Kinderzimmer, wir bauten miteinander verbundene Möbel, sodass sich die Kinder nicht verletzen konnten. Wir stellten für sie Spielzeuge und sonstige Vergnügungen her.

Wir, das waren Künstler, Designer und Nerds. Für uns war es ein großer Spaß, Kinder zu erträumen, ohne dass tatsächlich Kinder anwesend gewesen wären, um sich an der schönen Unordnung von Kinderträumen zu erfreuen.

Als wir aber eines Tages, in einem anderen Haus und einem anderen Land ein Kind bekamen! Ein menschliches Kind! Sie tauchte dort auf, wo ich wohnte, »carne della mia carne«, nicht meine Entscheidung, aber unaufhaltsam wie das Leben selbst. Ich hatte nun eine Mutter und eine Tochter und schließlich kam noch meine Enkelin – die Bösen kennen keine Ruhe?

Es war nicht mehr mein Traumhaus, da es ihre Realität geworden war. Die Zukunft war hier, sie vertrieb die Tauben und die künstlerischen Hightechspielereien. Sie boxte sich in einen Realismus des 21. Jahrhunderts. Ihre private Welt war so anders, als die meine: Sie musste leicht, schnell, exakt und sichtbar sein, genau, wie es Italo Calvino vor langer Zeit in seinen Lehrstunden für das nächste Jahrtausend dargelegt hat.

Vor langer Zeit lebten Mütter mit ihren Kindern von Morgen- bis Sonnendämmerung und von Geburt bis zum Tode. Es geschah jedoch etwas mit dieser urtümlichen Stammeswelt. Wir trennten uns von unserer Muttersprache und unserem Mutterland und den daran hängenden Gefühlen. Die Mutterschaft wurde zu einer Funktion, einer soziopolitischen Rolle.

Wir sind meist einsam, aber nicht allein, oder vielleicht allein, aber nicht einsam.

Wir begraben Frauen am lebendigen Leib als Mütter, wie einst die Mütter der Familien alle anderen Mitglieder beerdigten – jede zumindest, die nicht als jemandes anderen Mutter in eine weit entfernte Familie wegverheiratet wurde.

Was vermissen wir am meisten? Das beruhigende Flüstern? Mamas Kuchen? Mamas Geruch oder die Schreie beim panischen Schimpfen?

Wir können unsere Kinder und Mütter nicht loslassen. Wir hängen uns an eine ursprüngliche Beziehung oder verformen sie oder zerstören sie, die wir Mutterliebe nennen, mit ihrer Kultur der Besitznahme, des Fütterns des Nachwuchses, der Überlebensfähigkeiten, Mehrfachdeutungen. Wir halten sie durch unser vieles Denken am Leben, wir übertreiben sie durch unser menschliches Fühlen. Manchmal tun wir so, als würden wir diesen Kreis durch Kniffe unserer Vorstellungskraft durchbrechen.

Vielleicht ist die Mutter ein Ausfluss des mystischen Monsters in der Größe eines Planeten, wie in dem Roman »Solaris« von Stanisław Lem. In der Verfilmung von Andrei Tarkowski wohnt der Lem-Held in einem furchtbaren futuristischen Traumhaus, in einer desolaten Raumstation im Orbit, Lichtjahre von der Erde entfernt.

In diesem düsteren unirdischen Außenposten wird der Held von psychischen Visionen der Liebsten befallen, wann immer ein Mitglied der Mannschaft einschläft. Ein toter, entfremdeter Mitmensch, der sich materialisiert. Sie werden dich in dieser kosmischen Isolation nicht allein lassen: diese Mutter, diese Ehefrau, ein Freund, ein Zwerg, ein Monster.

Wann wird deine Liebe monströs werden, wann wird deine geliebte Mutter, deine erste Erfahrung von Liebe, jemand, zu der du dich hingezogen fühlst, zum Inkubus werden? Eine albtraumhafte Obsession, die dich um deinen Schlaf bringt? Stephenson dachte sich Jekyll und Hyde aus, ein medizinischer Versuch, um die Seele technologisch beherrschen zu können, die stattdessen das Unterdrückte und Verdrängte als deinen sterblichen inneren Feind freisetzt. Wenn Liebe verdrängt wird, wird das Geliebte als Bedrohung auftauchen. Um geliebt zu werden, verlierst du deine Freiheit. Aber sobald du frei geworden bist, wirst du dich in ein Monster verwandeln oder deine Liebe wird es. In »Solaris« kann die Materialisation der obsessiven Liebe nur durch Mord ausgeschaltet werden. Dem schmutzigen Geist kann nichts sauber sein. Mit einem schmutzigen Gewissen kann kein Mensch leben, weil die menschliche Ausgangslage dreckig ist. Katzen sorgen sich wie verrückt um ihre Nachkommen, aber vergessen sie augenblicklich, wenn sie größer werden. Menschen entbehren dieser tierischen Fähigkeit, unsere Kinder und unsere Mütter zu vergessen, weil wir uns erinnern, uns anhängen. Könnte das mal anders sein? Vielleicht in außerweltlichen Fantasien, aber nicht, solange die Mutter in unserem Haus wohnt.

Eine feministische Mutter kann dieses Muster vielleicht brechen. Das Kind einer Feministin, eine Tochter fühlt dieses Aufbrechen aber als Gewalt. Eine traditionelle Rolle der Mutter ist ein teuflisches Vergnügen, das die Tochter entweder absolut akzeptieren oder ablehnen wird. Wie kann ich einer feministischen Tochter und einer Enkelin eine feministische Mutter sein? In »Solaris« stoßen wir auf eine Begegnung mit der Sternenwelt und dem Alien, die keine Flucht vor dem Bekannten und Intimen erlaubt. Wir wachsen im Erdboden des menschlichen Herzens wie Kürbisse auf der Müllhalde.

Im 21. Jahrhundert tauchen neue Entwicklungen auf; wir können uns mit künstlicher Intelligenz unterhalten, die eine mathematische Halde all dessen scheint, was wir uns bereits erzählt hatten. Die KI kann wie eine Philip-K.-Dick-Story sprechen, weil sie nicht zufällig bereits alles verarbeitet hat, was Philip K. Dick je schrieb. Oder denken wir an viele andere Science-Fiction-Spekulationen, wie die Überwachung durch Orwells »Big Brother«, dieser grausame und seelenlose Diktator, der uns Lemmingen stets als ein Familienmitglied präsentiert wird. Eben als der große Bruder.

Brauchen wir die Liebe von Big Brother? Muss das Buch mit unserer Liebe zum Bruder enden? Das ist Orwells dystopischer Punkt; der widerständige Autor wird bei einem umfassenden System von totalisierter Folter gebrochen; selbst den Wörtern auf der Seite kannst du nicht entkommen, ein Zurückweichen ist ausgeschlossen.

Wir wissen viel über die Opferbereitschaft von Müttern und den Müttern von Opfern, über ihre Schmerzen und den Durst nach Gerechtigkeit und einen Abschluss. Den exhumierten Knochen eines Sohnes oder einer Tochter in Händen zu halten, ist selbst eine geringe Form der Katharsis. Aber wie steht es um die Mütter der Verbrecher, die Mütter, die sich entfalten konnten, weil andere Mütter unterdrückt wurden? Es hat Gesellschaften mit Familienstrukturen gegeben, die auf uns seltsam wirkten. Vor langer Zeit gab es Gesellschaften, in denen Mütter mit Brüdern und Vätern lebten und die Ehemänner durften die Mütter kaum besuchen. Oder Gesellschaften, in denen ein Cousin der ideale Verlobte ist oder die Schwester der übliche Ersatz für eine gestorbene Frau war. Es fühlte sich damals so natürlich an, wie es sich heute unnatürlich anfühlt. Unser eigener Planet wird ungeheuerlich von Klimakrisen heimgesucht – wie können wir uns also anmaßen, zu entscheiden, was natürlich ist?

Die Dekonstruktion von Mutterschaft als »natürlich« hilft dir dabei, Kulturkämpfe zu Samenspenden, eingefrorenen Eierstöcken, Leihmüttern und geliehenen Gebärmüttern zu verstehen und auch die Frage zu beantworten, warum diese Themen immer aktuell bleiben werden.

Es gibt für Mütterthemen keinen Abschluss, und da ich selbst eine Mutter bin, wunderte ich mich immer schon, was dieses Wort

Abschluss eigentlich bedeuten sollte. Eine Welt, in der alle Bücher Staub ansetzen, weil niemand Neues geboren wird, um diese alten Wörter herauszufordern, vielleicht ist dies der totthematische Frieden, den wir liebesverzehrten Wesen uns heimlich herbeiwünschen?

DIE AUTORIN: Jasmina Tešanović wurde im März 1957 in Belgrad geboren, kurz darauf zog ihre Familie nach Kairo, wo sie eine englische Schule besuchte, 1966 zogen ihre Eltern nach Mailand (Italien). – Tešanović übersetzt italienische Autoren wie Italo Calvino, Elsa Morante, Alberto Moravia, Sandro Veronesi, Andrea de Carlo und Aldo Busi und veröffentlichte eine Anthologie mit zeitgenössischer italienischer Literatur in Jugoslawien. Sie organisierte die erste feministische Konferenz im früheren Jugoslawien im Jahr 1978 mit. Nach dem Ende des Kommunismus in Osteuropa gründete sie mit Slavica Stojanović das feministische Verlagshaus »Feminist 94«. Ihre erste Essaysammlung »The Invisible Book« (Das unsichtbare Buch) wurde für die alternative feministische und pazifistische Kultur Serbiens ein Kultbuch, zum Manifest. Seitdem hat sie weitere belletristische und essayistische Bücher veröffentlicht, die in mehrere Sprachen übersetzt wurden. 2005 heiratete sie den US-amerikanischen Science-Fiction-Autor Bruce Sterling. Mit ihm zusammen gründete sie das Casa Jasmina, einen Open Space für Projekte mit elektronisch verbundenen Dingen. Generell ein Haus für Künstler, Tech-Nerds, Autoren und viele andere. – Wer Jasmina Tešanović »live« erleben möchte, findet hier einen TEDx-Talk zum Thema Verbrechensdesign: https://www.youtube.com/watch?v=3YoLcDE6JXg

DER ÜBERSETZER: Dominik Irtenkauf (*1979), Studium der Philosophie, freier Autor und Journalist. Lange als Musikjournalist für verschiedene Medien tätig. Eigenes Fanzine von 1995 bis 2000. Lebt in Berlin. Mitorganisator der MetropolCon Berlin im Mai 2023. Seit April 2023 Nonfiction-Redakteur bei NOVA. Magazin für spekulative Literatur. Macht mit Hardy Kettlitz den MEMORANDA SCIENCE FICTION PODCAST. Gerade entsteht eine größere Recherche zu Motiven, Inhalten und Motivation der Science-Fiction-Literatur.

SCIENCE FICTION STORIES & PHANTASTISCHE GRAFIK
EXODUS
ISSN 1860-675X
48
06/2024 · € 15,90
In der Galerie:
Lothar Bauer

CØZMIC
PHANTASTISCHE COMICS
AUF 96 FARBSEITEN!
CØZMIC
DIE LEGENDE VON
DER WILDEN HILDE
ATLANTIS
COZMIC VOL. 10
ERSCHEINT IM
ANFANG 2025
ISBN: 978-3-86402-934-9
MEHR INFOS:
WWW.ATLANTIS-VERLAG.DE
ATLANTIS